軍事化される福祉（ウェルフェア）

――米軍統治下沖縄をめぐる「救済」の系譜――

増渕あさ子

軍事化される福祉（ウェルフェア）――米軍統治下沖縄をめぐる「救済」の系譜―― 目次

第二章
占領を「ケア」する　――米軍統治下沖縄の公衆衛生看護婦――　84

第三章
帝国を架橋する　――トランスパシフィックな「援助・救済」回路――　146

第四章
「命」を乞う——土地闘争と「救済の法」——　220

序章

戦さ世んしまち　みるく世ややがて　嘆くなよ臣下　命どぅ宝

本質的に生かすことを目標とする権力が、どうして死ぬに任せることができるのか？　生権力を中心に据えた政治的システムのなかで、どのようにして死の権力を行使するのか、どのようにして死の機能を行使するのか？　そこに、人種主義が介入してくるのだと思うのです。［…］それ［人種主義］は、権力が引き受けた生命の領域に切れ目を入れる方法なのです。そうやって生きるべき者と死ぬべき者を分けるのです。

――ミシェル・フーコー[1]

要するに、植民地とは、戦争と無秩序、政治的なものの内部と外部とが、共存したり、交互に現れたりする領域なのである。それゆえ植民地は、法的秩序による統制や保証が停止される特殊な場所であり、「文明」の名のもとに例外状態の暴力が作動するとみなされる地帯である。

――アシル・ムベンベ[2]

はじめに

二〇〇〇年七月二一日、九州・沖縄サミットのために沖縄を訪れていたビル・クリントン米国大統領は糸満市の平和祈念公園で演説を行った。沖縄戦などで亡くなった二四万人以上の戦没者の名前が刻まれた「平和の礎（いしじ）」を前に、犠牲者を追悼する言葉を並べ、この刻銘碑が「普遍的な人類愛」を体現しているとして、次のように称賛した。「多くの記念碑はどちらかの側の戦没者だけを追悼するものですが、この記念碑は双方の戦没者、そしていずれの側でもなかった人々までも追悼するものです」[3]。確かに、一九九五年に建設された「平和の礎」は、民族や国籍、敵／味方、軍人・軍属／民間人、加害者／被害者を問わず、すべての戦争犠牲者を慰霊する、新たな祈念のあり方として国内外で評価された[4]。例えばそれは、「平和の礎」の正面、各都道府県の慰霊塔や国立沖縄戦没者墓苑が建ち並ぶ「摩文仁の丘」の様相とは対照的であった。沖縄戦末期に日本軍司令部が置かれていた摩文仁の丘には、一九六〇年代以降、各都道府県が競い合うように慰霊塔を建立していった。その多くが、沖縄戦を含む南方諸地域における戦没者を「国に殉じた英霊」として讃えるものであり、戦争犠牲者を強制的に愛国主義と結びつけて「合祀」するような「靖国の論理」が充満しているとの批判の声が一九七〇年代からあがっていた[5]。「平和の礎」は同時期に建設された新しい平和祈念資料館とともに、こうした摩文仁の丘の「靖国化」に抗い、住民の視点から沖縄戦の記憶継承の場となることが目指されていた。

しかし、クリントンの演説では、「平和の礎」の包摂性が、沖縄戦犠牲者が内包する民族的差異や植民地主義の暴力を隠蔽するものとして奪用されている。例えば、戦前の沖縄に「慰安婦」や軍夫として連れて来られた朝鮮人犠牲者の大半については、未だその名前が「平和の礎」には刻まれていない[6]。「人類愛」という普遍的レトリックのもとで植民地主義の記憶を消去することで、クリントンはこの追悼空間を、本来の意図とはほとんど真逆の主張をするための場所へと転倒させたのである。クリントンの演説は次のように続く。「したがって、「平和の礎」は単に一つの戦争の慰霊碑である以上に、あらゆる戦争の悲劇を追悼する祈念碑であり、我々には、このような破壊が二度と起こらないようにするための共通の責任があることを想起させてくれているのです」。さらに、日米両国はこうした責任を果たすために協力してきたこと、そしてこの同盟関係は、「二〇世紀の偉大な物語の一つ」であるという。かつてこの島が王国だった時に、アジアの各地域を結ぶ貿易の要所として繁栄していた歴史に言及しながら、沖縄が世界の人びとから過去の戦場としてではなく、「万国津梁」として見られること、そうして日米同盟の維持のために重要な役割を果たし続けることを望んだ。田仲康博が指摘するように、クリントンは戦略的に、「平和の礎」を過去の暴力の犠牲者への追悼の場から、現在と未来の軍事的暴力を正当化する場へと転倒させたのである。[7]

沖縄サミットとクリントン大統領の演説は、ポスト冷戦期において日米安全保障体制――そこで沖縄は、米軍基地の負担に耐え続けることが期待されたわけだが――を再編し、さらに強固なものとすることを日米両政府が確認し合う場でもあった。一方で、サミットの前日には、およそ二万七千人が嘉手納基地周辺を「人間の鎖」で取り囲み、軍事主義への抵抗の意志を示した。沖縄サミットの五年前、一九九五年九月四日、米海兵隊員と海軍軍人による少女暴行事件が起きた。日米地位協定のために犯人が引き渡されなかったことが一つの導火線となって、日常的に繰り返される米兵による事件・事故によって長らく蓄積されてきた沖縄県民の怒りが爆発した。同年一〇月二一日には約八万五千人が参加する県民総決起大会が開かれる。あたかもこれに応えるかのように、一一月に日米両政府によって設置されたのが、「沖縄県民の負担を軽減し、それにより日米同盟関係を強化する」ことを目的とした「沖縄に関する特別行動委員会（SACO）」である。一九九六年一二月二日のSACO最終報告書で、日米両政府は、海兵隊普天間飛行場や、他の小規模な訓練施設の返還について、県内の他の場所に適切な移設先を見つけることを条件に合意し、後に辺野古が指定された。しかし、すでに指摘されているように、辺野古に新たな軍事複合施設を建設するという青写真はすでに一九六〇年代には存在したものだった。[8] すなわち、SACO合意は、表向きには負担軽減を謳い文句に住民の反基地感情を抑え込みながら、実質的には、軍事暴力への補償ではなく、むしろポスト冷戦期の仮想敵に備えて、沖縄の軍事機能を強化するための基盤となったのである。実際、一九九六年四月一七日にクリントン大統領と橋本首相が発表した日米安全保障共同宣言（二一世紀に向けての同盟）では「アジア太平洋地域の平和と安全」のために米軍のプレゼンスを維持することの重要性が強調されている。[9] さらに、「移設」というレトリックは沖縄内部の人びとを分断するだけではなく、沖縄と移設候補地の一つであるグアムとの間で育まれた軍事暴力に抵抗する人びとの連帯にも楔を打ち込みうるものだった。そこでは、そもそも米軍基地を受け入れるかどうかという問いが、「誰が負担するのか」という問いにすり替えられてしまっている。

日米政府の沖縄に対するこうした認識を象徴するように、クリントンは演説の最後に、沖縄の反基地平和運動で度々使われてきた琉歌を引用している。「戦世や済まち／みるく世ややがて／嘆くなよ臣下／命どぅ宝」（戦は終わった　やがて平和な世がやってくるから嘆くな臣下よ　命こそ宝）。この琉歌は、山里永吉が一九三二年に書いた戯曲『那覇四町昔気質』が原典とされている。[10] 戯曲の幕切れ、琉球処分で東京移住を命じられた尚泰王が那覇港にて、同歌を詠む。滅ぼされゆく琉球国の最後の王として、尚泰はまさに人びとの「命」そのものが危機にさらされ続ける沖縄の未来を想像しただろうか。琉球処分に伴い帝国日本の資本主義発展の「周辺」として組み込まれた結果、県内産業が停滞し、有毒な蘇鉄を食べざるをえないほどの経済的困窮状態に置かれ、アジア太平洋戦争末期には本土防衛のための「捨て石」として戦場になり、多くの民間人が犠牲となった。その中には、日本軍の命令によって、あるいは長期的な植民地主義的支配の結果として「集団強制死」に追いやられた人びとも多くいた。さらに戦後には、日本の施政権下から切り離され、米軍統治下に置かれることになった。こうして主権権力の暴力にさらされ、死の淵に立たされ続ける中で、人びとは「生への意志（will for life）」を研ぎ澄ましていった。それは、冨山一郎が「暴力の予感」と呼ぶものとも呼応する。[11] 冨山は「予感する」という進行形の動詞でもって、人びとが過去の経験に基づいて、暴力の徴候を知覚し、そこに対応することで別の未来への可能性を切り拓こうとする瞬間を捉えようとしている。常に暴力を予感し、「命」を希求する。沖縄内外でこれまで繰り広げられてきた軍事主義に抗う人びとの闘いは「命どぅ宝」という言葉に新たな意味と重みを充填してきた。

しかし、田仲が詳細に分析しているように、クリントンはこの抵抗の言葉の意味を完全に転倒させ、沖縄における米軍事基地の恒久的保有を正当化したのである。[12] 命こそ宝であり、守らなくてはいけないのだから、アジア太平洋地域の安全保障のためには、沖縄の軍事的プレゼンスは保持されるべきである、と。このレトリックにおいて重要なのは、全ての者の命が等しく「宝」として扱われているわけではない、ということである。むしろここでは、「守る価値のある命」と、「法的価値を失い、殺人罪を構成せずに殺害されるようになる」[13] 命との間に境界線が引かれるのである。ナチスがユダヤ人を強制収容所に送る前に市民権や国籍を剥奪し「価値のない命」とすることで主権の絶対権力を主張したように、米国は日本との同盟を通じて、沖縄を法的・認識論的に「境界空間」（liminal space）にとどめおいた。グアムやプエルトリこのような米国の未編入領域と同様、こうした「境界空間」では人びとの通常の市民権は制限あるいは停止され、したがって、いつでも他者の安全のために犠牲にされうる。[14] このような状況下では、人びとの「生への意志」は、日本や米国がふるう主権権力の暴力に常にさらされているのである。

本書は、米国統治下沖縄（一九四五―七二年）において、人びとの生存を守り、心身をケアすることに関わる制度や言説、実践が、いかに沖縄を「反共の砦」として軍事要塞化しようとしていた米国の軍事拡張主義・冷戦政策と複雑かつ密接に結びついていったか明らかにする。「軍事の拡大」と「福祉の充実」が相反するのではなく、占領下沖縄において相互に連携していた事態を、本書では「軍事化される福祉（militarized welfare）」という言葉で問題化している。ここで「福祉（ウェルフェア）」という言葉で捉えようとしているのは、公的な社会政策だけでなく、人びとの幸福や生存、人間らしい生を追求しようとする営み全般である。軍事優先主義は、どのようにして沖縄の人びとの日常生活に深く不可分に埋め込まれ、基地返還後の社会を構想することが困難になるほど常態化していったのか。軍事主義は、「命」の意味や価値そのものをどのように変えていったのか。そして、軍の圧倒的プレゼンスのもとで、命を守り、ケアを提供するということは、どういう経験だったのか。こうした問いを追究するにあたって、私は占領下沖縄における生と死の政治を、近代以降沖縄が置かれてきた植民地的状況という長期持続する歴史構造（longue durée）に位置づけて捉えている。それは日本の敗戦とともに終わったのではなく、むしろ冷戦期を通じて、米国と日本の共犯関係によって維持・強化されていった。

より具体的には、本書は占領下沖縄の住民福祉向上を担ったり、それを求めた様々な活動主体（宣教師、公衆衛生看護婦（以下、公看）、医師、沖縄移民、土地を奪われた農民）の経験を精査し、彼ら／彼女らが、いかに、沖縄住民の命を守り、ケアしようとしたのか、そうした実践は、どのように軍事主義と結びついていたのか、また時には、米軍占領が抱える矛盾を暴き出すものだったのかを明らかにする。

沖縄戦開始と同時に米軍施政下に置かれた沖縄では、大規模なマラリア防遏を皮切りに、性病・結核・ハンセン病など、主に感染症対策を中心とする公衆衛生政策が矢継ぎ早にとられていった。しかし、連合国軍による日本占領では（少なくともその初期において）非軍事化・民主化が最重要課題として据えられ、医療福祉改革が占領政策の重要な柱であったのに対し、沖縄での医療衛生政策は極めて場当たり的であり、軍人・軍属の健康維持を第一義としたものであった。常に日米両政府からの援助に頼らざるをえない脆弱な財政基盤と、日本の施政権外に置かれていたことに起因する法的不整備から、医療者は日常的に、米軍統治下における医療福祉の限界と矛盾を目の当たりにしていた。一方で、沖縄内部における社会政策の機能不全は、それを補完する形で、沖縄内外を結ぶ官民による多様な援助活動・救済運動を引き起こした。海外沖縄移民やキリスト教団体、国際機関によるこうした活動は、しばしば米軍当局や日米政府の思惑に絡め取られながらも、統治側も予期しない、領土的境界をこえた人的・物的ネットワークも生み出していた。軍事の論理が優先されたことで沖縄の福祉の現場に生じた〈歪み〉を、様々な力学が輻輳する〈磁場〉として分析することで、沖縄米軍統治の歴史を、生存・生活をめぐる政治という最も親密で身体的な次元から再検討することが、本書を貫く問題視座である。

一．生かす権力と死なす権力

米軍統治下沖縄における人びとの生存に対する私のアプローチは主に、ミシェル・フーコーによる生政治と近代的統治性に関する理論枠組み、それに対する後の批判や再検討、特にジョルジョ・アガンベンやジュディス・バトラー、アシル・ムベンベといった思想家による例外状況における統治性に関する議論、そして植民地医学・帝国医療研究から着想を得ている。フーコーが定式化したところによれば、生権力とは「生きさせるか、死の中へ廃棄する」権力であり、一八世紀ヨーロッパにおいて「死なせるか、生きるがままにしておく」という君主権力に代わる近代の統治技術として登場したものである。個人の身体を対象とする規律権力と、人口全体を対象とする調整的な権力という二方向の権力によって構成される生権力は、資本主義の発展に必要不可欠な装置であった[15]。

アガンベンは、フーコーの生権力概念をナチス強制収容所における例外状態の議論と結びつけて、生権力は完全な支配を正当化し、またそれを要請すると付け加えている。「政治がかつてないほど全体主義的なものとして構成されえたのは、現代にあっては政治が生政治へと全面的に変容してしまっているからにほかならない[16]」。アガンベンは収容所を「純粋な、絶対的かつ乗り換え不可能な生政治空間[17]」であるとし、そこに生きる者の政治的地位は奪われ「剥き出しの生」にされていると考えた。このことに関連して、ジュディス・バトラーは、「殺す主権権力」は生権力の登場によって、完全に取って代わられるわけではないと主張する[18]。むしろ、主権権力は、法が停止される地点において、国家が法を停止させるというその行為そのものの中に再び現れるのである。言い換えれば、収容所のような法的な真空地帯を作り出すことで、主権権力は再起動し、殺すことができるが犠牲者化されえない「ホモ・サケル」に力を行使することとなるわけである。しかし、アガンベンやバトラーは、例外状態がいかに人びとを「剥き出しの生」とするかを考える上で有用な理論枠組みを提示しているものの、そもそも「誰」が、「ホモ・サケル」になることを強いられるのかという問いには答えてくれない。誰が、何を根拠に、「生きるべきもの」

と「死ぬべきもの」の境界線を裁定するのか。

冒頭に引用したエピグラフが示すように、フーコーは生権力の議論に関わって、人種主義の概念を再検討し、その第一の機能は「権力が引き受けた生命の領域に切れ目を入れる方法」であるとしている。その上で、「私自身の生命と他者の死」の間に「戦争型の関係」(自分たちが生きるために、他者が死ななければならない)を打ちたてることが、人種主義の第二の機能である。ここで「死ぬべきもの」とされるのは、「劣等」とされた人種である。「他者の死、劣悪種の死、劣等種(あるいは退行者や異常者)の死、これは生命一般をより健全にしていく、より健全でより純粋なものにしていく」[19]。アシル・ムベンベは、生きるべきものと死ぬべきものの関係性に焦点をあてることで、フーコーの近代統治性の議論を拡張し、人種主義と植民地主義の議論に接続させている。ムベンベは生と死の政治を、奴隷制、プランテーション、植民地、軍事占領の文脈で検討しながら、「主権権力の究極的な表現は、誰が生きることを許され、誰が死ななければならないかを決定する力と能力にある」と論じている。[20]こうした議論から導き出されるのは、フーコーが一八世紀に起きたとする「生政治の誕生」は、それよりもずっと以前から始まっていた「死んでもいいもの」とされるものの「発見」とその統治、すなわち帝国主義・人種主義と不可分であるということである。[21]実際、アン・ローラ・ストーラーがフーコーを批判的に読み解きつつ明確に論じているように、生命・身体の管理を通した統治の誕生の背景には、同時代のヨーロッパ帝国主義の拡張と、その結果としての植民地獲得があった。植民地の原住民を、抵抗する主体から、自発的に権力体制へ参与する身体へと訓練する生政治は、植民地経営の根本を担っていた。[22]ムベンベはさらに、占領地の住民に対する絶対的な支配権力を可能にしているのは、生権力や規律権力ではなく、むしろ「死の権力(ネクロポリティクス)」であると主張する。ムベンベによれば植民地とは「法的秩序による統制と保証が停止される究極の場所」であり、そこでは「文明」の名のもとに例外状態の暴力が行使される地帯である。[23] ここでムベンベが念頭においているのは、パレスチナの植民地主義的軍事占領状態であり、そこで住民は「生ける屍（living dead）」として生きざるをえない状況に置かれている。[24]

しかし私はここで、フーコーの生政治やムベンベのネクロポリティクスに関する議論を、単純に沖縄の「ケース」に「適用」しようといるわけではない。そうではなく、本書では米軍統治下沖縄の状況を考察することで、生政治をめぐる議論をより複雑化させるのと同時に、軍事主義と福祉が連携する事態は、決して沖縄に限定されるものではなく、世界各地の軍事化された空間でこれまでも、そして今まさに起き続けている問題であるということを、「理論」の言葉を手がかりに、示そうとしている。

「生かす権力」「殺す権力」という観点からみれば、第二次大戦後の米国主導の軍事主義は、アジア太平洋の地政学図に生政治的な境界線を引き、経済発展する世界と、朝鮮半島やベトナムの戦場、そして核実験として幾度も使われた太平洋諸島に代表される「死の世界」とに分断したといえる。もちろん、この境界線は決して固定的なものではなく、常に揺れ動いており、「殺す権力」はいつ、どこでも、とりわけ戦場や沖縄のように軍事化された境界地帯においてたち現れるのだった。これまでも、アジア太平洋地域の冷戦秩序形成の過程でいかに生の権力と死の権力が同時に作動してきたかについて、必ずしもこの用語を用いることはなかったにせよ、論じられてきた。例えば、歴史家の屋嘉比収は戦後の東アジアを特徴づける米軍基地を中心とした「分業」体制について、極めて重要な指摘をしている。

「五十年の朝鮮戦争の際、東アジアの国々や諸地域で「戦場」「占領」「復興」という事態が重層的に混在し、同時並行的に起こっている。朝鮮半島はまさしく「戦場」であり、朝鮮戦争への出撃基地を抱えた沖縄はまさしくアメリカ軍の「占領」地であり、朝鮮戦争の特需によって日本本土はまさしく「復興」

を成し遂げた。そのことは、朝鮮戦争、沖縄、日本本土という各地域が「戦場」「占領」「復興」というそれぞれが違う状況にありながら、アメリカ軍の存在を介して相互に関係しあっていたことを示している[25]」。屋嘉比が暴力と復興の空間的な同時性を示しているとすれば、米山リサは暴力と復興がいずれも米軍による介入の結果として語られ、米山が「解放とリハビリの帝国神話」と呼ぶナラティブを構築していると指摘する。[26] ここで米山が念頭においているのは、サイディヤ・ハートマンの「負債」に関する議論である。ハートマンによれば、奴隷解放後の合州国（＝ポスト再建期）において、解放された人びとは、「負債」という概念によって再び、価値交換の回路に縛りつけられることになった。同様に、第二次大戦後の米国は、それまで日本帝国の支配下に置かれていたアジア太平洋諸地域の人びとを「解放し、リハビリする」という行為を通して、新たな支配関係に組み入れていったと米山は指摘する。解放された人びとは「解放された」という拭いがたい「負債」を負わされることで、米国が行使してきた／行使し続けている過去と現在の暴力への補償を求めることが非常に困難になる。このように、「解放と帝国のリハビリ神話」は米国の帝国主義的暴力へのリドレスを無効化し、「解放」の名のもと行われる軍事的・経済的介入を容認する。さらに本書に関わってより重要なこととして、「解放とリハビリテーション」は、対象となる人びとを米国の生政治的な統治性に適合させるための再／規律化のプロセスでもあるということである。「リハビリテーション」という概念は、社会基盤の再構築を意味すると同時に、侵害され傷ついた身体を訓練によって「正常」な労働可能な身体に戻すことを含意する。まさにこの意味において、「解放される」ことはハートマンが鋭く言い当てたように「負債を負う」だけではなく、リハビリの対象となる――すなわち、生政治的な介入を受け入れることでもあった。

二．境界空間（liminal space）としての占領下沖縄

以上のような議論を踏まえた上で、本書では米軍統治下沖縄における医療衛生・福祉状況を検討するにあたり、以下、二つの論点を念頭に置いている。まず、占領下沖縄は、法的・政治的・認識論的な「境界空間」に置かれたゆえに、そこでは「生かす権力と死なす権力」が複雑に交差し、時に連携し合っていた。一九四五年四月一日に沖縄島に上陸した米軍は、米国太平洋艦隊及び太平洋区域司令官長官兼南西諸島及其近海軍政府総長チェスター・ニミッツ米軍海軍元帥によって軍政府布告第一号（ニミッツ布告）を公布、日本政府の全ての行政権を停止し、琉球列島を含む南西諸島及び近海並びにその居住民を米軍政府管轄下に置いた。一九五二年に発効したサンフランシスコ平和条約第三条により、日本は主権を回復したが、沖縄は引き続き米国の施政権下に置かれることになった。米国には、「領水を含むこれらの諸島の領域及び住民に対して、行政、立法及び司法上の権力の全部及び一部を行使する権利」が与えられた。一方、講和会議におけるジョン・フォスター・ダレスの談話によって、日本は沖縄に対して、「残余主権」を有することが確認された[27]。沖縄は米国の一部として編入されたわけでもなかったため、沖縄住民は、米国市民でも日本市民でもない境界空間にとどめ置かれ、日米いずれの国家による基本的人権の保護外に放擲された。

原貴美恵の研究は、こうした沖縄の曖昧な地位がいかに東アジアにおける冷戦政治の中で形成されたかを明らかにしている。原によれば、戦後アジア太平洋地域の冷戦体制の基盤となったサンフランシスコ平和条約の最終版では、日本の新たな国境線の一部が曖昧なままとなり、日本が放棄した領土がいず

れかの国の保有になる可能性も否定していない。ダレスが提唱した、日本の沖縄に対する「残余主権」は、領土の帰属を未解決のままにするための便宜的な法概念の一つであった。米国は意図的に、条約の中で領土の帰属を明確に定義せず、日本とその近隣諸国との間に不和の種となるような「楔」を打つことで、日本を共産主義勢力から守ったり、「ドミノ効果」の波及を防ぐ効果を狙ったと原は分析する。[28]

統治の技術として境界空間を作り出すことは、第二次大戦後の新しい発明であったわけではない。むしろ、一九世紀後半以降の米国の領土拡大を特徴づけるものであった。一八九八年の米西戦争の結果、米国はフィリピン、プエルトリコ、グアム、キューバの一部という新たな領土を獲得する。メイ・ンガイが論じているように、旧スペイン植民地と当地の住民を獲得したことは、アメリカの民主主義と自治に対する信念に疑問を投げかけた。被植民者を「後進的な有色人種」とみなし、彼らに米国市民と同等の権利を与えるつもりはなかった。それゆえ、新たな領土の獲得は、「永久に不平等な地位におかれた領土にアメリカの主権を拡大すること、つまり、植民地を構築する」ことに他ならなかった。[29] しかし、米国はこうした新たな海外領土を植民地と呼ぶかわりに、いわゆる島嶼関連訴訟（Insular Cases 一九〇一―二二年）と呼ばれる一連の裁判を通じて、「未編入領土」（unincorporated territory）という新しい法的概念を生み出し、新領土を「国内法的には外国（foreign in a domestic sense）」とみなした。これに伴い、未編入領土に居住する人びとは、米国市民でも外国人でもない「アメリカ国民（U.S. nationals）」となった。彼らは市民としての権利は持たず、したがって国政参加の権利は持たないが、アメリカ国家への忠誠を誓うことが求められた。[30] このように、島嶼判決は米国が海外領土の居住者を「市民」として国家に組み入れることなく、領土を獲得することのできる新たな法的基盤となったのである。

ここで重要なのは、サンフランシスコ平和条約の立役者でもあるダレスが、一九三〇年代から四〇年代にかけて、ラテン・アメリカ各地で「残余主権」の適用に関する訴訟に長く携わっていたという事実である。[31] またダレスは、一九四六年から四七年にかけて、太平洋諸島信託統治領（Trust Territory of Pacific Islands, TTIP）が「戦略地域（strategic area）」に指定され、米国の排他的支配下に置かれるに至った国連総会の信託統治理事会にも関わっていた。いずれの場合でも、ダレスは「残余主権」や「戦略地域」という、米国の領土拡大に有利に働くような法的な境界空間を作りだし、それをうまく国際政治の議論の俎上に乗せていく上で、重要な役割を果たしたといえる。

しかしダレスは単に島嶼判決を米軍統治下沖縄に適用したわけではない。というのも、ダレスは「未編入領土」という曖昧なカテゴリーが必然的に引き起こす、市民権、移民、貿易をめぐる問題を十分に認識していた。[32] 例えばメイ・ンガイは、島嶼訴訟以後、フィリピン人「国民」がアメリカ本土に流入することが、人種的・性的な社会秩序を不安定にする脅威として認識されたと指摘する。この結果、フィリピン人排斥運動が盛んになり、最終的にはフィリピンの独立という形で解決が図られた。[33] つまり、「未編入地域」から帝都への「アメリカ国民」の移動が、このカテゴリー自体の正当性を揺るがしたのである。そこでダレスは、米軍占領下に置かれた沖縄の地位を定義するために、「残余主権」という別の法的カテゴリーを持ち出す必要があった。ユウイチロウ・オオニシによれば、「残余主権」が画期的だったのは、主権の概念を「事実上（de facto）」と「法的上（de jure）」に二分したことにあった。これにより、米国にとって国内でも国外でもない境界空間が生まれただけでなく、その土地とそこに住む人びとを管理し統制する排他的な権力を行使することが可能になった。[34] 沖縄は法的に米国に編入されたわけではなかったため、沖縄を占領しても、連合国が植民地を作るのを防ぐことを目的とした大西洋憲章やカイロ宣言に違反することにはならなかった。すなわち、占領下沖縄は、日米両国の法的保護だけではなく、国際的な保護からも例外的状況として除外されたのである。この結果、米国は理論的には住民の意思を気にすることなく、沖縄に対して自由に権力を行使することができるようになった。このように、残余主権は米国の領土拡大に伴って編み出されてきた「合法的無法地帯（lawful lawlessness）」の系譜上にあり、第二次世界大戦後の世界秩序における米国の覇権獲得のための新たな法的根拠となったのである。[35]

沖縄はアメリカの境界空間に置かれただけではない。そもそも一八七九年の「琉球処分」以後、沖縄は日本の近代国家／帝国の形成過程において、曖昧な地位を占めることになった。沖縄県として日本に編入された後も、沖縄住民は「二等国民」として眼差され、被植民者ではないものの、「本当の日本人」として等しく扱われることはなかった。「沖縄人」を日本人に追いつくべき遅れてやってきた「従兄弟」のように扱うものもいれば、民俗学者や言語学者、芸術家をはじめ、沖縄には日本古来の文化的エッセンスが保存されている宝庫であると、オリエンタリスト的に消費するものもいた。[36] 沖縄の他者化は、琉球国時代の慣習や行政・経済システムを維持しようとする明治政府の政策にも正当性を与えた。研究者が明らかにしているように、日本は沖縄の旧来の社会システムを戦略的に維持することで、旧支配者層を懐柔するとともに、この地域を帝国日本の政治的・経済的・文化的な「周辺」に変えていった。[37] 沖縄は内地と外地の緩衝地帯として、日本の資本主義経済の調整弁であると同時に、その危機に対して最も脆弱な場所になっていったのである。第一次大戦後の世界恐慌は県内の製糖業を直撃し、やがて過剰人口が沖縄から日本本土、ハワイ、南北アメリカの主要都市へと大量に流出する結果をもたらした。一方で、沖縄に残された人びとは深刻な飢餓に苦しみ、救済政策の対象となった。

沖縄の人びとの生命を軽視し、「価値のない生」とする支配構造は、やがて沖縄を戦場に変え、むきだしの暴力が住民を襲った。日米戦争の最終局面で、帝国日本の「国体護持」のための「捨て石」とされただけではない。一九四七年に昭和天皇からシーボルト連合国最高司令官政治顧問に伝えられた、いわゆる「天皇メッセージ」では、米国による沖縄占領の継続が望まれていた。日本の国益のために、沖縄に「捨て石」としての役割を求める――沖縄に対する日本の植民地主義は、こうして、第二次大戦後も、日米の共犯関係を通して継続され、沖縄は境界空間にとどめ置かれることになった。

三．軍事優先の医療衛生政策

沖縄が境界空間にとどめ置かれたことは、一見相反する二つの状況を生み出した。そこに住む人びとの生存は常に米軍の論理にふりまわされるがゆえに不安定であった一方で、国家的枠組みの外部に置かれたことで、結果的にさまざまなアクターが参与できる例外的な空間が生み出された。本書を通して展開される第二の論点は、占領下沖縄では、医療福祉領域の空白地帯に沖縄内外、軍官民をまたがる様々なアクターが介入し、社会政策の構造上の不備を補完していたということである。

米軍統治下沖縄の医療福祉制度の特質として、占領期を通じてあくまでも軍事的必然性、特に占領軍の兵力維持が優先されたことがあげられる。これは、間接統治であった連合国による日本占領下における医療福祉改革との大きな差異である。杉山章子によれば、軍隊における医療の機能は、軍事技術・兵力維持・占領地対策に大別されるが、日本本土では、初期の混乱状態がおさまるにつれ、占領地対策として占領軍兵士や家族を対象にしたものから日本人全体を含むものへと変化していった。これに対し、米軍による直接統治下に置かれた沖縄では兵力維持が重視され続けた。[38]

米国にとっては、軍事優先の医療衛生政策は例外的ではなく、むしろ、一九世紀末の米西戦争を基点とした軍事主義的領土拡大における典型的なテクノロジーでもあった。ウィンターミュートによれば、カリブ海での米陸軍医療部は、フランスの同化主義やイギリス帝国の分割統治とは対照的に、現地の環境や住民の身体そのものを「安全」で「認識可能」なものに変えようとしてきたという。[39] 特にフィリピンやプエルトリコなど、米国が一八九八年の米西戦争の結果得た新たな熱帯の領土では、米軍人・軍属が居住可能な空間へと作り変えるべく、上下水道の整備をはじめとする環境改善とともに、現地住民の行動様式の「近代化」が迅速に行われた。ワーウィック・アンダーソンは、このような現地の環境や住民の「浄化（purification）」を通して米軍医は「熱帯植民地における白人男性性の境界を再建・強化し、病原菌や「原住民」がはびこる敵地において、白人男性性や倫理観を保とうとした」と論じている。[40] ここでアンダーソンが議論の前提としているのは、アジア系やアフリカ系アメリカ人が徴兵される以前の白人男性を圧倒的多数とした米軍であり、占領下沖縄ではより複雑で多層的な人種的境界が引かれていたことは考慮に入れる必要があるが、「衛生」を通した境界管理が現地住民の側だけではなく、「兵士の身体」の規律化のためにも必要な装置であったことは沖縄の状況を考える上でも重要であろう。

沖縄においても、環境衛生の整備とともに、地域住民と兵士の行動様式の変容を通した境界管理が医療衛生政策の主軸となっていく。一九四五年四月沖縄島に上陸した米軍は、日本軍との戦闘を展開する一方で、軍政府主導のもと、大規模なＤＤＴ散布によるマラリア防遏と性病対策を中心とした医療・衛生事業に着手した。五月には軍政府内に医療調査センターが組織され、衛生状態、感染症の実態調査（結核、マラリア、日本脳炎）、栄養調査、幼児の成長に関する調査、毒ヘビ調査などが実施された。[41] 一九四八年末までに、中央病院三カ所、診療所五カ所に加えて、精神病院、ハンセン病療養所が建設・再建され、医療従事者不足を経験するために、軍病院での一般看護婦養成が開始された。[42]

軍政府の公衆衛生チームは、感染症の予防に加えて、住民の「不衛生」と思われる習慣を改善しようとした。特に、河川での水浴びや洗濯など、水資源の利用に関しては、軍と住民が共有せざるをえないので、軍当局は特に神経を尖らせていた。[43]米軍を最も悩ませたのは、住民が人糞を「不適切」に処理し、それを肥料として使用することだった。軍政チームは、こうした習慣は感染症の温床になると考え、古い排泄設備を「ベンジョ」と名付けた、「土着の習慣と近代的な便器の折衷案」に取り替えることを急いだ。[44]このように、軍政府の医療チームは、戦闘負傷者の治療と、米兵の健康維持を目的とした環境衛生改善という二重のタスクを負っていた。すなわち、占領下沖縄における医療衛生事業は、その初期段階から、軍事活動と一体となって実施されていたわけである。

一方で、一九四六年一月二八日には米国海軍軍政府指令第一一〇号によって、沖縄諮詢会［戦後沖縄の最初の中央政治機関であり、米軍政府の諮問機関として設置される］内に、沖縄医療団・公衆衛生部・医療品補給整備部から構成される沖縄公衆衛生諮詢会が組織される。また、沖縄島が知念、糸満、胡差、前原、石川、宜野座、久志、田井等、辺土名の九衛生地区に区画され、各地区に地区衛生課がおかれた。[45]衛生課に配置された衛生検査官の任務は、民政官府の指導方針にもとづいて、「管轄内の市町村衛生課を指導督励して住宅周辺の清掃、塵芥処理、不要な水溜りをなくし、水田などにDDT溶液を撒布すること、また住民に対して食品衛生の指導、伝染病予防の衛生教育、啓蒙運動さらに料理屋、飲食店、理容店、公共浴場など多人数の集合場所の衛生指導にあたる」[46]ことだった。衛生管理が占領のかなり早い段階で沖縄住民の自治組織の手に委ねられたことは注目に値する。沖縄諮詢会の最初期の重要な役割の一つがレーション（米軍の携帯食）の地区への公平な分配だったことと合わせて考えると、米軍統治下における沖縄の「自治」や「地域（社会）」は、衛生や食の管理という、必然的に米軍への積極的・自主的な協力が要請される領域において組織されていったと言えよう。

沖縄住民の健康状態に即して言えば、三ヶ月以上続いた地上戦のために、長期間にわたって山中やガマ（洞窟）での避難生活を余儀なくされ、主にマラリアによる病死や餓死者も多く出た。終戦時には、マラリアに加え、フィラリアやデング熱といった熱帯性伝染病や結核が蔓延していた。さらに、民間人収容所での集団生活や内地・外地・戦地からの引き揚げによる急激な人口増加によって衛生状況は悪化していた。とりわけ結核に関しては、引揚者や日本本土からの基地建設労働者の流入によって患者が増加し続け、慢性的な病床不足に陥るという深刻な事態にあった。また、一九四一年には一八二人いた沖縄の医療従事者は沖縄戦を経て激減し、沖縄戦終結時には歯科医とあわせてわずかに六四人がいるのみであった。[47]残された医療従事者は米軍関係医療施設に勤務することを義務付けられ、一九五四年まで自由開業を認められなかった。その後、引き揚げにより医師数は増えるものの、一九四八年一二月時点でも、医師一人当たりの人口が日本本土では一一六五人であったのに対し、沖縄では四三四三人（総医師数二〇四人）であり、医療従事者が圧倒的に不足していた。[48]占領期を通じて、医師不足が劇的に改善されることはなく、公看や戦前の医師助手や代診、衛生兵が地域限定で開業を許される「介補」が、特に離島へき地における医療の担い手となっていった。[49]

一九五〇年には、米国による沖縄の長期的な統治を目的として、軍政府にかわって琉球政府米国民政府（The United Sates Civil Administration of the Ryukyu Islands, 以下ＵＳＣＡＲ）が設置されるが、この際、米極東軍司令部から発令された「琉球列島米国民政府に関する指令」（以下、ＦＥＣ指令）によって、琉球列島住民の健康管理に関する米国の責任が初めて明文化された。そこでは、「ガリオア資金の許す範囲において戦前同様の琉球列島の生活水準の確立」が目指され、それ以上は「米国予算の援助なしに琉球住民自体の努力によって達成されるべき」とされた。ただし「琉球駐屯米軍要員の保健上必要である限りにおいて」予算が充当された[50]。この結果、米兵の健康を脅かす可能性のあるマラリアをはじめとする感染症や性病の駆逐・予防、上下水道の整備を含む環境衛生の改善が最優先事項となった。一般住民の福祉向上、特に占領体制に支障をきたす恐れが低いとみなされた離島やへき地の医療福祉については、沖縄の医療従事者の手に委ねられることになる。

「軍事優先」の原則がとられたため、民事一般、とりわけ医療や社会福祉は、体系立てられたものとはいえず、その時々の状況に応じて暫定的に進められた。そしてこの一貫性のなさや不完全さは両義的な結果を生み出すことになる。第二章で詳細に述べるように、沖縄の医師や看護婦、厚生員や婦人会幹部は、沖縄住民の生活の質を向上させるという目標を達成すべく、住民を管理するというUSCARの任務をいわば補完・代行する形で、しばしば積極的に協力した。こうした医療や福祉事業従事者は戦前の日本内地や台湾・朝鮮・満州をはじめとする日本の植民地・占領地において、専門教育を受け活動したが、占領期になって米国式の医療研修を受けた。沖縄には十分な研修施設がなかったために、主に米軍・米国が主催する人的交流プログラムに基づいて日本や海外で技術研修を受けた。一九五〇年代にはほとんどの研修がアメリカ本土や日本で行われていたが、第三章で示すように、一九五九年に立州化したハワイは一九六〇年代を通して、また六〇年代後半からは台湾が、教育研修や技術普及の重要拠点となっていく。沖縄の医療従事者が頻繁にハワイや台湾に派遣される一方で、アメリカの専門家も沖縄の医療衛生向上のための指導者として沖縄を訪れた。また、戦前に世界各地に渡った沖縄海外移民は様々な救援物資を沖縄に送るという「沖縄救済運動」を通して、郷土の復興と住民の福祉向上に寄与しようとした。

先に「両義的な結果」と書いたが、これは一方では、沖縄の福祉向上を目指した様々な主体の積極的で真摯な活動は、時に統治者の意図をも超えた「過剰な空間」を生み出したからである。それは、イラナ・フェルドマンが人道的措置の対象となったパレスチナ難民キャンプの文脈で、「生きることの政治（the politics of living）」として分節化した実践が行われる空間でもあった。[51] フェルドマンは人道的空間が、たとえ難民を「単なる」犠牲者や同情の対象に貶めてしまうとしても、そこで人びとは、自分たちの権利や人生の実存的価値を主張する場を作り出していたことを見落としてはいけないと強調する。フェルドマンの議論を受けて、イェン・レ・エスピリトゥは、ベトナム人難民が日常的な実践を通して、難民収容所を生き生きとした生を送るための空間、すなわち「家（home）」に作り変えていったと論じている。[52] 収容所に生きる者が、難民になったことで奪われていた権利を行使する時、キャンプの惨めな空間は「政治の空間」になりうる。そこでは、難民は、「剥き出しの生」であることをやめ「政治的な生」を生き始める。本書ではフェルドマンやエスピリトゥらによる議論をさらに一歩進め、占領下沖縄をめぐる福祉的・人道主義的活動は、政治的主体性や実存的な価値を生み出す場となっただけではなく、公的な社会保障の代替となるような、領土的境界を超えたケア・ネットワークとしても機能したことを明らかにする。

しかし一方で、福祉に携わる主体が献身的であればあるほど、こうした活動は、ＵＳＣＡＲや米軍、日米政府によって、それぞれの目的行使のために容易に利用されてしまうことにもなった。例えば、米軍が公看制度を導入したのは、性病予防を通して軍人・軍属と売春婦との接触を制御するだけではなく、一般住民の個人衛生も広く間接的に管理・監督するためであった（第二章参照）。より大きな文脈で言えば、健康と福祉を増進し、現地の医療従事者を育成することは、かつて日本の支配下に置かれた人々を解放し、リハビリするという米国の冷戦文化政策にまさに合致するものだった。日本にとっては、第四章で詳述するように、一九六一年以降、米国政府が許可した沖縄への医療福祉援助は、沖縄に対する「残余主権」を確認し、主張するための重要な機会でもあった。日本からの医師派遣や本土への結核患者移送といった医療措置も、「復帰運動」の文脈では日本と沖縄の「架け橋」として政治的意味を持たされた。より根本的には、福祉に関わる実践はそれ自体、その性質上、フーコーが言うところの近代的主体の構築と、高い親和性を持つことに注意しなくてはならない。近代的統治の基盤となる司牧的権力は人間たちを「操導し、指導し、引き連れ、導き、手を取り、操作する大いなる技術」をもたらした。[53] 生命をケアし、よりよい生を求める行為は、ほとんど必然的に、最も親密な次元で、近代化と統治権力への抗しがたい欲求を招き、それを促進させるのである。

四．沖縄戦後史における医療衛生研究

沖縄占領研究において、福祉や医療の分野に関してこれまであまり体系立てた研究がされてこなかったのは、おそらく、こうした福祉の実践に内在する両義的な性質に依るところも大きい。[54] 既存の研究蓄積は、医療者自身による研究史や自伝的記録、各団体の記念誌、あるいは、性病管理・マラリア対策・ハンセン病対策など個別具体的な政策に焦点を当てた研究が大半を占める。例えば、近世期からの琉球・沖縄における医療を概観した琉球大学医学部付属地域医療研究センター編『沖縄の歴史と医療史』（九州大学出版会、一九九八年）、戦後の保健医療行政の推移に焦点をあてた平山清武編『沖縄の医療と保健』（徳明会、一九八七年）や、自身の経験を元に戦後沖縄の医療を振り返った照屋寛善『戦後沖縄の医療――私

の歩んだ道から』（メヂカルフレンド社、一九八七年）、沖縄におけるハンセン病対策を扱った犀川一夫『門は開かれて――らい医の悲願――』（みすず書房、一九八九年）、島成郎『精神医療のひとつの試み』（批評社、一九九七年）などがあげられる。看護史では、大嶺千枝子が米軍占領下の看護婦・保健婦・助産婦制度変遷について詳細な分析を行っている（『沖縄の看護―琉球政府の看護制度を紐解く』新星出版、二〇二〇年）。第二章でもとりあげる公衆衛生看護婦制度については、大嶺の研究や、制度成立の過程についての概説が『沖縄県史 各論八 女性史』に収録されているほか、木村哲也『駐在保健婦の時代 一九四二―一九九七年』（医学書院、二〇一二年）は「駐在制度」に焦点をあて、沖縄以前に駐在保健婦制度が導入された高知県における展開との関係性を、保健婦・公看経験者への聞き書きを元に分析している。小川寿美子は地域医療における人材育成という観点から、沖縄の公看制度の独自性を明らかにしている。[55]

医学史的研究の多くは、占領期に沖縄の医療従事者が積極的に米軍主導の医療改革に参与したことで、戦後沖縄社会が回復していった、という進歩史的なナラティブを描く傾向にある。もちろん、占領期に沖縄の医療福祉状況が大幅に改善され、沖縄の医療従事者がそれに多大な貢献をしたことは言うまでもないが、このような語りは戦後沖縄史において長らく支配的だった「米軍対住民」という対立図式とは相容れない。結果として、医療福祉の向上は、米占領軍が沖縄の人びとにした例外的に「良いこと」として、あるいは軍事暴力に対する人びとの怒りを宥めるための宣撫工作の一環として描かれてきた。こうした枠組みでは、医療福祉に関わる実践が軍事優先主義と必ずしも相反するものではなく、占領下沖縄においては、不可避的に相互に連携していたというパラドックスを捉えることができない。また、占領期を基点とする視点からは、戦前・戦時の保健医療活動との連続性だけではなく、沖縄戦によって何が失われたのか「断絶」の面も可視化されにくい。本書は、戦争（ウォーフェア）と福祉（ウェルフェア）

の相互補完的な関係性を示すことで、沖縄研究だけではなく、軍事主義や生と死の政治に関するより幅広い議論に貢献することを目指している。

他方、占領期の社会福祉に関する制度・政策の変遷については、法制度や社会福祉・社会事業を専門とする研究者によって論究されてきたが[56]、その多くは、日本本土の法体系を参照点（＝「正常」）とし、沖縄の社会政策の制度上の欠陥を指摘している。たとえば、我喜屋良一によれば、沖縄では、社会保障の中心をなすべき社会保険制度が占領期には成立に至らず、補充的制度であるべき公的扶助が中心的役割を担ってきたが、その根本要因は、沖縄が、国民の基本的人権を保障するはずの主権国家の施政権外に置かれたことにあると分析している[57]。

近年では、米軍統治下沖縄における医療や社会福祉に関して、米国の冷戦拡張主義と軍事主義の文脈に位置づけた新たな研究が登場してきた。例えば澤田佳世は、家族計画運動を詳細に分析し、冷戦の地政学が、米軍統治下沖縄における人口と生殖に関する議論をどのように形成したかを明らかにしている[58]。また杉山章子は、沖縄占領初期における医療公衆衛生政策の形成に焦点をあて、離島を含めて各地域の指導者、実務者、住民が医療制度の回復のために米軍当局とどのように交渉したかを論じている[59]。小碇美玲は、ミシガン大学とハワイ東西センターを拠点とした沖縄への家政学知識の普及に焦点をあて、エイミー・カプランの「マニフェスト・ドメスティシティ」の概念を援用しながら、米国の冷戦文化政治の文脈で分析している[60]。こうした研究蓄積を踏まえて、本書では、占領期に形成された軍事と福祉の親密かつ両義的関係を二つの視座から考えていく。

第一に、占領下沖縄における「軍事化される福祉」に焦点をあてるためには、必然的に、トランスナショナルかつトランスパシフィックな視座が必要となる。セツ・シゲマツとキース・カマチョが「軍事化される潮流」という言葉で見事に言い表しているように、アジアと太平洋地域は二〇世紀を通じて、日米の帝国主義と軍事主義の力学によって人・資本・モノ・知識・技術が絶え間なく流動することで、近接に結びついてきた[61]。例えば、シミオン・マンの研究は、第二次大戦後の冷戦秩序において、それまで人種的に差別されてきたアジア人が従軍を通してアメリア帝国に組み込まれるようになった経緯を追いながら、太平洋を横断するように展開された従軍をめぐる連関を詳細に描き出している[62]。本書の第三章が示すように、占領下沖縄は日本の主権からは切り離されたものの、外部と完全に切り離されたわけではない。むしろ、米軍の存在を通じて、沖縄はプエルトリコやハワイ、フィリピン、グアム、韓国や台湾といった他の軍事化された地域と密接かつ親密に結びつけられていた。また、これまでも、しばしば指摘されてきたように、沖縄の近代史は、生活の糧を求めて沖縄を離れた人びとの経験や、彼ら・彼女らの郷土との親類縁者を通したつながりを考慮しなければ、十分に理解したとはいえない[63]。自分たちの土地を追われて県外・国外に流出していったことは、単に日本の帝国主義・資本主義の搾取と米軍の支配の結果だけではなく、日米帝国が存続するための必要な条件ともなったからである。以下の章では、人びとの福祉に関わる実践を、沖縄内外の様々な主体が参入したトランスナショナルな場として考察する。

第二に、本書は、軍事主義と福祉をめぐる実践がいかに連携していたのか精査する一方で、両者の共犯関係が綻びを見せた瞬間を浮き彫りにしようとしている。各章で示すように、米軍統治下沖縄では、「解放とリハビリの神話」は、軍事占領と復興が同時進行する沖縄の特殊性ゆえに、その正当性を維持できなかった。米軍は様々な医療福祉事業を通じて「解放者としてのアメリカ」のイメージを打ち出そうとしたが、日常生活における米軍の絶対的存在は、住民に戦争状態が継続していることと、日米によって行使された植民地主義的暴力を常に思い起こさせるものであった。医療従事者は、自身や患者の身体にあらわれた傷や痛みを診察し、治療する行為を通じて、植民地主義や軍事暴力の痕跡、そしてその徴候を強く意識していた。こうした人びとの日常的な「気付き」や「抗い」は、一般的な「抵抗」とはみなされなかったかもしれないし、「革命」の瞬間へと結実することもなかったかもしれない。それでもその言葉と行動は、私たちが「あったかもしれない」現在を想像し、その地点から未来を構想できるような「裂け目」を示してくれるのである。[64]

章構成

本書は以下のように構成されている。第一章「神に捨てられた島」では、占領下沖縄においてキリスト教宣教活動を行ったアメリカ人宣教師が書き残した「ミッショナリー・フィクション」を主な分析対象としている。キリスト教会は特に占領初期には、住民福祉の担い手であったが、一方で、キリスト教のナラティブは、沖縄を救済の対象としつつ、米国を絶対的庇護者として描き出し、「解放者＝救済者」としての米国という神話を形成していた。この章では、米国の冷戦政策におけるキリスト教の役割に関する議論を踏まえて、いかに占領開始当初は「ゴミ捨て場」とまで揶揄された沖縄が「救済されるべき」場所として描かれていったのか、またその過程で打破すべき存在として「日本的価値観」とユタに象徴される土着信仰が「悪魔化」されていったのか明らかにする。しかし、ミッショナリー・フィクションでは占領者であるところのアメリカが「救世主」として描かれる一方で、現実の沖縄では暴力的な土地接収と基地建設が進行していた。キリスト教の救済神話と軍事主義が相反するのではなく、共犯関係を結ぶものだったということを、沖縄の土地問題に向き合った宣教師の記述から読み解く。

第二章「占領を「ケア」する」では、公衆衛生看護婦の経験に焦点をあてている。一九五一年に米軍によって導入された公看は、基地周辺歓楽街における性病管理から母子保健指導から衛生教育、結核予防に至るまで、特に離島へき地における地域医療の重要な担い手となった。一方で、米国にとって沖縄の公看育成は、前時代的家父長制からの「女性解放」であると同時に、近代的・衛生的な過程空間の普及を目指す、冷戦文化戦略にも合致するものだった。本章では、公看活動を単なる医療衛生事業としてだけではなく、軍事主義、人種主義、冷戦の文化政治、ジェンダー・ポリティクスが輻輳する場として分析している。

第三章「帝国を架橋する」では、沖縄の外に目を向け、沖縄内部での医療福祉政策の不足を補完する形で行われていた沖縄救済や援助をめぐる動きを、ハワイと沖縄の連関を中心に分析している。一九五九年に米国の一州として編入されたハワイは、米国冷戦戦略上、アジアとアメリカを架橋し、資本主義圏にとどめ置くための重要拠点となっていった。特に、一九六〇年に設立された東西文化・技術交流センター（以下、東西センター）は、アジアから来た研修生に近代的・科学的な知識と技術移転を通じて資本主義社会への発展への道を示す一方、アメリカの学生やボランティアには、アジア太平洋地域に進出するための足場を提供していた。沖縄は、東西センター研修プログラムの最大のクライアントでもあり、数多くの沖縄の医療者や技術者がハワイで研修を受けた。こうして米軍統治下沖縄とハワイを多層的に結びつけていた研修プログラムや沖縄移民による救済運動は、同時期にアジア太平洋地域で進行していた軍事化プロセスと無関係ではなく、むしろ軍事ネットワークによって可能となり、結果として、軍事化を促進させる役割を担っていた。

第四章「「命」を乞う」では、「救済と補償」というロジックに焦点をあて、沖縄における住民福祉の充実が、基地負担への代償として登場してきた歴史的経緯を分析している。その起点となるのは、一九五〇年代初期に行われた米軍による強制的な土地接収と、土地を追われた農民による「乞食行進」と呼ばれる抗議行動である。この運動に端を発する住民の全島的な反基地抵抗運動である「島ぐるみ闘争」は、これまで日本への「復帰運動」の始まりとして理解されてきた。本章では、生活補償を求めた人びとの行動が、社会政策の対象とされることで、脱政治化され、軍事資本主義システムに組み込まれていった過程として再検討している。一九六〇年代に入ると、こうした動きに日本政府が「対沖縄援助」という形で積極的に参与していく。日米合同の生政治体制に包摂されることと引き換えに、基地負担を引き受ける、という復帰以後、現在にも続く図式がこの時期に構築されていった。

本書の最終章では、復帰の直前、一九七〇年一二月二〇日に沖縄で最も大きなキャンプタウンの一つであるコザで起きた「コザ暴動」を再考する。飲酒運転の米兵が沖縄の歩行者をひき逃げした交通事故をきっかけに、コザの人びとは米軍人・軍属が所有する八〇台以上の車と建物を燃やした。米軍と地元住民との親密さを最も鮮明に体現していたはずのコザが、復帰を目前としたこの時に、人びとが暴力をもって怒りを示す場所になったのはなぜか検討することで、本書のしめくくりとする。

註

（1）ミシェル・フーコー／石田英敬、小野正嗣訳『社会は防衛しなければならない――コレージュ・ド・フランス講義一九七五―一九七六年度』筑摩書房、二〇〇七年、二五三頁。

（2）Achille Mbembe, "Necropolitics," trans. Libby Meintjes, *Public Culture* vol.15,no.1(2003): 11-40, 24. 以下、本書では訳書を参照しているもの以外の英語文献の翻訳は、特に断りのない限り、著者による。
（3）Office of the Press Secretary, "Remarks by President Clinton to the People of Okinawa G-8 Economic Summit 2000," U.S. Department of State Archive, https://1997-2001.state.gov/issues/economic/summit/000721_whpress_okinawa.html（最終アクセス二〇二四年一一月二九日）.
（4）「平和の礎」について詳細は、以下を参照のこと。Gerald Figal, "Waging Peace on Okinawa," in Laura Hein and Mark Selden eds., *Islands of Discontent: Okinawan Responses to Japanese and American Power* (Lonham, Md: Roman & Littlefield Publishers Inc., 2003)、北村毅「沖縄の「摩文仁の丘」にみる戦死者表象のポリティクス──刻銘碑「平和の礎」を巡る言説と実践の分析」『沖縄大学地域研究』三号（二〇〇七年三月）、四九─六六頁。
（5）北村「沖縄の「摩文仁の丘」にみる戦死者表象のポリティクス」（前掲）、五一頁。
（6）在日本大韓民国民団は、平和の礎の除幕式で、犠牲者の存在（とりわけ「慰安婦」として動員されたという事実）が家族全体にとっての「屈辱」であり、隠すべきという理由から刻印を拒否した韓国人遺族がいると述べた。新崎盛暉『新版・沖縄現代史』（岩波書店、二〇〇五年）、一五一─一五二頁。これに関連する議論として、米山リサは広島の「韓国人原爆犠牲者慰霊碑」をめぐって、いかにこの祈念碑が在日朝鮮・韓国人の民族性を再／編成する場として機能したか分析している。米山リサ／小沢弘明・小田島勝浩・小澤祥子訳『広島 記憶のポリティクス』岩波書店、二〇〇五年、第五章。
（7）田中康博『風景の裂け目 沖縄、占領の今』せりか書房、二〇一〇年、一五八頁。
（8）Yoshio Shimoji, "The Futenma Base and the U.S.-Japan Controversy: An Okinawan Perspective," *The Asia-Pacific Journal: Japan Focus*, vol. 8, issue 18, no. 5 (May 3, 2010)、琉球新報社編『呪縛の行方──普天間移設と民主主義』琉球新報社、二〇一二年。
（9）「日米安全保障共同宣言──二一世紀に向けての同盟──」（一九九六年四月一七日）、外務省公式ページ https://www.mofa.go.jp/region/n-america/us/security/security.html（最終アクセス二〇二四年二月二九日）.
（10）仲程昌徳『沖縄文学の諸相──戦後文学・方言詩・戯曲・琉歌・短歌』ボーダーインク、二〇一〇年、一七〇―一七一頁。

(11) 冨山一郎『暴力の予感――伊波普猷における危機の問題――』岩波書店、二〇〇二年、三八―四一頁。

(12) 田仲『風景の裂け目』(前掲)、一五八頁。

(13) ジョルジョ・アガンベン/高桑和巳訳『ホモ・サケル―主権権力と剥き出しの生』以文社、二〇〇三年、一九二頁。

(14) 米国がアジア太平洋地域において「境界空間」が作り出していったこのプロセスは、米国内において、移民をはじめとする人種的マイノリティが「社会的な死」(social death)の状況に追い込まれていったのと平行して起きていたことに注意する必要があるだろう。リサ・マリー・カチョによれば、「社会的な死」に追い込まれた人びとは非合法の存在とされ、それゆえ「人としての資格がない…… 法に従うことを強制されはするが、そうした法に対抗する法的手段をとることを拒否されると同時に、法に疑問を呈するのに必要な政治的正統性や道徳的信頼性をも拒否されてしまう」のである。Lisa Marie Cacho, *Social Death: Racialized Rightlessness and the Criminalization of the Unprotected* (New York: New York University Press, 2012), 6. こうした状況は戦後日本社会にもあてはまる。旧植民地出身者がサンフランシスコ講和条約の発効とともに日本国籍を剥奪され、植民地主義と人種主義の過去が否認されていったことは、このような「社会的な死」という観点からも理解する必要がある。

(15) Michel Foucault, *The History of Sexuality, Volume 1: An Introduction*, trans. Robert Hurley (New York: Vintage Books,1990), 139-141.

(16) アガンベン『ホモ・サケル』(前掲)、一六六頁。

(17) 同右、一七〇頁。

(18) Judith Butler, *Precarious Life: The Powers of Mourning and Violence* (London and New York: Verso, 2006), Chapter 3.

(19) フーコー『社会は防衛しなければならない』(前掲)、二五四頁。

(20) Mbembe, "Necropolitics," 11.

(21) マウリツィオ・ラッツァラートは、一八世紀を生政治の誕生とするフーコーの議論枠組みはヨーロッパ中心主義であり、「長い十六世紀」にすでに始まっていた奴隷や原住民、女性を「劣等人種」として国家管理の下に置いていた歴史を考慮に入れていないと指摘している。M・ラッツァラート／杉村昌昭訳『耐え難き現在に革命を！——マイノリティと諸階級が世界を変える』法政大学出版局、二〇二三年。

（22）アン・ローラ・ストーラー／永渕康之他訳『肉体の知識と帝国の権力——人種と植民地支配における親密なもの』以文社、二〇一〇年。

（23）Mbembe, "Necropolitics," 24.

（24）Ibid., 40.

（25）屋嘉比収「重層する戦場と占領と復興」中野敏男他編『沖縄の占領と日本の復興』青弓社、二〇〇六年。同編著は『継続する植民地主義——ジェンダー、民族、人種、階級』（岩崎稔他編著／青弓社、二〇〇五年）とともに、中野敏男が牽引した沖縄・台湾・韓国・日本と米国の研究者や活動家による画期的な共同プロジェクトの成果である。その根幹には、日本の植民地主義の継続と戦後アメリカの東アジアにおける軍事的・経済的覇権がいかに複雑に絡み合っており、それが戦後東アジアの政治空間を構成しているか批判的に問う視座がある。占領下沖縄を貫戦史的かつ日米両国の帝国主義的暴力が交錯する場所として捉えようとする私の視座は、こうした研究成果や編者である中野敏男、李孝徳との長年にわたる議論に負うところが大きい。

（26）Lisa Yoneyama, *Cold War Ruins: Transpacific Critique of American Justice and Japanese War Crimes* (Durham: Duke University, 2016), 232-233. 初出は Lisa Yoneyama, "Traveling Memories, Contagious Justice: Americanization of Japanese War Crimes at the End of Post-Cold War," *Journal of Asian American Studies* 6.1 (February 2003): 57-93. ハートマンの「負債」に関する議論は以下を参照のこと。Sadiya V. Hartman, *Scenes of Subjection: Terror, Slavery, and Self-Making in Nineteenth-Century America* (Oxford and New York: Oxford University Press, 1997).

（27）スディプタ・センによれば、「残余主権（residual sovereignty）」という概念はもともと、東インド会社支配下の植民地インドの文脈で使用されており、「インド帝国の政治体制に完全には組み込まれなかった土着権力の残滓」を示すものであった。「残余主権」は、征服したという事実に関する根本的な法的問題を未解決のままにしていくことで、軍事的搾取と領土拡張を正当化する理論基盤となったと、センは主張している。Sudipta Sen, "Unfinished Conquest: Residual Sovereignty and the Legal Foundations of the British Empire in India," *Law, Culture and the*

Humanities, 9 (2) (2012): 227-242. ジョン・ダレスが、沖縄に対してこの法的概念を適用する際、どの程度、こうしたイギリス植民地主義の文脈が念頭にあったのかは不明だが、イギリス帝国から二〇世紀の非公式の米国の軍事「帝国」へ、統治の技術の連続性を示す事例として興味深い。

(28) Kimie Hara, *Cold War Frontiers in the Asia-Pacific: Divided Territories in the San Francisco System* (London and New York: Routledge, 2007), 45. 日本語での議論は、原貴美恵『サンフランシスコ平和条約の盲点――アジア太平洋地域の冷戦と戦後未解決の諸問題』渓水社、二〇〇五年。

(29) Mae M. Ngai, *Impossible Subjects: Illegal Aliens and the Making of Modern America* (Princeton and Oxford: Princeton University Press, 2014), 98.

(30) Ibid., 100.「アメリカ国民」と、第二次大戦中に収容所に入れられた日系アメリカ人が置かれた状況は似ていた。いずれも、米国への無条件の忠誠を誓うことによってのみ「自由」と「市民権」を保障された。Takashi Fujitani, *Race for Empire: Koreans as Japanese and Japanese as Americans During World War II* (Berkeley: University of California Press, 2011), Ch. 3. 同書の日本語訳はT・フジタニ／板垣竜太・中村理香・米山リサ・李孝徳訳『共振する帝国：朝鮮人皇軍兵士と日系人米軍兵士』岩波書店、二〇二一年。

(31) Yuichiro Onishi, "Occupied Okinawa on the Edge: On Being Okinawan in Hawai'i and U.S. Colonialism toward Okinawa," *American Quarterly* 64-4 (December 2012): 741-765, 757.

(32) Ibid., 758.

(33) Ngai, *Impossible Subjects*, 177.

(34) Onishi, "Occupied Okinawa on the Edge," 756.

(35) Ibid., 758.

(36) Kim Brandt, *Kingdom of Beauty: Mingei and the Politics of Folk Art in Imperial Japan* (Durham: Duke University Press, 2007), 216.

(37) 琉球王国が日本資本主義国家の周辺として組み込まれていった過程について詳細な分析は、ウェンディ・マツムラ／増渕あさ子・古波藏契・森亜紀子訳『生きた労働への闘い―沖縄共同体の限界を問う』（法政大学出版局、二〇二三年）を参照のこと。

（38）杉山章子『占領期の医療改革』勁草書房、一九九五年、一三八―一三九頁。

（39）Bobby A. Wintermute, *Public Health and the U.S. Military: A History of the Army Medical Department 1818-1917* (New York, London : Routledge, 2011).

（40）Warwick Anderson. *Colonial Pathologies: American Tropical Medicine, Race, and Hygiene in the Philippines* (Durham, London: Duke University Press, 2006), 27.

（41）James Watkins, "History of Military Government Operations on Okinawa (1 May to 31 May, 1945)"、ワトキンス文書刊行委員会編『沖縄戦後初期占領資料 Papers of James T. Watkins IV 第十巻』緑林堂書店、一九九四年、六五頁。

（42）"Annual Report: Military Government Activities in the Ryukyus, 1947-48", 43-46、沖縄県公文書館、資料コード 0000106038。

（43）"Public Health: Lawrence/Watkins" *Papers of James T. Watkins IV*, vol. 41, no. 18,『沖縄戦後初期占領資料』(同右) 第四一巻。

（44）"Public Health and Medical Situation, Village of Chimu," Report by Robert W. Ball, MG public health officer, recorded in *Papers of James T. Watkins IV*, vol. 14, no. 82.『沖縄戦後初期占領資料』(同右)。「ベンジョ」については、「またがるような広い溝で、その上に蝶番でハエを通さないよう蓋がついている。原住民がしゃがんで排泄することを考慮して、便座はついていない」と描写されている。

（45）中野育男『米国統治下沖縄の社会と法』専修大学出版局、二〇〇五年、一二九頁。

（46）沖縄県医師会会史編纂委員会編『沖縄県医師会史――終戦から祖国復帰まで』沖縄県医師会、二〇〇〇年、三一一頁。

（47）Jensen, Robert T. M.D., "Preventive Medicine and Health Care in the Ryukyu Islands (1945-1970)," 沖縄県公文書館 資料コード U80800713 B、以下 "Jensen report"。

（48）崎原盛造、等々力英美「戦後沖縄における「医師助手」と医介補制度について」『沖縄国際大学人間福祉研究』二巻一号、二〇〇四年三月。

(49) 介補制度について詳しくは増渕あさ子「コラム 医介補」『沖縄県史 各論編七 現代』沖縄県教育委員会、二〇二二年も参照のこと。

(50) "Ryukyu Islands: Responsibility of U.S. for improvement of the Public Health." 沖縄県公文書館資料 資料コード0000024258.

(51) Ilana Feldman, "The Humanitarian Condition: Palestinian Refugees ant the Politics of Living," *Humanity: An International Journal of Human Rights, Humanitarianism, and Development*, vol.3, no.2 (Summer 2012): 155-172, 157.

(52) Yen Espiritu, *Body Counts: The Vietnam War and Militarized Refuge(es)* (Berkeley: University of California Press, 2014), 76.

(53) ミシェル・フーコー／高桑和巳訳『安全・領土・人口:コレージュ・ド・フランス講義 一九七七―一九七八年度』筑摩書房、二〇〇七年、二〇五頁。ここでの私の議論は、自由主義と人道主義への批判的分析を行っている以下の著作から大きな示唆を受けている。Lisa Lowe, *The Intimacies of Four Continents* (Durham and London: Duke University Press, 2015); Randall Williams, *The Divided World: Human Rights and Its Violence* (Minneapolis: University of Minnesota Press, 2010); Julietta Hua, *Trafficking Women's Human Rights* (Minneapolis: University of Minnesota Press, 2010).

(54) 日本占領研究でも、医療衛生分野は長らく周辺的な領域であった。Cristopher Aldous と鈴木晃仁は、この要因として、新憲法草案や公職追放と比べて、医療福祉改革は政治的要素が弱く、論争的でもなかったからと分析している。Aldous and Suzuki, *Reforming Public Health in Occupied Japan, 1945-52: Alien prescriptions?* (London and New York: Routledge, 2011), 15. 占領軍による医療福祉改革を包括的にまとめたものとしては、竹前栄治の研究や翻訳書があげられる（クロフォード・サムス／竹前栄治訳『DDT革命――占領期の医療福祉政策を回想する』岩波書店、一九八六年など）。竹前の研究は、それまでの占領研究では後回しにされがちだった医療福祉分野に光をあてただけではなく、戦争犯罪に加担した日本人科学者の起用や、ABCCによる非人道的な原爆傷害調査など、公衆衛生福祉改革に潜む負の遺産も指摘したことでも、功績は非常に大きい。しかし、公衆衛生福祉局長であったクロフォード・サムスの手記を中心に論じているために、全体として、医療福祉改革が、一方的に日本人に押し付けられたものとして描かれている点が批判されている。これとは対照的に、近年の占領期医療福祉研究では、日本人医療従事者の能動的な役割に注目するなど、より多面的・多層的な描き方をする研究が増えている。菅沼隆『被占領期社会福祉分析』ミネルヴァ書房、二〇〇五年など。杉山章子はさらに、日本占領における衛生政策を冷戦地政学図の観点から分析している。杉山『占領期の医療改革』（前掲）。

（55）小川寿美子「戦後沖縄の地域保健――人材確保と定着化をめざして――」中村安秀編『地域保健の原点を探る――戦後日本の事例から学ぶプライマリヘルスケア』杏林書院、二〇一八年。

（56）例えば、中野『米国統治下沖縄の社会と法』（前掲）は、住民生活に関わる法令の形成過程と実際の機能について詳細に分析している。

（57）我喜屋良一『沖縄における社会福祉の形成と展開――我喜屋良一編集』沖縄県社会福祉協議会、一九九四年、二五三頁。

（58）澤田佳世『戦後沖縄の生殖をめぐるポリティクス――米軍統治下の出生力転換と女たちの交渉』大月書店、二〇一四年。

（59）杉山章子「占領初期沖縄の保健医療システム――群島別の形成過程」『沖縄文化研究』四五号、二〇一八年三月、六〇九―六七一頁。

（60）Mire Koikari, *Cold War Encounters in US-Occupied Okinawa: Women, Militarized Domesticity and Transnationalism in East Asia* (Cambridge: Cambridge University Press, 2015).

（61）Setsu Shigematsu and Keith Camacho eds., *Militarized Currents: Toward a Decolonized Future in Asia and the Pacific* (Minneapolis: University of Minnesota Press, 2010).

（62）Simeon Man, *Soldiering through Empire: Race and the Making of the Decolonizing Pacific* (Oakland, California: University of California Press, 2018).

（63）例えば、冨山一郎『流着の思想――沖縄問題の系譜学』インパクト出版会、二〇一三年、第二章など。

（64）こうした歴史観はウェンディ・マツムラの議論に負うところが大きい。マツムラは近代沖縄において、資本主義の「死んだ労働」になることを拒絶した沖縄の小規模生産者たちの知恵や関係性を丹念に調べ上げ、「反資本主義闘争」として読み直した。一つの革命的瞬間へと結実しなかったかもしれないが、たしかにそこにあった人びとの日々抗いの痕跡を記述することでマツムラは、圧倒的な外力を前にあらゆる闘争が無駄に終わったかのように描いてしまう終末論的歴史観に異議申し立てをしている。マツムラ『生きた労働への闘い』(前掲)。

第一章

「神に見捨てられた」島で
――アメリカ人宣教師と米軍占領下沖縄――

それから、イエスは言われた。「全世界に行って、すべての造られたものに福音を宣べ伝えなさい。信じて洗礼を受ける者は救われるが、信じない者は滅びの宣告を受ける。

――「マルコによる福音書」一六章一五―一六節

主よ、琉球には、あなたの最愛の子イエス・キリストが御身を捧げた一〇〇万人の市民がいます。新高等弁務官に、沖縄の人びとの尊厳を前に深く頭を下げさせ、彼を汝に従わせてください。

――平良修牧師[1]

はじめに

一九六〇年に発行された『リーダーズ・ダイジェスト』には「聖書とともに生きる村」という記事が掲載されている。沖縄本島中部、嘉手納米軍基地にほど近い島袋村を舞台にした同記事は、占領初期の沖縄に滞在した米軍特派員、クレランス・W・ホールによって書かれた。米国内のキリスト教系の出版物に繰り返し転載された後に、米国聖書協会（The American Bible Society）によって映画化され、総合雑誌『リーダーズ・ダイジェスト』に掲載された。[2] クリスティーナ・クラインが明らかにしているように、『リーダーズ・ダイジェスト』は、第二次大戦後の米国文化を規定していた中産階級の、アジアに対する想像力を醸成する上で重要な役割を果たした。[3] 一九二二年二月に創刊された同誌は、第二次大戦後に飛躍的に発行部数を伸ばし、六七年には一四言語、三〇カ国で発行され、月間購読者は一億人にものぼり聖書に次いで読者の多い出版物と言われた。[4] 実際、同誌はキリスト教宣教活動と深く関係しており、世界的に流通したのも、一九世紀末から二〇世紀初頭にかけて世界的に展開された福音運動（社会的福音）によるところが大きい。[5]

「聖書とともに生きる村」は、二人の沖縄の老人が、村人を引き連れて米軍の軍曹のもとにやってくる場面から始まる。最初は警戒した軍曹であったが、老人が聖書を持っていることに気付くと、「キリスト者の隣人」として米軍を歓迎していると感激した。戦前アメリカ人宣教師によって持ち込まれた聖書に村人たちは深く感銘を受け、キリスト教の信仰に基づいて生活するようになったという。[6] この出来事の翌日、沖縄全土は戦火に見舞われたが、神に守られたこの村は静寂の中にあった。物語の最後には、この村の「奇跡」を知った米軍士官の言葉が引用されている。「我々は、戦争を終わらせるのに間違った武器を使ったのかもしれない」。[7]

この物語では、聖書に象徴されるキリスト教信仰が「敵」と「味方」を峻別する文化的指標として機能している。誰が生きて、保護される価値があり、誰が「戦争の惨禍」の中に放置され、死ぬ運命にあるかを裁断する境界線として機能するのである。キリスト教は、米国社会において他者に関する公的言説を形成してきただけではなく、実際に冷戦政策構想の上で重要な役割を果たした。セス・ジェイコブズは、ベトナム共和国の初代大統領ゴ・ディン・ジエムを対ベトナム政策の中心に据えた決定的な要因であったと指摘する。ジエムよりも政治的経験が豊富で、反共産主義の他の候補者はいたものの、彼らは、ベトナム人の大半がそうだったように、仏教徒だった。「我々のシステムは神を必要とする」と公言していたアイゼンハワーは、同盟国にも宗教的な熱心さを求め、キリスト教徒こそが「神なき共産主義」に対峙する冷戦という「聖戦」の先頭に立つべきであると考えた[8]。

単にキリスト教徒であるかどうかが、米国の冷戦という「聖戦」への参加資格とされただけではない。キリスト教の「救済」神話そのものが、米国の冷戦政策を正当化するものとして繰り返し引用されてきた。メラニー・マカリスターは、聖書の叙述が、大衆文化や新聞、雑誌記事、さらには外交政策文書において頻繁に引用され、繰り返し述べられることで、全体主義者や「古い」帝国主義に取って代わる「寛容な支配者（benevolent supremacy）としてのアメリカ」という言説が生み出されていったと分析している[9]。こうした物語を通して、米国は「救世主」として描き出され、「かつての被植民者」はキリスト教を受け入れ、自由主義体制に組み込まれることによってのみ、帝国の「奴隷」の身分から自由になることが約束されるのである。

本稿では、キリスト教の救済神話が、どのように沖縄の米軍統治を正当化するものとして援用されていたのか、米国の公的言説において、一度は「神に見捨てられた島」と表現されたこの場所が、いかにして「救済の価値のある場所」とされるようになったのか分析する。主な分析対象は、キリスト教系の定期刊行物及びミッショナリー・フィクションである。ミッショナリー・フィクションは、世界各地で宣教活動に従事した宣教師が、自分たちの経験を元に書いた小説やセミ・フィクション作品である。米国では特に一九五〇年代から六〇年代にかけて、『リーダーズ・ダイジェスト』のようなキリスト教系雑誌の影響もあって人気を博し、各教派が資金集めと宣教活動の一環として、競って出版した。韓国でのアメリカ人宣教活動を分析したヘオル・チェによればミッショナリー・フィクションは、一般的には、宣教師が、それぞれの地域の布教対象者と密接に交流し、その親密な知識に基づいてプロットやキャラクター設定を行なった小説である。[10]このため、ミッショナリー・フィクションからは、宣教師が現地社会にどのようなまなざしを向けていたかだけではなく、現地住民との「コンタクト・ゾーン」において、どのように交渉し、政治的・宗教的な目標を達成しようとしたかが読み取れる。また当時、米国国内では沖縄に関して一般的にはほとんど知られていなかった中で、ミッショナリー・フィクションが、「救済されるにふさわしい」存在としての沖縄のイメージ形成に果たした役割は決して小さくはなかったであろう。本章では、ミッショナリー・フィクションを単なる現実の反映としてではなく、宣教師が沖縄で伝導活動を行う上で、どのような救済の物語を描こうとしていたのか、それは当時の沖縄で現実に進行していた暴力的統治状況とどのように連関していたのかという観点から分析を行う。

これまで米軍統治下沖縄のキリスト教の展開については、一色哲や小林紀由によって、主にキリスト教史の文脈から検討されてきた。[11]特に一色の研究は、牧師からの聞き取りを元に軍事占領下での軍隊とキリスト教会との共犯関係に迫ったものであり、本章の直接的な先行研究といえる。また、日本基督教団沖縄教区編集による『二七度線の南から』は、本稿でもふれる阿波根昌鴻や平良修といった沖縄を代表するキリスト者の戦争・占領に関わる証言を集めており、資料的価値も高い。[12] こうした研究蓄積を踏まえ、本章はこれまでの沖縄キリスト教研究ではほとんど扱われることがなかった米国側の英文資料を分析することで、米国教会の思惑を明らかにするとともに、沖縄での伝道活動を、冷戦と軍事主義という、より大きな議論の潮流に接続させることを目指す。

以下、第一節では、米軍統治下沖縄で宣教師が活動を開始するに至るまでの社会的・政治的背景を明らかにしながら、米国の冷戦政策とキリスト教との密接な関係について考察する。第二、三節では、キリスト教の「敵」と目された共産主義、神道（日本的伝統）、土着信仰がミッショナリー・フィクションにおいて、どのように「悪魔化」されていたか分析する。第四節では、キリスト教の救済神話と軍事主義がいかに、相反するのではなく、共犯関係を結ぶものであったか、沖縄の「土地問題」に向き合った宣教師の記述から読み解く。

一．沖縄ミッションへの呼びかけ

第二次大戦後、米国のプロテスタント宣教師が初めて沖縄にやってきたのは、一九五〇年のことである。日本本土では一九五一年までに約二、五〇〇人のキリスト教宣教師が積極的に伝道活動を行なっていたことを考えると、極めて遅いスタートであった。[13] 日本でのキリスト教宣教師の活動は、連合国軍最高司令官ダグラス・マッカーサーによって強力に支持された。マッカーサーは、信教の自由と政教分離を謳った新憲法を支持しながらも、神道の影響を完全に排除すると同時に、共産主義の脅威に対抗しうる民主的な国家建設のためには「日本のキリスト教化」に、「あらゆる努力を払うべき」という個人的な見解を抱いていた。[14] 日本での任期中、キリスト教の各教派に日本への宣教師派遣を呼びかけ、宗教的な映画製作者を招いた。また、日本にキリスト教主義に基づく大学を設立するよう熱心に呼びかけたことでも知られている。一九五三年に東京・三鷹に設立された国際基督教大学はこうしたマッカーサーの希望が結実したものであり、米国キリスト教連盟や、北米海外宣教会議(The Foreign Missions Conference of North America)、ロックフェラー財団などの資金援助を受けて設立に至った。[15]

一方、外部からの支援が絶たれた沖縄では、地元の信徒が中心となって戦後の教会を再建した。戦前の統計資料によれば、一九三七年の時点で、沖縄には二一のプロテスタント教会・伝道所があった。その総会員数は一、二〇七人であり、沖縄県人口の約〇・二%であった。[16] 一九三九年に制定された宗教団体法に基づき、四一年には日本のすべてのプロテスタント教会が日本基督教団に組み入れられた。沖縄の諸教会(バプティスト、メソジスト、ホーリネス、長老派、救世軍など)も、日本基督教団九州教区の沖縄支教区として統合される。[17] この措置は、宗教団体や教会を支配し、国家に奉仕させることを目的としたものだった。一九四〇年一一月、神社行政を掌握する中央官庁として神祇院が設置されると、仏教、キリスト教、土着信仰に対する国家神道の優位性が正式に定められた。[18] 沖縄のキリスト教徒にとっては、日本基督教団に協力して国家に奉仕することは、帝国臣民としての地位を確保し、国家への忠誠心を示すための重要な手段となった。たとえそれが、天皇とキリスト教の神に奉仕するという重大な矛盾を抱えていたとしても、である。

しかし沖縄戦を経て、沖縄が米軍統治下に置かれたことで、沖縄のキリスト者も日本本土との教会とのつながりを絶たれ、何の資源ももたないまま、戦禍で荒廃した島に取り残されることになった。[19] 信徒はまず、米軍のチャプレン（教会外の組織に携わる聖職者）の支援を受けて、収容所で礼拝を始めた。また、教派を超えて沖縄のキリスト教を再建するために、一九四六年二月六日には、教会間のゆるやかな協力組織として沖縄キリスト教連盟が結成された。[20]

それでも、沖縄では資金も人材も決定的に不足しており、外部からの援助を切実に求めていた。一九四五年一一月、沖縄のキリスト教指導者たちは、米国教会に嘆願書を送り、沖縄のキリスト教復興のために、できるだけ早く宣教師を派遣するよう要請した。[21] しかし米国側の反応は鈍かった。沖縄支援が必要であることは認識しつつも、各教派の足並みが揃わなかったためである。それ以上に、当時の沖縄をめぐる政治状況も影響していた。占領開始から一九四八年頃まで、米国政府に沖縄保有に関する明確な方針がなかったこともあり、沖縄駐留軍は、日本、韓国、フィリピンの部隊に比べて、優先順位が低かった。[22] この結果、沖縄駐留に割かれる予算・人員も削減され、「沖縄に送られるのは最悪の者」という噂が士官や兵士の間で広まり、沖縄は「忘れられた島」や「ごみ溜め」、「神に見捨てられた島（god-forsaken island）」と呼ばれていた。[23]

しかしこうした状況は、四〇年代終盤から東アジアにおける冷戦対立が本格化すると一変する。米国は対沖縄政策を転換し、沖縄を反共軍事ネットワークの要石とすべく、一九四九年五月には沖縄の長期的保有の方針がトルーマン大統領によって承認される。軍事基地建設のための多額の資金が投入されるようになり、五〇年一二月には極東軍指令により、それまで沖縄を統治していた軍政府にかわって、琉球列島米国民政府（United States Civil Administration of the Ryukyu Islands 以下、ＵＳＣＡＲ）が、沖縄の恒久的・計画的な統治を目的として設立された。

米国の教会指導者たちが、沖縄におけるキリスト教伝道活動の必要性を熱心に主張し始めたのは、まさにこの時期であった。例えば、宣教師として戦前の日本で活動したブランボー（Thoburn T. Brumbaugh）は一九五〇年、「「神に見捨てられた」沖縄」と題した文章を『クリスチャン・センチュリー』に寄せて、「神は沖縄を見捨てはしなかったが、アメリカのキリスト教徒は見捨てようとしている」と警鐘を鳴らした。[24]ブランボーは沖縄戦で多くの犠牲が払われたことをふまえて、「これらの犠牲は、アジアにおける、より良い秩序形成のための、痛みを伴うプロローグとなった。だからこそ我々は、琉球列島の人々に関心を払うべきである」と述べている。[25]ここで、沖縄戦での住民の犠牲が、近代化論的な救済の物語に組み込まれていることに注意したい。ブランボーはさらに、アメリカ人の沖縄への関心の低さを嘆き、「長い間抑圧されてきた沖縄の人びとの間に、すでにどれだけ共産主義が浸透してしまっているだろう」という強い懸念で記事を締めくくった。[26]

ブランボーは、当時の米国の多くの教会指導者や政治家と同様に、キリスト教を「神なき共産主義」に対する「解毒剤」として捉えていた。一九五〇年代の米国の政治文化は宗教性が極めて色濃く、特にアイゼンハワー政権期（一九五三―一九六一年）には、冷戦政策と強く結びついていた。[27]アイゼンハワー政権下で国務長官を務めたジョン・フォスター・ダレスは敬虔なクリスチャンとしても知られており、彼の反共主義の根底には、キリスト教信仰があることを常に公言していた。[28]沖縄伝道の緊急性を訴えるブランボーの記事は、このような政治的状況を反映したものだった。米国の反共戦略の要石として、沖縄は軍だけではなく、キリスト教によっても要塞化されなければならなかったのである。

こうした政治状況に加えて、キリスト教指導者たちは、沖縄にはキリスト教への高い需要があるはずであると予想していた。米軍のチャプレンや沖縄キリスト教連盟が食糧や衣類の分配など、様々な復興活動を率先して行っていたため、住民の間でキリスト教に対する好意的イメージが高まっていると考えたからである。[29] 一九五五年から沖縄に滞在したバプティスト派の宣教師エドワード・E・ボリンジャー（Edward E. Bollinger）は、沖縄の人びとや捕虜となった日本兵は、米軍が来る前は拷問にかけられることを恐れていたかもしれないが、実際にアメリカ人から寛大な扱いを受けたことで、心から感謝しているに違いないと主張している。[30]

また、ボリンジャーは、日米戦争の結果、「キリスト教の神」が「日本の八百万の神」に勝利したことが証明されたので、沖縄の人びとが「成功者の宗教を受け入れるのも当然のこと」であるし、さらに、キリスト教と沖縄の「伝統的」価値観には親和性があると考えていた。

伝統的な沖縄社会が最も大切にしてきた健康、富、幸福の追求は、失敗した宗教［引用者注：神道］ではなく、こうした価値を間違いなくアメリカ人にもたらした宗教に求めることができるだろう。荒廃した土地で成功を求めるには、明らかな成功者の宗教を取り入れるのが一番だと多くの人が考えたのである。[31]

こうして、沖縄と米国のキリスト教指導者からの要請を受けて、一九五〇年代から六〇年代にかけて、一八の教派が沖縄に宣教師を派遣し、熱心に伝道活動を行った。[32] しかし、その成果は当初の期待をはるかに下回るものであった。ボリンジャーの統計資料によれば、カトリック教会が信者を増やすことに成功した一方で、米国最大のプロテスタント教派の一つであるキリスト連合教会（The United Church of Christ）は、一九五一年の一、九五六名から七二年には一、〇六一名と、会員数を逆に減らしている。七二年の日本本土復帰時点で、沖縄のキリスト教信者は計四〇、八九三人、沖縄人口の四・三%であった。これは同年の日本全国のキリスト教信者比〇・九%（信者数八八四、五一二人）と比べると高いものの、沖縄が二七年間、米国統治下に置かれていたことを考えれば、教会指導者の高い期待を裏切る結果であったといえる。[33] 二〇世紀を通じてキリスト教会が急速な発展をとげ、全人口のおよそ二五%がプロテスタントかカトリック教会に属している韓国と比べれば、その差は明らかである。[34]

こうした沖縄ミッションの結果は、教派間の対立が沖縄の協力的な活動を妨げていたことも一因であった。また、宣教師自身も、日本でのミッションに比べて、沖縄に行くことへの熱意がはるかに低かった。[35] しかしそれ以上に、他ならぬ米軍の沖縄における存在自体が、彼らアメリカ人宣教師のキリスト教の伝道を阻害するものであった。宣教師が次々に沖縄にやってきた一九五〇年代初頭、沖縄では米軍当局による基地建設のための土地接収が始まっていた。大規模かつ強制的な土地接収と、米兵によって日常的に引き起こされる暴力の結果、人びとの軍に対する憤りは、これ以上ないほどまでに高まっていた。このような状況の中、宣教師はキリスト教の愛と平和を説かなければならなかったのである。その意味で、沖縄での伝道活動の決定的な障害となったのは、「共産主義の脅威」などではなく、自国の軍隊の存在だったといえる。宣教師たち自身も、キリスト教の教えと、軍事作戦のための破壊行為との間に矛盾があることを十分に認識していた。米国聖公会のヘフナー宣教師（William C. Heffner）は、次のように述べ、沖縄の人びとに自分たちの仕事と米国の軍事活動を分けて考えるよう説得することの難しさを指摘している。

沖縄の人びとの多くは、キリスト教の宣教活動は米国政府がスポンサーとなり、資金援助をうけていると考えている。彼らには、政教分離というアメリカの概念を理解しがたいようである。戦前、大日本帝国の公式宗教であった国家神道は、政府の補助金を受け、帝国を束ねる象徴として利用されていたので、これも無理はない。〔中略〕沖縄では、宣教師たちは米軍にしたがっている。このため、自分たちの経験に基づいて、そのような結論を出すのも当然のことだった。このことはしばしば大きな誤解を招いた。なかでも笑ってしまうのは、「イエス・キリストはアメリカ人だった」というものだった。[36]

ヘフナーはこの「誤解」を国家神道の影響によるものとしているが、当時の米国政治とキリスト教との親密な関係を考えれば、米軍とアメリカ人の宣教活動が混同されたとしても、それほど「大きな誤解」とは思えない。いずれにせよ、宣教師たちは沖縄ミッションを成功させるべく、この「誤解」を何とかして払拭する必要があった。次節からは、ミッショナリー・フィクションを通して、沖縄の人びとが何から救済すべき存在として描かれており、何が「キリスト教の敵」として「悪魔化」されているのか、明らかにする。

二．天皇とキリスト教の神

宣教師にとって、天皇と国家神道に象徴される日本の沖縄支配の影響を排除し、キリスト教に置き換えることは第一の課題だった。彼らは、戦前・戦中に日本が沖縄の人びとに行った経済的搾取や暴力行為を考えれば、沖縄の人びとにキリスト教への好意的な印象を持ってもらうのは比較的容易いと考えていた。こうした認識は、日本人と沖縄人との間の「人種的不和」を沖縄統治にうまく利用しようとしていた占領政府の方針とも合致していた。第三章で詳述するように、沖縄戦に先立って、米国海軍省は社会科学者をハワイ・オアフ島のスコフィールド基地に召集し、沖縄における軍政計画のための情報収集と分析を行わせた。その成果の一つが、『民事ハンドブック』であり、ここには沖縄の歴史や社会、文化にいたるまで様々な情報が詳細に書かれているが、「人種的地位」について次のように書かれている。[37]

日本人と琉球島民との密着した民族関係や近似している言語にもかかわらず、島民は日本人から民族的に平等だとはみなされていない。琉球人は、その粗野なふるまいから、いわば「田舎から出てきた貧乏な親戚」として扱われ、いろいろな方法で差別されている。一方、島民は劣等感など全く感じておらず、むしろ島の伝統と中国との積年にわたる文化的つながりに誇りを持っている。よって、琉球人と日本人との関係に固有の性質は潜在的な不和の種であり、この中から政治的に利用できる要素をつくることが出来るかも知れない。島民の間で軍国主義や熱狂的な愛国主義はたとえあったとしても、わずかしか育っていない。[38]

後半の記述は、沖縄の人びとが日本に対して抱いていた、はるかに複雑で、しばしば両義的な感情を捉えてはいないが、戦前の日本人の沖縄に対する基本的な態度を言い当てている。序章で述べたように、沖縄は「琉球処分」を経て一八七九年には「沖縄県」として日本国家の一部に組み入れられたにもかかわらず、「琉球人」は、朝鮮人や台湾人のような被植民者ではないものの、日本社会に完全に同化しきれていない「二等国民」として扱われた。日本政府は、沖縄住民を「正しい」日本人にするため、学校での「正しい」日本語の徹底、衛生知識の普及、徴兵制度など、さまざまな同化政策を課した。沖縄への人種差別は、一九〇三年に大阪で開催された第五回内国勧業博覧会での、いわゆる「人類館事件」に象徴される。この博覧会では、北海道のアイヌ、台湾先住民、朝鮮人、中国人、インド人、ジャワ人、マレー人とともに、沖縄人が「学術人類館」と名付けられたパビリオンに文字通り「展示」された。[39] 日本の人類学創始者の一人である坪井正五郎[40]が中心になって企画したこの展示は、吉見俊哉が言うところの「帝国のディスプレイ」であり、植民地からの「コレクション」を展示することで、その権力を内外に誇示するものであった。[41]

「人種の陳列」は、植民地の人びとに対する帝国の統治権力を示すだけでなく、被植民者間の人種階層化を促進させるものだった。例えば、『琉球新報』は、「人類館」が沖縄県民を「台湾の野蛮人や北海道のアイヌ」と一緒に展示していることを批判した。[42]「人類館」で具現化された帝国のまなざしは、こうして、沖縄の知識人の同化への衝動をさらに強めることになったのである。

沖縄人に対する日本人の差別的な態度について『民事ハンドブック』は「琉球人と日本人との関係には、それゆえ政治的資本を生み出せる可能性のある不和の種が内在している」と指摘する。[43] ダグラス・マッカーサーも一九四七年六月に発表した声明において「沖縄人は日本人ではなく、日本人に蔑まれてきた存在だから、日本政府はアメリカの沖縄占領に反対しないだろう」と発言した。[44] 一九六一年に高等弁務官に就任したポール・W・キャラウェイは政治的・文化的に沖縄を日本から切り離す「離日政策」を公的に推進し、琉球固有の伝統文化の復興・保存を奨励した。[45]

「離日政策」は、ミッショナリー・フィクションにも反映された。こうした作品では、主人公（たいては沖縄の少年少女）が、日本の神道ではなく、アメリカのキリスト教を選択するという決断に至る経緯が描かれている。例えば、ナザレン教会のヘレン・テンプル宣教師（Helen Temple）による『死なくてはならない（You Must Die）』という一九六四年の作品では、日米戦争の激戦地の一つ、サイパンを舞台に、米兵と日本兵が対照的に描き出されている。物語は、日本兵が住民に自決命令をする場面から始まる。「水も食料もなくなった。お前たちは皆、死ななければならない。〔…〕皆、自決しなければならない。これは大日本帝国陸軍の命令である」。しかし、沖縄の少女シズは、命令に従うかわりに、日本兵から逃れて藪の中に隠れることにした。家族のために食料と水を探していたシズと兄は、米兵が日本人の母親と将校を救助しているのを目撃する。赤ん坊を連れた母親は追い詰められて崖から飛び降りたが、米兵たちが救助用の網で受け止め、「水と食料をあげるから、死んではいけない」と母親を説得した。[46] その光景を見たシズは、父親にアメリカ人に助けを求めるよう説得し、「アメリカ人はキリスト教徒で、とても親切だと読んだことがあったけれど、その通りだった。敵に食料や水を与えるなんて素晴らしい」と父親に訴える。[47] このように、テンプルの作品では、米兵の救済行為が、日本兵の「死ななくてはならない」という軍命と鮮やかに対比されている。

また別のミッショナリー・フィクション『沖縄に撒かれた種（A Seed Falls on Okinawa）』（一九四九年）は、「救済者」としての米兵をより仔細に表現しており、一人の少年兵の犠牲によって、沖縄の人びとにキリスト教信仰への道が開かれたことが主題となっている。[48] 作者ピーター・ヒューエット（Peter A. Hewett）は、第二次大戦中、陸軍工兵隊の電気技師としてアリューシャン列島や沖縄での戦闘に従軍しており、この小説は、ヒューレット自身の沖縄での経験を元に書かれた。物語は二部から構成されており、前半の主人公はアメリカ人少年兵である。彼は敬虔なクリスチャンで、宣教師になることを目指していたが、従軍中、沖縄の戦場で命を落としてしまう。少年の死後、彼がいつも身につけていた十字架は沖縄の土に埋もれたままになる。物語の後半は沖縄の少年が、かつての塹壕の中に、十字架を見つけるところから始まる。アメリカの少年兵が残した十字架が、やがて沖縄の少年をキリスト教への道へと導いていく。

この物語ではまず、キリスト教の観点から沖縄戦の犠牲に意味が与えられる。主人公の少年が、村の長老に、なぜ神は沖縄が悲惨な戦争で苦しむのを見過ごされたのかと尋ねると、老人は出産になぞらえて次のように答える。

キリスト教ではそれこそが、イエス・キリストの全人類への愛であると言われている。主は人類が生きるために犠牲になった。痛みを伴う出産のように、「キリスト」と呼ばれるこの神は、十字架上での苦悩と死によって、命が尽きる最期の時に、大きなため息をつき、「不死」の存在となったのだ。なぜ戦争があるかと問うたね。私たちの神々にも、戦争をする理由があるのだ。[49]

ここでは、十字架上のイエス・キリストの犠牲にアメリカ人少年兵の死が重ね合わされる。ヒューエットは、沖縄戦で自分自身が経験した喪失や苦しみを受け入れるためにこの物語を書いたともいえる。しかしこの物語では、少年兵の死が美化される一方で、沖縄住民の犠牲については触れられていない。沖縄の人びとは、物語の後半になって、あたかも米兵の苦しみと犠牲のおかげで存在することができたかのように登場する。その上、戦争自体が出産時の痛みに例えられ、人類のために「必要な犠牲」として描かれているのである。

また、物語では、少年が天皇への忠誠心を捨て、キリスト教の信仰に目覚めるきっかけとして、天皇のいわゆる「人間宣言」が描かれている。

天皇が人間であり「死すべき存在」であるという疑う余地のない事実を前に、素朴な少年は戸惑い、混乱した。尊い先人の戒律に忠実でいようとしながらも、長老の知恵に導かれ、自分の中から湧き上がるものに突き動かされるように、少年は小屋に隠していた十字架を取り出し、静かにそれを見つめた。彼は、はっきりと、長老の言葉を思い起こしていた。「もし誰もが神をもたなければいけないのなら…」彼はそっとつぶやいた。「これこそが私の神である。兄弟愛の神であり、永遠の命を持つ神だ[50]」。

「人間宣言」と呼ばれる、一九四六年一月一日の昭和天皇の年頭詔書は、GHQの本来の意向に反し、実際には天皇の神格を否定するものではなく、天皇と国民との紐帯を確認するものであった。しかし上記引用からは、キリスト教宣教師にとってはこの詔書が、天皇の神性を否定するものであると同時に、キリスト教の神の「正しさ」を確認するものでもあったことが読み取れる。このように、『沖縄にまかれた種』は、国家神道とキリスト教を対置させ、「死すべきもの」と「不死のもの」、「世俗的なもの」と「神聖なもの」、「裏切られた信仰」と「真の信仰」という対立図式を描いている。物語の最後に、沖縄の少年は村の中心に植えられた松の大木に登り十字架を結びつける。「全人類の唯一の神は、この小さな東洋の楽園の豊かな土壌にしっかりと根を張った生命の木の高みから、皆を見下ろしていた」という一文で物語は締め括られる。[51]あとがきには、「静かで穏やかで、人びとが慎ましい生活を送る戦前の沖縄」を、世界の「あるべき姿」として描きだしたかったと書かれており、ヒューエットの沖縄に対するオリエンタリズム的な欲望が垣間見える。さらに、世界は混沌状況に置かれているとし、「神の言葉」に耳を傾ければ、「エデンの園や楽園のような沖縄の島」の静けさを再び手に入れることができるかもしれない」と書かれている。[52]

ヒューエットが沖縄を「エデンの園」と結びつけていることは興味深い。そこは真の聖なる空間であり、アダムとイブは文明の源泉である「知恵の木」の果実を食べたことで、永遠に追放された。ヴィクトリア期末期にヨーロッパ人が想像した熱帯の島々やアフリカの奥地のように、沖縄はミッショナリー・フィクションでアン・マクリントックがいうところの、「時代に取り残された処女空間」として描き出されている。そこでは、「植民地化された人びとは、先住民としての領有権を主張することができず、白人男性が、内部の空虚な空間に性的・軍事的に介入することが正当化される」[53]。沖縄が地上戦によって、既存の社会基盤が徹底的に破壊されたことも、こうした作品において、戦後沖縄が「処女地」として表現される一因となったであろう。ヒューエットの物語では、この「処女地」に、敬虔な少年兵の犠牲によって、「キリスト教の種」が撒かれ、永遠に根付いたことが語られているのである。

三．先祖祭祀とユタへの対抗

前節では、沖縄に関するキリスト教のナラティブが、日本の帝国主義と軍事主義からの解放という論理を採用しているという点で、占領政府の離日政策とその目標を共有していたことを示した。しかし、USCARが基本的には、琉球文化の復興を公的に支援した反面、宣教師たちは土着信仰、特にユタを中心に行われる先祖祭祀を、キリスト教を布教する上での最大の障壁とみなし、抑圧的な信仰・悪習として改革や更生の対象とした。

戦時下の日本では、一九三九年の宗教団体法によって、神社神道が国家祭祀として特別な地位を付与される一方で、土着信仰は他の宗教団体とともに、厳しい管理統制を受けることになった。また、一九四〇年頃から、沖縄各地の御嶽が整理され、神社が設置される「御嶽再編」が行われ、ユタも厳しい弾圧対象となった。表向きには「野蛮」な習俗を取り締まるという理由だったが、政府にとってより深刻だったのは、ユタが徴兵忌避を促し、天皇の権威を脅かしていると考えられたことだった。これに伴い、沖縄では特別高等警察によって「ユタ狩り」が行われ、一九四一年までに五〇〇人以上のユタが逮捕された。[54] 後述するように、地域住民に対して強い影響力を有したユタは米占領政府当局にとっても懸念材料であり、精神病者として医療化されたり、キリスト教布教の「敵」として、排除の対象となっていった。

宣教師の沖縄の民間信仰に対する批判はさまざまな形で行われた。先祖祭祀を単なる「迷信」として排除すべきであると考える者もいれば、より実際的な理由から非難する者もいた。例えば、沖縄バプティスト教会が発行した小冊子では、沖縄の墓が、先祖崇拝の最も顕著な例として、「沖縄の土地と人びとに対する経済的負担である」と非難されている。[55] 沖縄では、門中とよばれる父系血縁集団によって所有・使用される共同墓（門中墓）が作られたり、風葬の習慣があったために、伝統的に大きな墓が多かった。しかし、戦中の爆撃や戦闘、戦後の軍事基地の建設により、多くの墓は破壊されたり、移設を余儀なくされた。また、米軍基地内に墓が残された場合には、人びとは墓参りのために特別な許可を得る必要があった。こうした状況を考えると、教会のブックレットが沖縄の墓を「経済的負担」と批判するのは、皮肉なことである。おそらく、宣教師が墓を批判するのは、彼ら自身、教会を建てるための土地を探すのに苦労したからでもあるのだろう。土地が見つかるまでの間、宣教師は村役場や神社を利用して、集会や礼拝を行なっていた。[56]

また、キリスト教が近代社会に適合した合理的なエートスであるのに対し、先祖崇拝は「未開」であり、「非合理」「原始的」なものとして描かれた。前述の沖縄パプティスト教会の冊子では、こうした先祖崇拝とキリスト教の対照的なイメージが示されている。冊子の冒頭では、着物を着た女性が座りこんで位牌やカマドを拝んでいる写真とともに、沖縄の宗教について説明されている。対照的に、冊子の後半では、女性が礼拝に参加している様子や、子どものための日曜学校、新しく建てられた近代的な教会の写真などが掲載されている。このようにキリスト教を先祖祭祀と対比させることで、キリスト教が沖縄社会に近代化と民主化をもたらし、祭祀の重荷から女性が解放されたというのが、この冊子の重要なメッセージとなっている。こうした認識の背景には米国の冷戦時代の知の生産を一貫して下支えした近代化論的思考がある。日本史研究者のロバート・ベラは、一九五七年に発表した著作の中で、マックス・ウェーバーが理論化した「プロテスタントの倫理」に相当するものを日本の宗教に見出そうとしたが、近代産業社会を支えるものとして、伝統的信仰にかわって、キリスト教に代表される救済信仰が登場するという進歩主義的歴史観を提示している。[57]同様に、前述のボリンジャーは「旧来の共同体や家族制度が新たな個人主義に取ってかわられつつある」戦後沖縄社会においては、「新しい道徳規範が必要」としてキリスト教の必要性を主張した。[58]

しかし、新しい沖縄社会には新たな道徳規範が必要であるというボリンジャーの主張に反して、戦後になってユタの需要は急増していた。戦死者の魂を沈めるために、ユタを必要とする人が多かったからである。[59]沖縄戦では、軍民あわせて二〇万余りの人びとが命を落としたが、ほとんどの遺骨は回収されず、身元不明のままだった。戦後、米軍がすぐに基地建設に向けて整地を始めたため、収容所に入れられて帰宅を許されなかった人びとの多くは、家族の遺骨を見つけて埋葬することができなかった。[60]こうした状況で、不幸な死をとげた者の魂（マブイ）を見つけ出し、死後の世界に送り出すことは極めて重要であった。それができないと「彷徨える魂」は残された者に不幸や災難を引き起こすと考えられていたからである。死者と生者の間を取り持つユタの助けを借りて戦死者の魂と向き合うことは、人びとにとって、哀悼の行為であると同時に、残されたものが安定した生活を送るために必要な実践だった。[61]実際、今日でも、ユタは祭祀を執り行ったり、家族問題を解決したり、心身の病を治癒するなど、日常生活のさまざまな場面で影響力を持ち続けている。マシュー・アレンが指摘するように、「医者半分、ユタ半分」という言い回しは、ユタがいかに沖縄の日常生活の一部であり続けているかをよく示している。[62] 特に、医療従事者が慢性的に不足していた占領初期においては、ユタは死者と生者、双方をケアする役割を果たしていたといえる。

キリスト教の宣教師たちは、このような沖縄の死生観を「非合理的」とみなし、ユタを激しく非難した。セブンスデー・アドベンティスト教会のヤナ・ジェンセン宣教師（Jana Clark Jensen）の『神を求めた沖縄での冒険（Adventure for God on Okinawa）』は、キリスト教を受け入れるために先祖崇拝を捨て去ろうと決意するに至った国吉夫妻の葛藤を描いている。キリスト教と出会った国吉氏はやがて、墓参りをやめることにした。「先祖は静かに眠っているのだし、これまでずっと墓に持っていった食べ物や花の贈り物に縛られていた自分が馬鹿だった」と確信したからである。[63] しかし、夫妻がこの決断をした途端に、二人は次々と不幸に見舞われることになる。妻は奇妙な病気にかかり、小さな息子はバスにひかれた。さらに、島の北部に住む親戚の叔母が一家を訪ねてくるが、この叔母が家に到着したとたん、小さな家が突然揺れ始める。年老いた叔母は体を硬くし、トランス状態に陥ったようである。夫妻が驚いたことに、それまで沖縄の言葉（ウチナーグチ）でしか話したことがなかった叔母が、突然、日本語を流暢に話し始めた。そして若い夫婦が墓参りをやめたことを責め立てる。「キリスト教を信仰することは許すが、他のことをおろそかにしてはいけない。家族の墓には行かなくてはいけない。祖先の霊に敬意を払うことを怠ってはならない。必要ならばキリスト教を学べばいい。だが、他のこともやりなさい。そうすれば魂は鎮まり、すべての問題は解決する」[64]。

こうして叔母は、キリスト教の信仰を持ち続けてもいいという奇妙な妥協案を提案した。しかし、国吉夫婦はその案を受け入れることなく、先祖を「悪魔」とみなして、縁を切ることを決意する。「私たちは、神の言葉が真実であることを知っているから、悪魔が信じさせようとするものに騙されてはいけない。聖書がある限り、将来への不安はない」[65]。叔母にとりついた「悪魔」は、生者と死者の仲介者であるユタを彷彿とさせる。日本語を話す「悪魔」として描きだすことで、この物語は、「ユタ」という、宣教師の手におえない存在を、「悪魔」と「神」、「敵」と「味方」、「日本人」と「アメリカ人」という馴染みのある二項対立図式に組み入れた。沖縄の人びとは、ユタの力ではなく、キリスト教の導きによって、悪魔（＝日本）から救われるべきだった。

この作品が示すように、宣教師はユタが「迷信」を広めており、「ありもしないサービス」に対して莫大な料金を要求することを特に問題視していた。それ以上に、宣教師はユタが沖縄の共同体で並外れた権威をもっていることを強く警戒していた。このような存在は、家父長的な異性愛規範を再生産するヴィクトリア朝的なキリスト教家庭で期待される女性の役割とは対照的なものだった。前述のヘレン・テンプルの小説『死ななければならない』の後半では、キリスト教宣教師が沖縄の女性にどのような振る舞いを求めたのかが示されている。

終戦とともに、主人公のシズは家族と一緒に、サイパンから沖縄に引き揚げた。父親が選んだ男性とめでたく結婚したものの、シズの父親に「悪い血が流れている」という噂を聞きつけた夫は急に態度をかえ、酒におぼれ、シズに暴力をふるうようになった[66]。夫の暴力に苦しむシズは、教会に通い始める。当初、シズが教会に通うことを夫は許さなかったが、家族を捨ててでも洗礼を受けようとするシズの信仰心は、夫をも改心させることになった。

夫がシズを責め立てるのをやめたのは、子供を残して去られるのを恐れたのか、あるいは、それまでの怒りに満ちた抵抗とは違う、この静かな勇気に内心、感心したからかもしれない。いずれにせよ、シズは家に留まり、彼女が優しく有能な妻であり続けるうちに、夫のシズへの敵意は次第に和らいでいった。[67]［強調、引用者］

このように、キリスト教家庭における女性の理想的な役割は、家にいて、夫や子供たちを神への道に導くことができる「優しく有能な」キリスト教の妻や母として仕えることだった。

こうしたキリスト教的ジェンダー規範は、二〇世紀初頭の植民地朝鮮でアメリカ人宣教師が普及しようとしたものにも通じる。ヘオル・チェが明らかにしているように、アメリカ人の女性宣教師たちは、伝道活動を通じて、科学的知識に裏付けられた近代的家庭を実現させる「プロフェッショナルな主婦」という概念を広めようとした。このような認識は、当時、朝鮮人男性エリートが強化・普及しようとした新儒教的な価値観と高い親和性を持っていた。そこでは女性の「家庭での知恵、犠牲、勤勉さが、子育ての義務を果たし、夫を支える伴侶となることで、やがて国家のためになる」と考えられていた。[68] すなわち、キリスト教的ジェンダー規範が、朝鮮人男性エリートの家父長的な異性愛規範と結びつき、強化・再生産されていったのである。植民地朝鮮で「家庭の近代化」がキリスト教家族主義と地元エリート層の家父長的異性愛規範によって下支えされていたことは、植民地近代と伝統文化との両義的な関係性を考える上でも非常に重要である。

翻って、占領下沖縄において、キリスト教宣教師が推進しようとしていた「近代的・科学的家庭」の担い手としての女性像は、一九五〇年代から六〇年代にかけて行われた「新生活運動」が目指していたものと高い親和性を持つものだった。本土での新生活運動に直接的な影響を受けて始まった、沖縄での運動は、主婦や教師が主体となって、不合理な風俗習慣を排除し、健康的な生活の普及、生産性の向上、経済の安定化を目指したものだった。[69] 先祖祭祀やユタ信仰は、女性に耐え難い負担を強いるものとして新生活運動でも主要な改革対象であった。このようにキリスト教の解放と救済の物語は、沖縄の人びとのより良い生活を求める声と密接に結びついていたのである。

新生活運動と同様に「健康や幸福の追求」を強調するキリスト教は、しかし、沖縄で現実に起きている軍事的暴力に対処するという局面において、限定的な影響力しか持ちえなかった。次節では、米軍と沖縄の人びとの関係を取り持つためにアメリカ人宣教師が行った試みを分析する。

四．宣教師と土地接収

前述の通り、一九五〇年代の沖縄は、「太平洋の要石」として米軍基地が急ピッチで建設され、軍事要塞化される過程にあった。当初四五、五〇〇エーカーあった米軍占領地は、一九五一年には三〇、五五〇エーカーまでに減少したものの、五三年初頭には四二、〇〇〇エーカーにまで拡大し、沖縄本島の総面積の一四%、農地全体の四一%を占めていた。[70] 同年に土地収用令が施行されると、米軍は「銃剣とブルドーザー」によって沖縄の農地を強制的に接収し始めた。生活の糧である土地を奪われた地主や農民たちは、米軍支配に対する抗議行動を各地で展開し、それはやがて戦後初の全島的な住民抵抗運動である「島ぐるみ闘争」へと発展していった（第四章参照）。

アメリカ人宣教師の中には、土地闘争に直接的・間接的に関わった者もいた。最もよく知られているのは、戦後初めて沖縄に来た宣教師であるメソジスト教会のオーティス・W・ベル（Otis W. Bell）で、一九五四年一月二〇日発行の『クリスチャン・センチュリー』に「沖縄人とフェアに付き合おう」と題した記事を寄稿して、米軍当局を痛烈に批判している。

一九五三年一二月五日、沖縄に駐留していた米国陸軍の部隊が、島内での共産主義者の反乱と名指した事態を鎮圧するために召集された。「トラブル・メーカー」とされたのは、武器をもたない沖縄の住民たちで、彼らは、占領軍が何の合意も代償もなく、自分たちの土地を使用していることに抗議しているにすぎない。[…]琉球の人びとと長期的に正しい関係を築くには、しっかりした基盤が必要だ。軍がそうした基盤を築いていると考える人は、軍雇用員ですら、誰もいない。琉球人は平和的であり、この困難な状況でも、融和的な精神を示してきた。しかし最も大人しい人びとでも、長いこと追い詰められれば、最後には自分たちの権利を守るために立ち上がるだろう。[71]

戦後初期のキリスト教伝道活動のほとんどが占領軍の支援・保護を受けていたことを考えると、宣教師が沖縄での米軍活動をあからさまに批判するのは難しい状況にあったことが想像できる。[72] ベルの記事は、軍政に対する明確な批判であり、日米両国で米軍の沖縄支配に対する批判を引き起こすきっかけとなったと評価されてきた。[73] しかし、この記事をもう少し注意深く見てみると、ベルは米国の沖縄統治そのものには全く反対していないことがわかる。ベルは土地闘争の本質は、沖縄の人びとが奪われた土地に対して適切な補償がされていないことにあると考えていた。しかし第四章で詳細に見ていくように、沖縄の「土地問題」の根本的問題は、補償の金額自体だけではなく、冨山一郎が言うところの「商談のテーブル」につかされることにあった。[74] 土地闘争を単なる金額の問題に還元してしまうことは、沖縄の地主と米軍当局との間に、半ば強制的に結ばれた契約関係を是認し、軍による支配が常態化していく事態を正当化することにもつながる。実際、この記事を締め括る次の一文からも、ベルが、米軍の沖縄占領自体については問題視していなかったことが伺える。「軍は基地を運用していればいいが、人びとの民政については文民（シビリアン）に任せるべきだ。すぐにでも行動をおこさなければ、米国は、今後何年も反抗的な沖縄を占領しなくてはいけないことになるだろう[75]」。

同様に、メソジスト教会宣教師のハロルド・リカードは一九五一年から六六年まで沖縄に滞在し、最も積極的に土地闘争に介入しようとした宣教師の一人であるが、米軍占領自体の正当性を問うことはしなかった[76]。リカードは、土地問題を振り返り、「宣教師と教会の関心事であるべき」理由をあげている。

1、「民主主義を守る」「共産主義と戦う」という名目で、キリスト教倫理の基本原則が毎日損なわれていた。
2、沖縄では米国に対する「善意の貯金」が枯渇しつつあり、友人がまたたくまに敵になっていた。
3、農村宣教師として、アメリカの土地政策が、現地の農家や都市部の人びとにも影響を与えているのを目の当たりにした。
4、米国の政策は、教会が行おうとしているキリスト教の活動に悪影響を与えていた。
5、沖縄の人びとには、彼らの声を代弁する者が必要だった[77]。

リカードは、米軍の政策が沖縄の人びとにアメリカの民主主義と自由の理想について「全く間違った印象」を与えていると非難している。例えば、彼が沖縄北部に農村宣教師のための住居と小さな伝道所を建てるための土地を探していた時に、人びとの間で「米軍は沖縄のすべての土地を買い上げるつもりで、キリスト教会がそれを手助けしている」という噂があることを知ったという。[78] このためリカードは、宣教師は米軍とは違うということを沖縄住民にアピールするために、自ら土地問題の解決に向けて動いた。国連の担当者に連絡したり、『クリスチャン・センチュリー』に寄稿したほか、USCAR当局や高等弁務官とも面会し、USCAR側の意図を探ると同時に、「沖縄の人びととの日常的な交流に基づいた、土地問題に対する考えや提案」を伝えた。USCARとの会談では、「沖縄の人びとはアメリカがしてくれたことに感謝し、軍事基地の必要性を認識しているが、なぜ、土地問題に対する公式の態度によって、これまでの親切な行為が台無しにされ、最良の農地の大部分が奪われてしまうのか理解できない」と主張し、「アメリカは問題を法的に解決するだけでなく、公正な解決のための道徳的基盤を求めるべきである」と提案した。[79]

住民と米軍との交渉を通じてリカードは、「米軍と沖縄の人びととは、考え方や根本的に想定していることが全く違う」ことを学ぶ。[80] それでも、本国の仲間に情報を伝えたり、大規模な土地接収が行われた伊江島や伊佐浜の農民と会合をもったりしたが、通常業務が忙しく、それ以上の行動を起こすことができなかった。一九五五年七月一九日、強制的に土地が接収された翌日、伊佐浜を訪れたリカードは、軍による暴力の痕跡をまざまざと目の当たりにした。「家屋が取り壊される一方で、ブルドーザーが石や土でもって畑を埋め、将来的に建設用地にするために、整地していった。堂々とした老木が重機で根こそぎ倒されていた。「転居（relocation）」が行われている間、泣いている村人もいれば、押し黙ったままの人もいた」。[81] リカードは「大々的に宣伝されている「琉米親善」が台無しにされたことに無力感と恥ずかしさを感じながら」帰宅するほかなかった。

しかし、リカードは「無力感と恥ずかしさ」を感じながらも、「人びとが抱える日常的な問題に対してキリスト教会の関心が示された」ことには満足した。宣教師や教会が時に「社会正義のために声をあげる」ことが重要だと考えていたからである。[82]この点で、宣教師はドナ・アルヴァが言うところの「民間親善大使（unofficial ambassador）」であり、アメリカの良心を示すことで、軍隊の「ハードパワー」を補完し、反米的な住民感情を緩和させる「ソフトパワー」の力を発揮したといえる。[83]しかし、「民間親善大使」の善行によって軍事暴力が相殺されるわけではない。米軍の暴力に直面したリカードの「無力感」は、キリスト教の救済神話が、本質的には、普遍的な「社会正義」を究極の目標として掲げる米軍の論理と対立するものではなく、むしろ神学的な基盤を与えるものであったことを示している。

小括

本章では、沖縄でキリスト教伝道活動を行ったアメリカ人宣教師による「ミッショナリー・フィクション」を分析し、キリスト教の救済神話がいかに米国の沖縄統治を正当化する形で援用されていたのか明らかにした。米国の教会指導者は沖縄での宣教活動に重大な必要性を感じ、また大きな期待を抱いていたが、彼らが想定していたほどの結果は得られなかった。結局、米国は沖縄にゴ・ディン・ジエムのような、共産主義に対抗する「聖戦」を共に闘うことのできる指導者を見つけることができなかったともいえる。その理由としてはまず、冷戦を背景にしたキリスト教対「神なき」共産主義という二項対立図式が沖縄には単純に適用できなかったことがあげられる。沖縄には先祖祭祀やユタ信仰の長い歴史があったことに加え、日本帝国主義下での戦前・戦中の経験、そして戦後の米軍の暴力によって神や天皇のような絶対的権威への信頼性自体が揺らいでいた。より本質的には、キリスト教の救済論理自体が、必ずしも米国の軍事拡張主義と対立するものではなく、むしろ前者が後者を正当化するレトリックにすらなりえた。軍事主義とキリスト教の救済の物語は互いにうまく連携しながら、「生かされる者」と「死すべき者」の境界を裁定するのである。

しかし、もちろん全ての宣教師が米国の対沖縄政策に肯定的だったわけではない。一色によれば、占領開始当初は、沖縄住民の立場に立ち、熱心に復興活動に携わるチャプレンや宣教師も多数いたが、一九六〇年代に入りベトナム戦争に米国が本格的に介入して以降、米国や米軍の公式的な見解に同調する宣教師が増えていったという。[84] その中で、バプテスト教会のランドール宣教師（William T. Randall）はベトナム反戦の立場から、教会が軍に利用されていることを危惧し、批判の声をあげた結果、突然解任されるという「事件」も起きている。[85] ベトナム戦争の前線基地となった沖縄で、現実に進行する軍事活動を前に、救済神話が綻んでいったともいえるだろう。

教会と軍の親密な結びつきは、沖縄のキリスト者の中にも分断をもたらした。基地が集中し、米軍人・軍属との交流も盛んな地域には、親米的な教会が集まった一方、反基地運動などを通じて日本本土の社会運動とも連携を強める教会・信徒が多く現れた。[86] 例えば、戦後沖縄の反戦平和運動の父と呼ばれた阿波根昌鴻は、聖書をその思想的基盤の一つに持ちながら、伊江島の土地闘争において中心的な役割を担った。彼の活動については第四章で詳しく述べるが、ここでは闘争の過程で阿波根が撮影した写真の中から、強制接収された土地に立てられた手作りの十字架を映した印象的な写真をとりあげたい。十字架には、米兵に向けた以下の言葉が書かれている。

> 米人に告ぐ
> 神より罰を恐れませう。お互いは愛する兄弟です。神様は私達の毎日の行為を見守っています。共に天国でも楽しく出来るように、善い行いに努めませう。[87]

このように、米軍の暴力を告発するために、キリストの神の名が戦略的に使われているのである。

平良修もまた、戦後沖縄を代表するプロテスタント牧師として、反戦平和運動を担ってきた。一九四一年に宮古島に生まれた平良は、戦後すぐに洗礼を受け、米軍の奨学金を得て東京神学大学へ留学し、神学教育を受けた。沖縄に戻った平良は、一九五九年にコザの沖縄キリスト教団上地教会牧師に就任する。平良は、一九六六年一一月二日に行われたＵＳＣＡＲの新高等弁務官フェルディナンド・Ｔ・アンガー陸軍中将の就任式で、次のような祈りを捧げたことで、沖縄内外で知られるようになった。

「クリスチャンである米軍人に対して十字架を立てて訴える」（阿波根昌鴻『人間の住んでいる島』、119頁）　写真提供：わびあいの里

> 親愛なる神よ、新高等弁務官の就任式で神の前に集う機会を与えられたことを感謝します。この二〇年間、戦争や戦争の脅威によって、多くの人びとが自分たちの家や愛する人びとから不自然に引き離され、

沖縄も母なる国から引き離されるという状況が続いてきました。親愛なる主よ、一日も早く世界に平和が訪れ、新高等弁務官が最後の高等弁務官となることを切に願います。しかし、私たちはこの就任式での現実から目をそむけてはいけません。

私たちは現実から逃げたり、それに押し潰されてはいけません。そうではなく、現実を断固として、勇気を持って受け入れようではありませんか。そして世界平和と両国間の正常な関係性という我々の悲願の目標を達成するために、高等弁務官と共に希望をもって実りある仕事をしようではありませんか。

主よ、琉球には、あなたの最愛の子イエス・キリストがそのために死した一〇〇万人の市民がいます。新高等弁務官に、自分が送り込まれた人びとの尊厳を前に深く頭を下げさせ、彼を汝に従わせてください。

天と地のすべての権威を持つイエス・キリストは、人びとの足を洗うという方法でのみ、その権威を行使されました。私たちの高等弁務官にも同じように権威をふるまうよう見せてください。

親愛なる神よ、私たちと高等弁務官に変えられないものを冷静に受け入れる強さをお与えください。変えられるもの、変えるべきものを変える勇気をお与えください。そして、変えられるものと変えられないものを見極める英知をお与えください。[88]

宮城幹夫によれば、平良の祈祷は平和主義的で楽観的な神学と、現実主義的な思考という、一見矛盾する二つの神学観を体現しているという。前者は、戦中から戦後にかけて宮古、台湾、コザ、そして一年間テネシー州のナッシュビルにあるピーボディ大学に留学していた経験に由来する。一九六五年から六六年にかけてナッシュビルで過ごした平良は、公民権運動の犠牲者のための追悼式に出席し、そこで歌われた讃美歌に大きく感銘を受けたという。「Nobody Knows the Trouble I've Seen（わが悩み知り給う）」[89]は平良にとって、「被差別者しか歌い得ない神への強烈な訴え」であり、「被抑圧者が全存在を挙げて歌うべく神から求められている歌」として響いた。

そして私は、極東の小さな故郷とそこに住む沖縄の人々を思った。私たちにも歌うべき歌があるのではないか。否、みんなが既に歌っているのに私が未だ歌っていないということなのではないか。もしその歌がなければ、みんなで生み出して歌うべきではないか。[90]

この願いが具体的な形をとったのが、アンガー高等弁務官就任式での祈りであったと平良は述懐している。宮城によれば、平良とマーティン・ルーサー・キング牧師の神学上の共通点として、両者とも、神から平等に無条件で与えられている「人間の尊厳と価値」を、「人間同士の連帯をもたらす可能性」あるものとして捉えていた。そこには悪魔のような人間も含まれており、誰しも神に召されて再生するチャンスが与えられる。[91]それゆえ、他者のために誰の尊厳をも犠牲にしてはならなかった。なぜなら、イエス・キリストがすでに全人類のために自らを犠牲にしたからである。[92]高等弁務官を前に、「高等弁務官をしてこれら市民の人権の尊厳の前に深く頭を垂れさせてください」と神に祈る平良の発話行為は、USCARや日米両政府に対し、沖縄の人びとの尊厳は決して、誰かのために犠牲にすることはできない、と警告している。こうして平良は、聖書の言葉でもって、米軍統治そのものに異議を申し立てた。全人類の平和を希求するキリスト教の教えが、アメリカ教会や宣教師の思惑を超えて、米軍による沖縄統治を拒否する言葉に転化したのである。

平和主義的な神学観を持つはずの平良が、祈りの中で、「変えられないもの」を人びとも高等弁務官も受け入れるべきであると、一見、「現実主義」的な考えを示したのは、唐突に聞こえるかもしれない。「変えることのできないものを受け入れる」というキリスト教的リアリズムは米国の自由主義神学者ラインホルド・ニーバーに由来するもので、彼は第二次大戦中、ナチス・ドイツと闘うためにキリスト教は平和主義を放棄すべきだと唱え、冷戦期も引き続き、共産主義に対抗する認識枠組みの参照軸として、影響力を持ち続けた人物である。[93] よく知られている「ニーバーの祈り」では、「主よ、変えられないものを受け入れる心の静けさと、変えられるものを変える勇気と、その両者を見分ける英知を我に与え給え」と唱えられる。宮城は、ニーバーの現実主義的神学が共産主義から自由世界の民主主義を守るために「社会正義」を追求したのに対し、平良にとっての社会正義とは、沖縄の人びとの基本的人権と尊厳を回復することだったと結論づけている。[94]

それでは、平良にとって「変えることのできないもの」とは何だったのか。彼はなぜ、平和主義的な神学を念頭に根本的な改革を求めながら、「現実」を受け入れる必要性を唱えなければならなかったのだろうか。ニーバーの言葉を引用しながらも、米軍統治下沖縄の状況で発せられた時、その言葉は全く別の響きをもったのではないだろうか。平良の「リアリズム」は、むしろ、鹿野政直が芥川賞受賞作家の大城立裕の作品を分析する中で用いた「現実の腑分け[95]」という概念により近いものであったように見える。次章で詳述するように、戦中を上海で過ごした大城は、戦後に沖縄に戻って徹底的に破壊された故郷を目の当たりにする。大城の小説を分析しながら、鹿野は、大城が日本への復帰を訴えるのではなく、沖縄の過去の日本との関係や現在の米国との関係を慎重に検討しながら、「踏みとどまる」に至っていると指摘している。次章は、その大城の小説の引用から始まり、占領下の沖縄で、圧倒的な軍の存在を前に、「ケア」の領域を確保しようと奮闘し続けた人びとの営みに目を向ける。

註

（1）一九六六年一一月二日高等弁務官フェルディナンド・T・アンガー就任式における平良修牧師の祈祷。詳細は本章小括を参照。

（2）Edward E. Bollinger, *The Cross and the Floating Dragon: The Gospel in Ryukyu*（Pasadena, Calif: William Cavey Libray, 1983）, 155

（3）Christina Klein, *Cold War Orientalism: Asia in the Middlebrow Imagination, 1945-1961*（Berkeley: University of California Press, 2003）, 67.

（4）Ibid., 69

（5）『リーダーズ・ダイジェスト』の創刊者であるデウィット・ウォレスとその妻ライラ・ベル・ウォレスはともに長老派教会の牧師の家庭に生まれた。ライラ・ウォレスは、一九二一年にはYMCAや長老派家庭宣教委員会でソーシャルワーカーとしても働いていた。同誌の編集者や従業員には、宣教師家庭出身の者も多くいた。前掲、Klein, *Cold War Orientalism*, 70.

（6）Clarence W. Hall, "The Village That Lives by the Bible," *The Reader's Digest* Vol. 77（1960）, 205.

（7）Ibid., 208.

（8）Seth Jacobs, "'Our System Demands the Supreme Being': The U.S. Religious Revival and the 'Diem" Experiment,' 1954-55," *Diplomatic History* 25（fall 2001）: 589-624.

（9）Melani McAlister, *Epic Encounters: Culture, Media, and U.S. Interests in the Middle East, 1945-2000*（Berkeley: University of California Press, 2001）, 47.

（10）Hyaeweol Choi, *Gender and Mission Encounters in Korea: New Women, Old Ways*（Berkeley: University of California Press, 2009）, 122.

（11）一色哲「軍事占領下における軍隊と宗教：沖縄地域社会とキリスト教を事例に」『甲子園大学紀要』三六号（二〇〇八）：二一一―二二二、小林紀由「沖縄バプテスト連盟と『祖国復帰』」『精神科学』三六号（一九九七）：三一―四三など。

（12）日本基督教団沖縄教区編『二七度線の南から：沖縄キリスト者の証言』日本基督教団出版局、一九七一年。

（13）Lawrence S. Wittner, "MacArthur and the Missionaries: God and Man in Occupied Japan." *Pacific Historical Review*, Vol. 40, No. 1（February 1971）: 77-98, 82.

（14）Ibid., 78.

（15）Ibid., 86

（16）*Civil Affairs Handbook Ryukyu（Loochoo）Islands OPNAV 13- 31*, Office of the Chief of Naval Operations, Navy Department 15 November, 1944.『沖縄県史資料編一』に再録（沖縄県教育委員会、一九九五年、七三―四、一〇六頁）。沖縄のキリスト教との出会いは、一七世紀初頭にスペインの聖ドミニコ会宣教師がマニラから九州へ向かう途中、石垣島に立ち寄った時に遡る。一九世紀半ばには、フランスとイギリスがそれぞれ琉球王国に宣教師を派遣しているが、いずれも改宗者を出したり、教会設立するまでには至らなかった。一八七九年の琉球処分と沖縄県の設置以降、米国とイギリスの教会が沖縄での宣教に本格的にのりだした。Carolyn Bowen Francis, "Where is the Church to Stand? Christian Responses in Okinawa to the Issue of Military Bases," *The Japan Christian Review* 64（1998）：5-19, 6.

（17）Francis, "Where is the Church to Stand?," 6.

（18）宗教団体に対する国家統制に関して詳細は、Sheldon M. Garon, *Molding Japanese Minds: The State in Everyday Life*（Princeton: Princeton University Press, 1997），特に Chapter two, "Defining Orthodoxy and Heterodoxy," 60-87 を参照のこと。

（19）Francis, "Where is the Church to Stand?" 6.

（20）日本基督教団宣教研究所教団史料編纂室『日本基督教団の再編：一九四五―一九五四年、沖縄キリスト教団の形成：一九四五―一九六八年（日本基督教団史資料集第三巻）』（日本基督教団宣教研究所、一九九八年）、三〇五頁。沖縄キリスト教連盟は一九五〇年六月九日の総会において「沖縄キリスト教会」に、一九五七年には「沖縄キリスト教団」に改称、再組織化されている。

（21）"If Okinawa Is Not to Be 'God-Forsaken,'" editorial in *The Christian Century*, August 16, 1950, 965-967.

（22）Arnold G. Fisch, *Military Government in the Ryukyu Islands, 1945-1950*（Honolulu: University Press of the Pacific, 2005）, 69.

（23）Ibid., 81.

（24）T.T. Brumbaugh, "'God-Forsaken' Okinawa," *The Christian Century*, June 7, 1950, 701.

（25）Ibid., 700.

（26）Ibid.

（27）Jacobs, "'Our System Demands the Supreme Being'," 590.

（28）Robert Shaffer, "The Christian Century: Protestants Protesting Harry Truman's Cold War," *Peace & Change*, Vol. 42, No. 1（January 2017）: 93-127, 93.

（29）Edward E. Bollinger, *Reflections, East and West: Views from Okinawa* 1978-1983（Taipei: Dixon Press, 1983）, 189.

（30）Bollinger, *The Cross and the Floating Dragon*, 189.

（31）Ibid.

（32）Ibid., 191-192

（33）文化庁文化部宗務課「宗教統計調査結果昭和四七年一二月三一日現在」文化庁 https://www.bunka.go.jp/tokei_hakusho_shuppan/tokeichosa/shumu/index.html［最終アクセス二〇二四年一二月一八日］

（34）朝鮮半島におけるキリスト教の展開については、Mark R. Mullins, “Christianity Transplanted: Toward a Sociology of Success and Failure”、Daniel J. Adams, “Church Growth in Korea: A Paradigm Shift from Ecclesiology to Nationalism” を参照。いずれも、Mark R. Mullins and Richard Fox Young（eds.）, *Perspectives on Christianity in Korea and Japan: The Gospel and Culture in East Asia*（New York: The Edwin Mellen Press, 1995）に収録されている。マリンズは、キリスト教信仰が、朝鮮の人びとにとって、民族的アイデンティティを主張し、日本の帝国主義に抵抗する手段となったと論じる。一方アダムスは、朝鮮半島におけるキリスト教発展の要因として新儒教と初期の宣教師の神学的保守性に、強い親和性があったと指摘する。いずれの研究も解放後について言及はないが、米国の占領と朝鮮戦争が、韓国や、コリアン移民社会におけるキリスト教の浸透に重要な役割を果たしたといえる。

（35）例えばナザレン教会の場合、一九五六年一二月に沖縄に派遣する宣教師を決めるための日本宣教協議会が開催された時、志願するものはいなかったという。「多くの宣教師は、自分の召命は日本にあると感じており、沖縄のそれとは無関係であると感じていた」。Donald Owens, *Sing, Ye Islands: Nazarene Missions in the Pacific Islands*（Kansas City: Nazarene Publishing House, 1979）, 35.

（36）William C. Heffner, “For Years on Okinawa: a short account of the Episcopal Church’s mission in Okinawa 21 March 1951-21 March 1955,” The Episcopal Church on Okinawa, 未刊行レポート, 1955, 5.

（37）宮城悦二郎によれば、『民事ハンドブック』に記載されている情報の九五%が、一九三四年から四〇年にかけて日本語で出版された学術論文、雑誌、新聞、政府刊行物といった資料をもとに書かれたという。宮城悦二郎『占領者の眼――アメリカ人は〈沖縄〉をどう見たか』（那覇出版社、一九八二年）を参照のこと。このことは、帝国日本の学知が、米国の戦中・戦後戦略に組み込まれ、冷戦における認識枠組を形成していった連続性を考える上で、極めて重要である。

（38）沖縄県立図書館史料編集室『沖縄県史　資料編一　民事ハンドブック　沖縄戦一（和訳編）』沖縄県教育委員会、

一九九五年、七五頁。

（39）金城勇「学術人類館事件と沖縄」演劇「人類館」の上演を実現させたい会編『人類館――封印された扉』アットワークス、二〇〇五年、三三頁。

（40）坪井は一八八九年に訪れたパリ万国博覧会で見た、フランス植民地の原住民「人種」の展示から「人類館」の着想を得た。「学術人類館」の翌年、一九〇四年に米国セントルイスで開催された万国博覧会でも、米国の新しい植民地であるフィリピン人を紹介する同様のパビリオンが設置された。Paul A. Kramer, ***The Blood of Government: Race, Empire, the United States, and the Philippines*** (Chapel Hill: University of North Carolina Press, 2006) を参照。こうした事例からは、世紀転換期に各帝国の拡大に伴って、科学的人種主義に基づく学知とテクノロジーが、トランスナショナルに流通し、連関していたことがわかる。重要なのは、こうした「科学的」人種主義の展示が、日米両国が最初の植民地を得て、帝国主義的競争に参入せんとするまさにその瞬間に起きていたということである。

（41）吉見俊哉『博覧会の政治学――まなざしの近代』中央公論社、一九九二年。

（42）『琉球新報』一九〇三年四月七日、『人類館――封印された扉』（前掲）に再録、四一六頁。

（43）『民事ハンドブック』（前掲）、六二頁。

（44）宮里政玄『日米関係と沖縄――一九四五－一九七二』岩波書店、二〇〇〇年、二九頁。

（45）離日政策の一環として、米国政府は「沖縄」ではなく「琉球」または「琉球人」という名称を戦略的に選んでいる。「沖縄」はこの地域が一地方自治体として日本に組み込まれた時に、日本政府が与えた名称であるのに対し、「琉球」は独自の文化遺産と日本からの歴史的独立を象徴していると米国政府は考えたからである。宮城悦二郎『岩波ブックレット№.２６８　沖縄占領の二七年間』（岩波書店、一九九二年）、三七頁。また、ＵＳＣＡＲ関係者は「本土」という言葉を使うことも慎重に避けていたが、日本政府は沖縄が統治下にあってもこの名称を使用し続けていた。ジェラルド・ワーナー民政官が南方連絡事務所に送った文書では、「正式な文書では、英語文書で「日本」という言葉が出てくる場合、日本語翻訳でも、「本土」よりももっと正確な言葉を使うように」と指示している。（**"Use of 'Hondo' for Japan"** 沖縄県公文書館 ＵＳＣＡＲ文書 No. U81101I3B）。その理由として、「本土」は中国も米国本土も指しうるということをあげているが、「本土」という言葉が沖縄が日本に所属することを自明なこととするということにも警戒したのであろう。

（46）Helen Temple, "You Must Die." In Helen Temple, ed. *Joy Cometh in the Morning: Missionary Stories from Japan and Okinawa*（Kansas City: Nazarene Publishing House, 1964）, 25.

（47）Ibid., 29.

（48）同書は一九四九年にボストンの the Christopher Publishing House から出版された。その後、ラジオの宗教番組 The Christian Doctrine Hour で一九五〇年三月一二日に放送されて以来、度々、放送された。

（49）Peter A. Hewett, *A Seed Falls on Okinawa*（Boston: The Christopher Publishing House, 1949）, 48.

（50）Ibid., 51

（51）Ibid., 52

（52）Ibid., 58.

（53）Anne McClintock, *Imperial Leather: Race, Gender and Sexuality in the Colonial Contest*（New York: Routledge, 1995）, 30.

（54）Matthew Allen, "The shaman hunts and the postwar revival and reinvention of Okinawan shamanism", *Japan Forum*, vol. 29 (2017): 218-235, 222-223.

（55）Okinawa Baptist Association, ed. *Go Ye...Mark 16:15*（Okinawa: Muramatsu Printing Company, 1960）, 5.

（56）C. Harold Rickard and Thomas Arinaga, "Rural Evangelism of the United Church of Christi in Okinawa," *Japan Christian Quarterly*, vol. 30, No. 1（1964）: 17-27.

（57）Robert Bellah, *Tokugawa Religion: The Values of Pre-Industrial Japan*（Glencoe: Free Press, 1957）, 8.

（58）Edward E. Bollinger, *Reflections, East and West: Views from Okinawa* 1978-1983（Taipei: Dixon Press, publication date unidentified）, 4.

（59）Allen, "The shaman hunts," 218.

（60）北村毅『死者たちの戦後誌――沖縄戦跡をめぐる人びとの記憶』御茶ノ水書房、二〇〇九年。

（61）戦後沖縄文学には、戦争の記憶が、彷徨えるマブイとの関係を通して語られる作品が多い。目取真俊の『魂込め』

は特に注目に値する。幼い頃、戦争で両親を亡くした五〇歳の主人公は、突然マブイを落としてしまう。身体から切り離されたマブイは浜辺を漂うが、実はそこで母親が日本兵に殺されていたことが明らかになる。目取真俊『魂込め』朝日新聞社、一九九九年。このように、マブイはしばしば、馴致できない記憶の症候として、あるいはそのメッセンジャーとして描かれる。大城貞俊の『ヌジファ』は、次男の長患いを治すために、戦時中にパラオで戦死した長男のマブイを取り戻しにユタを連れてパラオまで旅するという物語である。大城貞俊「ヌジファ」『G米軍野戦病院跡辺り』人文書館、二〇〇八年。

（62）Matthew Allen, "Therapies of Resistance? Yuta, Help-seeking and Identity in Okinawa," *Critical Asian Studies* 34:2 (2002): 221-242, 221.

（63）Jana Clark Jensen, *Adventure for God on Okinawa* (Nampa: Pacific Press Publishing Association, 1960), 54.

（64）Ibid., 56

（65）Ibid., 57.

（66）噂を聞きつけた夫は怒りを爆発させ、「村中その話でもちきりだ。あの不自由な手。お前は事故だと言っていたが、もうわかった。あれは病気だ。恐ろしい、悪性の病気だ。お前は私の子どもたちまで、あの病気で汚してしまった」とシズを責め立てた（Temple, *You Must Die*）。明確な病名は出てこないが、ハンセン病であることを示唆する発言である。沖縄ではハンセン病患者は過酷な差別の対象であり、キリスト教の宣教師たちはこの状況を改善しようと試みた。

（67）Temple, *You Must Die* 35

（68）Choi, *Gender and Mission Encounters in Korea*, 36.

（69）社会福祉協議会『福祉新聞』一九五六年七月一日。

（70）Kensei Yoshida, *Democracy Betrayed: Okinawa Under U.S. Occupation* (Western Washington University, 2002), 61.

（71）Otis W. Bell, "Play Fair with Okinawans!", *The Christian Century*, January 20, 1954, 76-77.

（72）ウイリアム・C・ヘフナーの記述によると、彼が宣教師をしていたエピスコパル教会では、陸軍から教会に使うための那覇地区の宿舎を提供されたという。また、陸軍は宣教師たちに、沖縄で利用できる軍用通貨や、PXや軍用食堂といった軍事施設の利用を許可した。こうした特権は、朝鮮戦争後に減少した軍のチャプレンを助ける見返りとして与えられたものだった。 William C. Heffner, "For Years on Okinawa."

（73）ベルの記事がきっかけとなって、アメリカ自由人権協会ロジャー・ナッシュ・ボールドウィン事務局長の指示のもと、沖縄で調査が行われた。この報告を元に組まれたのが朝日新聞に掲載された土地問題に関する報道であり、日本において、沖縄の土地問題に関する関心をまきおこした（第四章参照）。

（74）冨山一郎『暴力の予感――伊波普猷における危機の問題』岩波書店、二〇〇二年、二六三－二六四頁。

（75）Bell, "Play Fair with Okinawans!" 77.

（76）リカードは阿波根昌鴻による伊江島土地闘争の記録『人間の住んでいる島――沖縄・伊江島闘争の記録』を英訳し出版している。

（77）C. Harold Rickard, "The Okinawa Land Problem," *Japan Christian Quarterly*, vol. 37, No. 1（1971）: 4- 16, 5.

（78）Ibid., 6

（79）Ibid., 9.

（80）Ibid., 10.

（81）Ibid., 11

（82）Ibid., 16.

（83）Donna Alvah, *Unofficial Ambassadors: American Military Families Overseas and the Cold War, 1946- 1965*（New York: New York University Press, 2007）.

（84）一色「軍事占領下における軍隊と宗教」（前掲）、二一九頁。

（85）小林「「日本復帰」後の沖縄バプテスト連盟と米国教会」（前掲）、二一一－二一二頁。

（86）一色「軍事占領下における軍隊と宗教」（前掲）、二一三頁。

（87）阿波根昌鴻『人間の住んでいる島－沖縄・伊江島土地闘争の記録』阿波根昌鴻、一九八二年、一一九頁。

（88）日本基督教団宣教研究所教団史料編集室『日本基督教団史資料集（第三巻）』（前掲）。平良の祈祷は日本語と英語で行われ、英語翻訳は平良自身によるものだった。英文の祈祷原文は Mikio Miyagi,"The Life and Theology of Reverend Osamu Taira: A Christian Response during the U.S. Administration of Okinawa," *ICU Communicative*

Culture 44 (2012): 31-82, 55-56 を参照。日本語訳は引用者による。同論文で宮城は、平良修の半生とアンガー就任式での祈祷について、神学的観点から非常に詳細な分析を行っている。

(89) "Nobody Know that Trouble I've seen（誰も知らない私の悩み）" は、公民権運動の際、広く歌われるようになった黒人霊歌である。讃美歌第二編二一〇番「わが悩み知りたもう」として収録されている。

(90) 平良修「高等弁務官就任式での祈り」『沖縄にこだわりつづけて』新教出版社、一九九三年、九五頁。

(91) Miyagi, "The Life and Theology of Reverend Osamu Taira," 46.

(92) Ibid.

(93) Shaffer, "The Christian Century," 93.

(94) Miyagi, "The Life and Theology of Reverend Osamu Taira," 62. ここで注目すべきは、平良が日本国憲法第九条を守る活動を続けてきたということである。他の多くの沖縄の知識人と同様に、平良は沖縄の日本への復帰を願っていたが、それは日本との「統一」を願ってのことではなく、復帰によって日本国憲法の保護下に置かれることで、沖縄の人びとの人権と尊厳が回復されることを願ったためであった。

(95) 鹿野政直『鹿野政直思想史論集 第三巻』岩波書店、二〇〇八年、二八〇頁。

第二章

占領を「ケア」する
――米軍統治下沖縄の公衆衛生看護婦――

「いまさら、昔にかえそうとはいいませんがね」

山之内はいった。多少受け太刀の姿勢を感じながらいった。

「しかし、すくなくともいまのかたちは、ほんものではないかという気がする」

「ほんものといいますと?」

郷子は、ほんとうにわからなくて質問した。

「ほんものはほんもの。それを説明しろといったってこまる」

山之内は、そういってわらった。しかし、すぐ表情をなおして、

「あなたは、大中の家庭や八重島の墓どろぼうが、ほんものだとおもいますか」

「それは、しかたがないとおもいますわ」

遠山郷子はいった。

「そんなことというと、わたくしたちが毎日々々あきずに家庭訪問をしていることも、なにかほんものでないような気がしてきますもの。現実につとめていることがうそだなんて、たまりません」

――大城立裕『白い季節』[1]

はじめに

芥川賞受賞作『カクテル・パーティー』（一九六七年）で知られる大城立裕は、一九五五年『琉球新報』にある小説を連載していた。『白い季節』には、コザの町を舞台に、売春婦、結核患者、Aサインバーのホステス、GI、基地歓楽街に店を所有する政治家など、米軍基地と密接な関係を持つさまざまな人物が描かれている。『カクテル・パーティー』が、占領下沖縄での異なる立場を象徴する登場人物（沖縄人、米軍高官、日本人、亡命中国人）で構成されているのと同様に、『白い季節』は、二人の対照的な主人公の会話を中心に繰り広げられる。戦前に家族とともに沖縄を離れ、長崎の医大を卒業し、戦後になって沖縄に戻ってきた医師・山之内俊介と、コザの中部保健所で働く公衆衛生看護婦（以下、公看）・遠山郷子である。山之内は急激にケバケバしく変化していく沖縄を受け入れられずに、基地経済が「ほんものの」沖縄をダメにしていると嘆く。山之内の家の墓があった土地は売り飛ばされ、今やナイトクラブを建てるために地ならしされていた。一方、遠山は、結核患者の治療や性病対策、「混血児」の調査といった公看としての日常業務をこなす中で、米軍統治下におかれた沖縄社会の「現実」を直視せざるをえない。鹿野政直が指摘するように、同作品は沖縄の「社会病」を診断し治療しようとする、二人の意見を異にする医療従事者の対話を通して、人びとが日常生活の中で経験していた両義的な現実を鮮やかに描きだしている。[2]

『白い季節』の舞台となっている一九五〇年代半ばの沖縄は、鳥山淳が丹念に描き出しているように、米軍基地が日常風景の一部となっていく中で、人びとがいかにして生き延びていくか選択を迫られる状況に置かれていた。[3] 一九五二年発効のサンフランシスコ平和条約第三条により、沖縄は法的には日本国の施政権から正式に切り離され、米国の支配下に置かれた。一九五〇年にUSCAR、五二年に琉球政府が設立されたことで、人々は米国による琉球列島の支配が一時的なものではなく、恒久的なものであることを認識せざるをえなかった。このような状況下、沖縄の知識人、政治家、事業者たちは、「現実」とどう向き合うべきかをめぐって、大きく意見が分かれていた。日本への復帰や琉球列島の独立など、この包囲空間の外に別の「現実」を求める者もいれば、主に米国政府によって供給される資源や援助を可能な限り有効活用するために、積極的にUSCARに協力する者もいた。[4] こうした中、沖縄の言説空間には、否が応でも米軍基地とともに生きる／生きざるをえない人や状況を指して「現実」あるいは「現実主義」という言葉が頻繁に登場するようになった。冒頭で引用した『白い季節』の一節は、こうした占領下沖縄に対する、遠山と山之内の相反する認識を象徴している。そこでは、戦争で失われ、山之内が回復すべきと願う「ほんものの沖縄」と、遠山が日々目の当たりにする「現実の沖縄」が対照的に描き出されるのである。

戦後沖縄の歴史学では、植民地主義に関する他の分野と同様、沖縄の人びとと米軍との関係を記述する際、しばしば「抵抗／協力」という二項対立図式が用いられてきた。鳥山は、このような枠組み自体が、沖縄社会の分断を再生産し、悪化させてきたと批判し、こうした分析枠組みから慎重に距離を置いている。そして、軍事主義の論理がいかに沖縄の現実を形成しており、人びとが米軍に協力せざるをえない状況を生み出し続けているかに焦点をあてている。本章では、鳥山のこうした視座を参照点にしながら、よりよい生活を求め続ける人びとの行動がどのように軍事主義と拭がたく結びついていたのか、公看の経験を通して考察する。[5]

大城の『白い季節』が象徴的に描き出しているように、公看は、占領下沖縄社会が抱えていた矛盾をより鮮明な形で体現し、またそれを間近で観察していた。彼女たちは、慢性的な医師・医療施設不足に悩まされていた米軍統治下沖縄社会で、地域医療の重要な担い手となった。米軍からは主として、基地周辺のいわゆる「キャンプタウン」における性病管理の担い手となることを期待されたが、実際の彼女たちの任務は生活改善、母子保健指導、衛生教育、結核予防、限定的な治療に至るまで多岐にわたるものであった。生活福祉に関わるあらゆる住民が必要とするもの／要求（ニード）を見つけ出し、自分たちの任務（ケース）として引き受けていった。患者のいる家庭への定期訪問に加え、家庭内の衛生環境の改善指導や、患者が乳幼児を残して入院せざるをえない場合、残された乳幼児の養育なども職務に含まれた。とりわけ離島・へき地では、しばしば、担当地区の唯一の医療従事者として、手探りと創意工夫で住民の健康管理にあたった。青年会や婦人会、警察と密に連携をとりながら行われた衛生教育や患者の管理は、単なる医療行為をこえて、沖縄戦後の地域共同体の再編成でもあった。

業務内容が多種多様であっただけではなく、公看の経験からは、沖縄内外を結び、沖縄もその一部として機能していた様々な人材育成・技術支援ネットワークの存在をうかがい知ることができる。例えば、一九五〇年代から六〇年代後半にかけて、公看をはじめとする多くの医療従事者が農業技術者や教育関係者などとともに、日本本土のみならず、米国本土、ハワイの東西センター（East-West Center）、さらに台湾で技術研修を受けていた（第三章を参照）。

しかし公看は、米国が沖縄の医療・公衆衛生の改善に多大な貢献をしたことを認める一方で、米軍占領下沖縄における医療福祉制度の根本的な矛盾や不足を痛感していた。その意味で、彼女たちは、米軍当局に要請された、いわばアメリカ軍事帝国の産物であると同時に、「軍事化された福祉」の一番の目撃者でもあった。地域の各家庭を定期的に訪問し、患者の身体を見る／診る／触る／診断する（そして看取る）という日常的実践を通して、公看は、患者の（そして彼女たち自身の）心身に刻み込まれた戦争や占領の経験、軍事暴力の傷跡と徴候に触れ、それを記録していった。患者の生に絶え間ない肉体的・精神的苦痛を与え続けているのは、もちろん米軍だけではなく、日本軍による暴力の記憶でもあった。

本章では、公看や医師、患者の記録を読む中で、彼女たちの戦前・戦中体験に注目している。沖縄の保健制度はしばしば「戦後ゼロからのスタート」と評されるが、実際には初期の公看の多くが、戦前・戦中に看護婦や助産婦としての資格をとり、戦地を含む様々な現場で実務経験を積んでいた。こうした個々人の経験や職業倫理感が戦後の活動の基盤となっていることは、戦場から占領へ、沖縄において何が、どのように継続していったのか考察する上でも、極めて重要である。例えば本章では、米軍統治下の医療衛生政策が、伝統的ジェンダー規範や日本との植民地主義的関係に起因する戦前の言説に取って代わるのではなく、むしろ強化するものでもあったことが示される。

しかし同時に、日本と米国という二つの統治権力の狭間に置かれたことで、公看には、より広範な自由裁量が与えられたともいえる。特に、USCARがあまり重視していなかった離島へき地医療では、地域の人びとのニーズに応えるために、公看はUSCARの当初の意図を越えて、医療福祉サービスを拡充することに成功した。ミシェル・ド・セルトーの言葉を借りれば、彼女たちの行動は、自分たちが生きるしかない場所を離れずに、「敵の視界の中」で何とか生き延びるための「戦術（tactics）」であったと言える。[6]「戦略（strategy）」が、権力の場を確立し、力を配分するとすれば、「戦術」は、多元性と創造性をもって、自分の置かれた状況から予想外の結果を引き出すことを可能にする。[7]

「戦略／戦術」という概念は、空間の管理に重点を置いた占領政府の生政治が、より人間らしい生活を確保すべく奮闘していた人びとの日々の実践と、どのように相互作用していたのか理解する上で有効である。米軍統治下沖縄の公衆衛生は、公看をはじめとする医療従事者が、占領者の絶対的権力を仲介させながら、同時に、軍事占領下でより生きやすい「現実」を生み出すための「戦術」を実行した場でもあった。

以下、第一節では沖縄における戦前の保健婦制度について、日本本土における状況とあわせて概観する。第二節では、公看制度が沖縄に導入されるまでの経緯について、当時沖縄が置かれていた政治的・社会的状況と関連付けながら明らかにする。第三、四節では、占領期を通して公看の二大業務でもあった「性病対策」と「結核対策」に焦点を当てる。前者は、軍関連施設と地域社会の緩衝地帯ともいえるキャンプタウンで行われることが多かったが、後者は、とりわけ離島やへき地をふくむ地域社会での生活改善・社会改良に重点が置かれた。この二つのプロジェクトを関連づけながら比較検討することで、占領政府が米軍施設を中心とした二つの同心円状の医療衛生政策を通じて沖縄を管理しようとしていたことを明らかにする。内側の円は米軍の安全を守ることを主目的とし、外側の円は、衛生政策を推進するために住民の協力を求めるものであった。本章は、公看が認識していた米軍占領下沖縄での医療福祉制度の限界と矛盾を示して締め括られる。

なお、「公衆衛生看護婦」という呼称は一九七二年の本土復帰とともに「保健婦」に改称され、さらに二〇〇一年一二月の保健婦助産婦看護婦法の改正によって「保健師」となったが、本書では当時の呼称として「公衆衛生看護婦」あるいは「公看」をそのまま用いる。「看護婦」「助産婦」に関しても同様に、当時の呼称としてそのまま用いる。

一．沖縄における戦前保健婦制度

日本の保健婦制度は一九四一年に制定された厚生省令「保健婦規則」が公的職業化の起点である。しかし川上裕子が詳細に論じているように、制度開始に先立って、大正期の頃から、産業発展に伴う社会問題の顕在化と労働運動が高まる中、資本主義社会から取り残された者を援助する民間の社会事業として保健婦事業は発展していった。[8] 具体的には一九一九年、大阪市立相談所や東京賛育会巡回産婆事業による乳幼児に対する保健指導や、二三年の関東大震災後の医療需要に応えるために恩賜財団済生会によって組織された震災被災者のための訪問看護事業があげられる。[9] 国家主導の保健婦事業の制度化は、三一年の満州事変を契機とする戦時総力戦体制への移行を背景とする。兵力を含む人的資源の最大化のために国民の体位向上が国策として掲げられるようになり、三七年には、地方における保健指導を目的に保健所法が公布された。その翌年、三八年には陸軍の要請によって厚生省が設立されるとともに、国民健康保険制度が創設される。四一年「人口政策確立要綱」が閣議決定されたことを受け、健民健兵政策がさらに強調されるようになり、四二年には国民健康保険法の改正により国民健康保険組合（以下、国保）の設立と加入が強制となる。全市町村で国保が設立されたことに伴い、保健婦数も著しい増加を見せた。四一年の「保健婦規則」は、それまで巡回保健婦や農村保健婦、学校保健婦など様々な名称を用いて活動していた保健婦の資格・養成制度・名称を統一し、制度の画一化を図るものであった。[10]

沖縄では一九三八年の済生会那覇診療所の設置とともに、巡回診療が開始される。巡回看護婦は、出征軍人遺家族を中心に回り、病人がいれば、無料で治療が行える済生会診療所に誘導した[11]。そのほか、銃後保健婦や乳児体力向上巡回指導婦、保健指導婦といった名称で活動を行った。「今考えると保健婦の仕事もしていた」という証言もあるように、地域の助産婦がそうとは認識しないまま、環境衛生や母子保健指導を担うことが多々あった[12]。四一年七月に沖縄で最初の保健所が那覇に開設され、保健婦規則のもと四二年には県内で検定試験が始まる。看護婦や助産婦の有資格者が東京で行われた厚生省主催の講習を受けた後、検定試験を受けた。また四二年からは、長崎県に設置された九州保健婦養成所に沖縄から初めて学生四名が入所し、六ヶ月の研修（前期三ヶ月の学科、後期三ヶ月の実習）を受けて、保健婦の資格を取得するようになった。四四年までに合計一〇名の沖縄の学生が、県と国保による費用負担で長崎の養成所で研修を受けた[13]。資格を得た保健婦は国保保健婦や県駐在保健婦として各地で環境衛生指導や、寄生虫駆除指導、結核指導などにあたった。戦時にはおよそ五〇名近い保健婦が県内で活動していた[14]。

しかし戦況の悪化に伴い、保健活動に集中することは難しくなる。例えば、沖縄南部・南風原村駐在初代保健婦の奥松文子は「保健婦は予防事業で五年、一五年先のこと考えてやるわけです。ところがその時は銃後体制に入っているので、こつこつやるより、すぐ陸軍病院に行って傷病兵士のために足りない看護力を自分たちで補った方がいいのでは[15]」という気持ちから、陸軍病院に志願し従軍看護婦として働くようになった。また、九州との航路が米軍の攻撃目標となったことから、長崎での保健婦研修も数回で中止されてしまう。このように沖縄では、本土と比べて保健所設置をはじめ保健事業全般の整備が立ち遅れたことに加えて、四四年の那覇十・十空襲を契機にいち早く戦争の只中に置かれることになったために、保健婦制度が軌道に乗ったとは言い難い。戦中、山に避難する妊婦に「へそを切ったときにマーキュロクロームと、脱脂綿とひもを渡し、へそを切るハサミをやかんに入れて炊くという消毒の方法を教えた」[16]という証言からは、戦時国策のための保健指導というよりも、民間人全てが戦闘に巻きこまれた沖縄戦の戦場で、人びとを何とか生存させる使命を保健婦が担っていたことがうかがえる。

二．公看制度導入の背景

三ヶ月以上続いた沖縄地上戦によって、一般住民は長期間にわたって山やガマ（洞窟）での避難生活を余儀なくされ、病死・餓死者も数多く出た。終戦時にはマラリアをはじめ、フィラリアやデング熱といった熱帯性伝染病が蔓延しており、さらに、全ての非戦闘員が収容された収容所での集団生活や、引揚者の流入によって結核患者が増加し続けた。こうした状況の中、米軍当局は、軍政府の設立後すぐに、マラリア防遏のためのＤＤＴ散布を始めとする医療衛生対策に着手している。[17]一九四五年五月には軍政府内に医療調査センターが組織され、衛生状態、感染症の実態調査（結核、マラリア、日本脳炎）、栄養調査、幼児の成長に関する調査、毒ヘビ調査などが実施された。[18]八月には住民代表で構成された行政機関・沖縄諮詢会が発足、公衆衛生部が設けられる。諮詢会は翌年、沖縄民政府（琉球政府の前身）と改められ、公衆衛生部の下に七つの地区衛生課が置かれた。この地区衛生課が米軍から支給されるＤＤＴ散布を担当するなど、各地域の衛生業務を担った。[19]徹底した米軍政府のマラリア防遏の結果、マラリア罹患者の数は一九四六年の一六万件から、五一年には五〇〇件以下に激減した。[20]同時に軍政府は、医療施設の建設を急ぎ、三つの中央病院、五つの診療所と精神病院、ハンセン病療養院、結核療養所がそれぞれ一九四八年末までに完成している。また、医療従事者不足を軽減するために、軍病院で一般看護婦養成も行った[21]。沖縄住民に対する医療・公衆衛生上の措置は、占領初期の段階では、旧敵国の民間人や戦闘員の基本的人権を保護することを目的とした戦時国際法に従ったものであった。

一九四〇年代終盤から東アジアにおける冷戦対立が本格化し、米国の沖縄長期的保有の方針が決まると、USCARは公衆衛生政策に本格的に着手する。とりわけ米軍にとって切迫した問題となったのが性病対策だった。一九五〇年の朝鮮戦争勃発前後から駐留する米兵が増加し、沖縄住民との接触が増した結果、性病が急速に蔓延したためである。四九年一二月に沖縄を視察したGHQ／SCAPの公衆衛生福祉局長クロフォード・サムスは、ただちに保健所を設置し性病対策を実施するようUSCARに指示している[22]。翌五〇年一月には、嘉手納基地を有するコザの中央病院で軍民合同の保健所設置協議会が開催された。五一年に那覇、コザ、名護に、五二年に宮古および八重山、六三年に石川、七二年に中央保健所と、本土復帰前までに計七つの保健所が開設される[23]。

保健所の主要業務として性病管理を最優先させようとするUSCARの姿勢は、沖縄の医師や看護婦たちをしばしば苛立たせた。例えば、コザ保健所の初代所長である稲福全志は、沖縄保健所三〇周年の記念座談会で一九五〇年代初頭、住民の間で急速に広まっていたマラリアや結核の脅威に直面しながらも、占領政府から性病管理に専念するよう命じられたと語っている。米軍当局が求める優先順位に従わざるをえず、他の病気で苦しむ患者たちを後回しにしてきたことに、稲福は無力感と怒りを感じていた[24]。他の医師たちも、新たに建設された保健所が設備的にも制度的にも「未完成」であることを指摘している。近代的で立派な外観とは裏腹に、建物は廃材や安物で作られており、頻繁に雨漏りした。患者を治療する医療品も不十分で、こうした状況から、沖縄の医師たちは、米軍は沖縄住民の健康のことは考えておらず、性病対策しか気にかけていないという印象を持っていた。[25]

保健所建設と並行して、公看指導者養成のための研修が一九四九年末から、東京の国立公衆衛生院にて行われた。派遣された沖縄の指導者たちは、戦前に専門的な看護教育を受けていたが、看護婦としての免許は終戦とともに停止され、米軍統治下で再度、研修を受ける必要があった。国立公衆衛生院は、一九三八年にアメリカ・ロックフェラー財団の援助によって設立された。これは、二〇世紀初頭に同財団が東アジア地域で行った大規模なプロジェクトの一環であり、当時、この地域で主流だったドイツ型の医学教育制度に対抗して、アメリカ式の医学教育システムの普及を目的としたものだった。[26] 戦後、国立公衆衛生院は、同じくロックフェラー財団融資によって設立されたキリスト教系医療機関である聖路加病院とともに、日本や沖縄の医療従事者や政策担当者に、アメリカ式の医療・公衆衛生知識を授ける重要な訓練機関となった。

一九五一年USCAR布令第三五号（看護婦養成学校法）・三六号（看護婦資格）によって公衆衛生看護婦制度が成立するとともに、公看の名称・資格・業務及び養成課程が規定された。五五年五月には沖縄公衆衛生看護学校が設立される。本土の保健婦との大きな差異としては、名称のほか、日本の保健婦が原則として市町村職員であったのに対し、公看は琉球政府厚生課の職員であったことがあげられる。このため、沖縄の公看には比較的大きな権限と自由裁量が与えられることになった。この布令の起草にあたったのが、看護顧問として着任していたワニタ・A・ワーターワースとジョセフィン・H・ケーザーである。ケーザーは、一九四四年から四五年にかけて、南太平洋に駐留していたアメリカ陸軍病院船マリーゴールドで陸軍看護婦として勤務していた。戦後はGHQ／SCAP公衆衛生福祉局の課長補佐官の地位に着き、国立公衆衛生院で行われた保健婦研修プログラムの責任者に任命され、バージニア・オルソンとともに講義を行っている。[27] ワーターワースは、オレゴン大学の公衆衛生学科を卒業後、軍政要員の夫とともに占領期に来日する。一九四八年には、四国軍政部看護指導官に着任し、現地の医師や看護婦とともに、保健婦駐在制度を確立した。[28] ケーザーは一九五〇年から五二年まで、ワーターワースは五〇年から六〇年まで沖縄に滞在し、看護婦・保健婦養成に従事した。特にワーターワースに関しては、駐在制度の基礎整備と公看教育に与えた影響の大きさから、その功績は現在に至るまで高く評価されている。[29]

沖縄に赴任したワーターワースとケーザーはまず、保健所の人材育成として五ヶ月間の講習会を開いた。講習会では、国立公衆衛生院で研修を受けた沖縄の看護婦指導者も指導にあたっている。受講者は、各自治体の病院や診療所の看護婦長の推薦を受けて応募した。看護婦や助産婦の資格を持つ女性たちが、新しい仕事を求めて各地から集まったが、その中には戦争で夫を失い家計を一人で支えることになった者も多かった。[30] 公看養成は公費で賄われ、卒業後二年間は離島やへき地に勤務することが義務づけられた。[31] 保健所開設時に誕生した三九名の公看のうち三六名は駐在勤務者として各地域の看護活動にあたった。駐在所は離島を含め、全琉球を覆うように設置され、開設時の三三箇所から一九六一年のピーク時には七七箇所に達し、それにともない公看も本土復帰時には一八二名まで増員されている。[32] ワーターワースによって導入されたこの駐在制度は、地域住民の生活に深く入り込むことで特に医療へのアクセスが制限されている離島やへき地の健康福祉状況を常に把握しニーズに応えることを目指すものであった。[33] このため公看は、赴任地ではしばしば、管轄地域の唯一の医療者として、定期的に各家庭を訪問して、介入すべき対象を見つけ、必要に応じて医療行為を行い、さらに、母子保健指導、衛生教育、精神疾患の患者のケアに至るまで、幅広い業務をこなした。

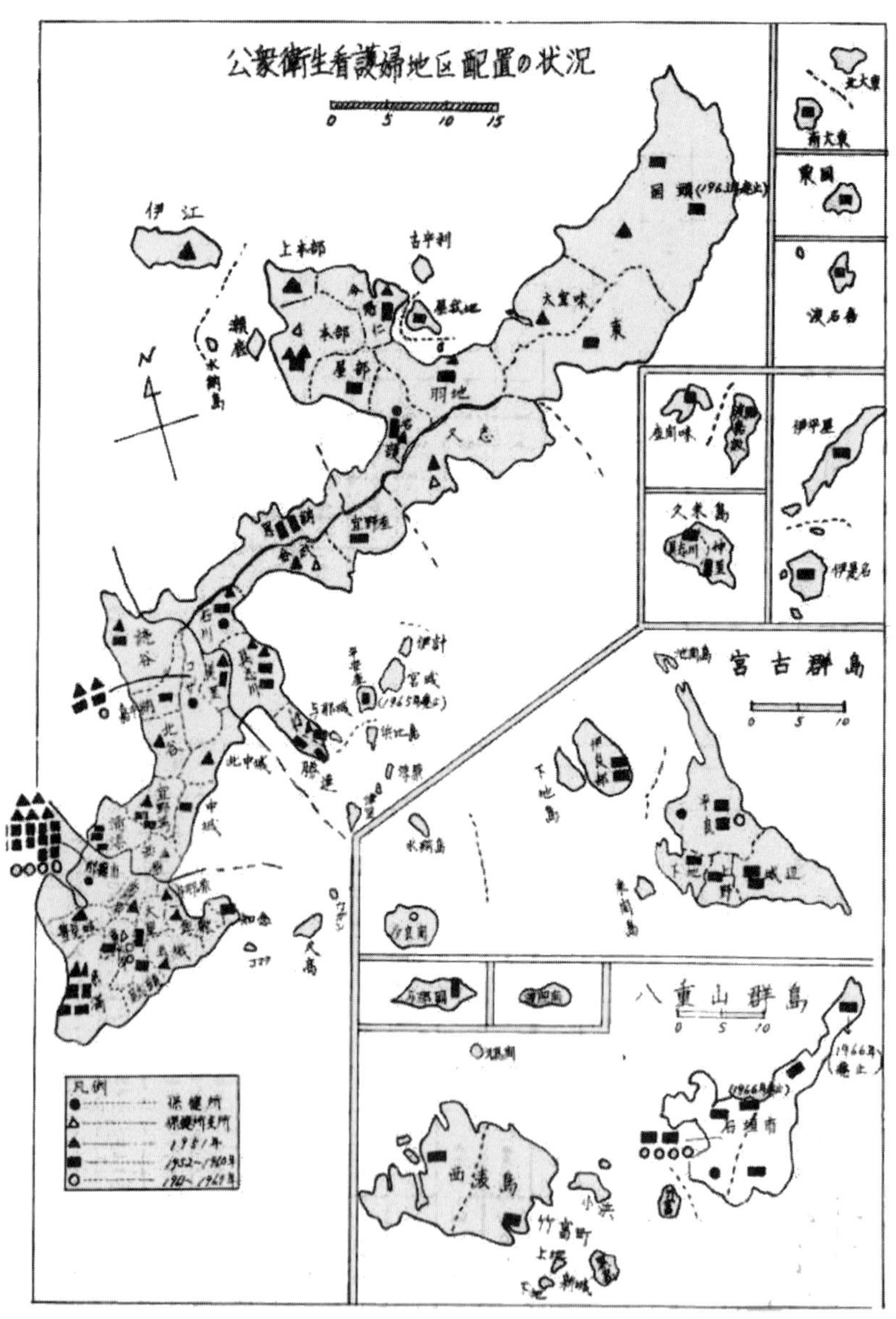

公衆衛生看護地区配置の状況（湧川房子作成、『沖縄の公衆衛生看護事業—十五周年記念誌』沖縄看護協会公衆衛生看護婦会、1968 年、157 頁）

三．公看の「専門化」と冷戦文化政治

沖縄の公看にとって、アメリカ式の看護教育における「プロフェッショナリズム」の精神は、戦前の看護婦像と大きく異なるものであった。戦前の看護婦は、医師や組織、国家に従属すると同時に、「良妻賢母」という家父長的なジェンダー観を体現することが求められた。また、戦争が泥沼化すると、戦場での医療従事者の不足を補うため、女学校の生徒に簡単な講習を受けさせただけで看護婦免許を与えるという速成教育も行われるようになった。これにより、看護の専門性の境界が曖昧になり、看護婦は「専門知識に基づいた職業から、看護の技術や知識を重視しない、戦争に協力する民間女性の一つのあり方」へと変化していった。[34] 沖縄でも、看護婦は医療従事者というよりも「お手伝いの女の子」として見られる傾向にあった。例えば、戦前からの医師・金城清松は、戦前の沖縄では一般の医師が「普通の女子」を雇い、助手として教育したと述懐している。医師の命令のもと彼女たちが行った臨床の仕事は、雑用が主だった。[35] こうした状況の背景として、第一節でも述べたように、沖縄には医療従事者養成機関がなく、医師・看護婦を目指すものは県外に出なければならなかったこともあげられる。[36]

ケーザーとワーターワースは、沖縄の看護婦たちに医学知識を教授するだけではなく、専門家としての職業意識を育てようとした。公看の専門性と公共性を強調するかのように、本土で使用され続けた「保健婦」ではなく、沖縄では Public Health Nurse を直訳した「公衆衛生看護婦」という名称が採用された。[37] 初期の講習会に参加した与那原節子は、ケーザーは沖縄の公看に「公看魂」を教えてくれたと述べ、公看は、自分の生活のためではなく、あくまでも住民の公衆衛生を守るべきであるとする「プロフェッショナル」の

精神を説いていたことが強く印象に残っているという。[38]

ワーターワース女史、ケーザー女史によって教育された公看は、市町村に駐在し、地域における公衆衛生活動の中心的役割を果たした。両女史の積極的な教育と指導助言は、医師と看護婦が主従関係にあった古い概念を取り除くため、公看教育の場で、或いは諸会議で公看に自由に発言できる機会を与え、公看の地位を高めた。このことは、公看に自信と誇りをもたせる結果となった。[39]

公看には米軍婦人団体から制服が寄贈されたが、真っ白なシャツに紺色のツーピース・スーツ、キュロットという装いもまた、公看に特別な職業意識と誇りを与えた。[40] この制服は、ケーザーが自ら米軍婦人団体の寄付を募り作ったものであるが、誰が見てもすぐにわかり、「本物」であることを感じさせ、保健婦としての自信をもたせるために、「現代的なスタイル」にこだわったという。[41] 婦人団体からは赤い女性用の自転車も寄贈され、交通機関の整備されていない離島・へき地では、地域の家庭を訪問するために必要不可欠な交通手段となった。公看の多くはそれまで自転車に乗ったことがなかったため、看護学校では放課後、毎日のように自転車の練習が行なわれた。[42] 単なる実用的な目的をこえて、赤い自転車と白い訪問箱は公看のシンボルとなる。与那原は自転車について次のように回想している。

私が小学校の校庭に自転車を乗り入れると、子供達が物珍しく自転車の周囲を取り囲み、また、村内を颯爽と走るとき、女が自転車に乗っているということもあって、人目をひくなど公看を印象づけるのに役立ったと思う。私はいつも愛用の自転車の後に訪問箱を乗せていたので、薬売りや物売りに間違われ呼び止められることも度々あった。そのときは、保健所や公看について説明し、業務を知ってもらうよいチャンスでもあった。[43]

このように、制服や自転車は公看の専門家としての職業意識を高めるだけではなく、機動性や社会的権威、女性解放の象徴でもあった。占領下沖縄で公衆衛生看護婦の存在が自転車と結びつけて人びとに認識されたことを考える上で、デイヴィッド・アーノルドとエリック・デウォルドが論じる植民地支配下のインドやベトナムにおける自転車に関する論考が示唆的である。アーノルドとデウォルドは、自転車を「日常的なテクノロジー」として捉え、人種や階級、ジェンダーの違いを超えて、現地社会に取り入れられた自転車がいかに、幅広い社会的利用や文化理解を生み出したのか分析している。ここでの議論に最も関連するのは、植民地政府が「監視や管理、あるいは単にメッセージや命令を伝達する」兵士や警察官の機動性や効果を高めるために、自転車を使わせるようになったという点である。[44] 自転車は、暴動や反乱時には、その脆弱さゆえに武力の象徴としての地位を失ったが、自転車税の徴収や盗難の取締りと

「公衆衛生看護婦と自転車」（金城妙子『原点を見つめて』、285 頁）

いった場面で、「日常における国家」権力を発動し続けた。[45] 特徴的な制服を身に纏った公看が自転車に乗ってやってくるという視覚的効果によって、人びとは米軍当局や米国の権威を日常的に想起させられたであろう。さらに、ベトナムの青年が自転車を漕ぐという行為を通して近代的主体性を構築していったように、公看も公共の場で自転車に乗る練習をし、実際に勤務に使うことで、自分たちの身体を変容させていったともいえる。

冷戦の地政学という、より大きな文脈において、沖縄の公看養成が担わされた役割についても考えてみたい。米山リサは占領下日本において日本人女性が「(米国によって)解放され、更生(リハビリ)された」という物語が、「米国が民主主義とジェンダー正義の唯一の守護者である」という例外主義を補強し、冷戦下での覇権拡大を正当化するために繰り返し用いられてきたと指摘している。[46] 沖縄女性を「普通の女子」から「専門的な看護婦」へと変身させる沖縄の公看養成プロジェクトは、こうした米国の「解放とリハビリの物語」にも合致する。また、マルコス・クエトが明らかにしているように、冷戦のレトリックが直接的な軍事対立から科学技術の重視へと変化していく中で、「健康」を国際的に増進することは、冷戦の両陣営において重要な戦略となっていった。[47]

さらに公看の重要な任務の一つでもあった家庭での衛生教育という点では、占領下沖縄への家政学導入をめぐるポリティクスを分析した小碇美玲の議論が参考になる。沖縄では、一九五〇年に開学した琉球大学が、米国陸軍省の指導のもと、ミシガン州立大学と契約を結び、六八年まで各分野の専門家を顧問団として沖縄に招聘するという「ミシガン・ミッション」が行われた。[48] この事業の重要分野の一つが、「科学的・近代的な家庭」の普及を目指す家政学の確立である。「家庭性(ドメスティシティ)」の創出と国外への輸出こそが、米国の帝国主義的領土拡大を正当化し、それを推進させる論理であったとするエイミー・カプランの「マニフェスト・ドメスティシティ」の議論を援用しながら、小碇は、家庭に関わる知識・技術の移転は、米国がアジア太平洋地域において覇権を拡大させるための重要な場となっていたことを明らかにしている。[49]公看は、地域住民の健康を管理し、衛生に関する知識を普及させながら、同時に、性病管理を通して占領兵士の健康維持に寄与していたという意味において、軍民双方において、米国の冷戦政治の重要な「エージェント」であったと捉えることもできる。しかし、次節以降で明らかにするように、公看の記録からは、複雑な対米認識と、医療資源が限られた現場でそれぞれが抱えていた葛藤が浮かび上がる。

四．研修プログラムと対米認識

一九五〇年代から六〇年代後半にかけて、ＵＳＣＡＲは米国陸軍省や国際開発庁とともに日本や台湾、米国本土、ハワイ、フィリピンといった地域で、沖縄の公看を含む医療従事者や農業技術者、教育関係者を対象に高度技術習得を目的とした研修プログラムを頻繁に開催した。専門家教育を沖縄外部に委託せざるをえないという実際的な理由のほかに、アジア太平洋地域を横断するように行われた技術研修には、民主主義と近代的科学技術の庇護者としての米国というイメージを高める冷戦文化戦略の一面もあった。

公看に即していえば、米軍統治期を通じて、のべ一八九名が在外研修に派遣された。そのうち一二九名は日本本土で、残り六〇名は国外で研修を行なった。研修にかかる経費は主にＵＳＣＡＲと米国政府によって負担されたが、一九六〇年代にはＷＨＯのような国際機関が主催する研修も実施された。[50]ハワイでの研修事業の詳細と、太平洋を舞台に展開されたこの事業の政治的意味については次章に譲ることにして、ここでは、一九五七年に公看及び看護婦指導者三名が参加した国民指導員計画（The National Leader Program）による研修プログラムを分析する。

国民指導員計画はガリオア基金（占領地域救済政府基金）により米国陸軍省が主導した、占領地域の住民を対象にした人事交流プログラムであり、日本本土でも一九四九年から占領終結の五二年まで実施された。沖縄では一九五〇年から七〇年まで、約四〇〇〇名の技術者や専門家が「国民指導員」として米国に派遣された。[51] 各分野の先端技術を視察し、帰国後は沖縄社会の発展のため、中心的な役割を果たすことが期待された。しかし、豊見山が指摘するように、九〇日という短期間では技術習得の効果は限定的であり、むしろ「各人の思考様式の（USCARにとっての）適正化を図る」、即ち反米意識を取り除き親米的な社会感情を醸成する情宣活動の一環であったと考えるべきであろう。[52]

看護指導者を対象とした国民指導員計画は、「公衆衛生看護と助産の分野における近代的な教育と実践の方法を視察し、それぞれの職場に戻った後、学んだ原則を応用して琉球における公衆衛生看護と助産に関する知識を発展させる」ことを目的としていた。[53] 琉球政府の推薦をもとに、真玉橋ノブ（琉球政府社会局医政課看護係長）、金城妙子（琉球政府社会局公衆衛生課主事）、大城宏美（助産師学校教務）の三名が選ばれた。彼女たちは一九五六年一二月に沖縄を発ち、翌一月にワシントンD．C．に到着し、最初の一週間で、アメリカの習慣や地理、宗教、公民権、政治・経済制度など基礎知識についての講義を受けた。また、『連邦政府と会おう！（Meet your Federal Government）』や『フーバーダム』、『美しいアメリカ（America the Beautiful）』といった政府広報映画を鑑賞した。三ヶ月かけてワシントンから、ランシング、ニューヨーク、リッチモンド、アトランタ、サンタフェ、ロサンゼルス、サンフランシスコと全米をめぐり、各都市の医療機関や沖縄県人会を訪問した。同行した通訳のグレース・ヨコウチは、陸軍省広報課長のノーマン・

D・キング大佐に宛てた手紙の中で、参加者が「アメリカのやり方」にずいぶん慣れてきたと報告し、特に参加者の一人である金城妙子がアメリカへの印象を大きく変えたことについて次のように記し、称賛している。

［公看の一人である］金城がアメリカ人の一人に言ったことをお伝えすべきでしょう。「この研修旅行でたとえ何も学ばなかったとしても、これまで知らなかったアメリカ人についてたくさん学びました。今は自信を持ってアメリカ人を完全に信頼できると言えます。私の中にあった彼らへの猜疑心、不信感、信頼感の欠如は払拭されました。私は沖縄に帰ったら、アメリカとアメリカ人は友人であるとみんなに伝えるつもりです[54]」。

この通信が、陸軍省広報課長に宛てたものであることを考慮に入れれば、引用中の金城の言葉の信憑性については議論の余地がある。とはいえ、金城の対米意識の変化が国民指導員計画の「成功例」として米軍当局側に取り上げられていたことは注目に値する。実際、沖縄に戻った金城は、戦前からの保健婦経験者である具志八重や伊礼登代子にかわって、琉球政府の公衆衛生看護係長に任命された。USCARにとって金城は、米国式の看護知識を習得しただけではなく、アメリカ人が望む親米的かつ自律的な態度を身につけた存在だったため、公衆衛生政策を推し進める上で、うってつけの人材として映ったのではないかと、木村は推測している[55]。しかし金城は、当初、米軍や特にワーターワースに対して強い不満を抱いていた。

当時、米軍と私たちの間には、公衆衛生事業についての考え方に大きなギャップがあった。それは本土の保健所事業のあり方や内容と異なっていたからである。ワーターワース女史は相変わらず、高圧的に権力で命令してくる。それに一番反抗的な態度をとるのが私で、何度反論をしたか分からない。大山長隆所長は「アメリカーの言う通りできなくてもハイハイ言っておけばいいんだ」と諭すが、私にはそれができなかった。[56]

ワーターワースの、時に強権的な指導方法は、他の公看からも疑問を抱かれていた。木村が聞き取りを行った別の元駐在公看によれば、ワーターワースの指導法は、戦前に長崎の養成所で学んだこととは異なっており、「あのときの状況では通用しないようなことを強硬に指導していった」という。[57] 金城が抱いた米軍の考え方とのずれも、戦前・戦中の経験に基づくものが大きい。金城は、一九三七年に日本赤十字社の救護看護婦の筆記試験に合格した後、満州の奉天に設置された日本赤十字社関東州医院本部救護看護婦養成所で三年間の看護教育を受けた。四一年にハルビン第一陸軍病院転属になり、眼科に配置されるが、「眼科」とは名ばかりで、実態は性病や淋病をみる泌尿器科であったことを知った金城は、「私は傷病兵の看護に来たのであって、女遊びをした兵隊のためではない」と婦長に訴えた。[58] その後、第一線部隊のいる平站陸軍病院行きの命令が下り、婦長から遺品として家族に送るための髪と爪を切るように言われた際のことを金城は次のように振り返っている。

今まで後方にいてハルビンまで来たけれど、いよいよ前線に出て天皇陛下のために死ねるのだ。みんなどんちゃんさわぎをして、喜んだ。戦争の打撃に苦しみ悩む女たちの図柄ばかりが、あるのではない。私たち救護看護婦のように、軍人と同様に戦争を謳歌した女たちもいたのである。心から死を喜ぶようにされた教育に、私は戦慄を覚える。[59]

その後、一九四三年に召集解除になり沖縄に帰還。結婚をして間もなく夫は戦死し、沖縄戦が始まると、両親と息子とともに山中で避難生活を送っていたが、米軍が山へ登ってくるという噂が流れ、絶体絶命の状況に置かれた。「この時ほど、死を恐ろしいと思ったことはない。満州では、お国のために死ぬのを喜んだ。だが今は違う。［…］私はひたすら受け身の被害者に徹して初めて、戦争への憎悪を感じた」[60]。金城が救護看護婦として満州の前線で抱いた軍隊・国家への強い忠誠心と、その後の逃避生活で味わった死への恐怖は、戦後、公看となった後も根底にあり、米軍の公衆衛生政策への不満の源泉にもなっていた。とりわけ金城をはじめとする公看の多くが葛藤したのが、次節で分析する、米軍が最も注力した性病対策だった。

五．生政治の境界にて：キャンプタウンにおける性病管理

医師と同様に、公看も、米軍は兵士への感染症予防を目的とした保健所の設置を最優先しており、公看制度も、沖縄の人びとの福祉向上ではなく、米軍関係者の健康維持のためであると認識していた。この優先順位は、しばしば沖縄の医療従事者を苛立たせたが、特に公看は、性病対策を優先することで他のケースが後回しになることに憤りを感じていた。一九五〇年代に急速に住民の中で広まった結核やマラリアは、多くの人々にとっては性病よりもずっと緊急性の高い脅威だった。実際、一九五二年の年報によれば、公看の家庭訪問状況は、結核患者が四六％を占め、他の感染症患者は二〇％、母子保健一一・五％となって

おり、性病関係は二・四％に過ぎなかった。[61]
しかし、基地に隣接した歓楽街、いわゆるキャンプタウンに設置された保健所の場合、性病管理は、とりわけ朝鮮戦争とベトナム戦争期に大きな問題となっていた。この二つの戦争時には、沖縄に大量の兵士が駐留しており、沖縄の基地経済を活性化させた。この結果、沖縄住民も沖縄島中南部地域に流入するようになり、沖縄中部の嘉手納基地を有するコザ市と、普天間基地を経て南部の那覇市を結ぶ地域に人口が集中するようになる。[62]基地歓楽街の規模が大きくなるにつれ、性病患者の数も急増した。一九六〇年代のベトナム戦争期には、コザ保健所内に設置された性病クリニックに、年間二万人以上の患者が訪れたが、その九割は軍人・軍属や、米軍関係者と定期的に接触している基地労働者だった。コザ保健所と那覇保健所に設置された二つの性病クリニックでは、治療だけでなく、感染防止のために、患者に衛生教育を行った。[63]また、公看は感染ルート特定のために、定期的に「VD（venereal disease）狩り」と呼ばれる、キャンプタウンの女性従業員や売春で生計を立てる女性を対象とした検診を行った。[64]
性病予防のもう一つの柱が、米兵が利用するキャンプタウンのバーやレストランの衛生検査だった。一九五〇年代初頭、USCARは米軍の衛生基準を満たさない店を「オフリミッツ（立ち入り禁止）」に指定する一方で、基準を満たした店には「A（approved）サイン」を与えるようになった。「Aサイン」の証明書には、「この施設は、米軍関係者の利用が承認され、認定されている。米軍と琉球政府の代表によって検査され、米軍民政局の条例に準拠している」と書かれた。[65]軍の基準は表向きには、食品衛生基準を満たすことと定義されていたが、山﨑孝史が指摘するように、売春婦と米軍関係者の「接触をなくすこと」が「Aサイン」を得るための決定的な条件だった。[66]一九五七年、レストランやバーの衛生検査が琉球政府に移管されAサイン制度は一度は、廃止された。しかし六二年になると、公共空間における衛生状態が悪化したため、同制度が再導入され、バーのホステス全員を対象とした集団血清検査が実施された。改訂されたAサイン制度では、バーやレストランのオーナーが性病に罹患したホステスや売春婦の治療費を負担することになった。[67]また、すべての施設をコンクリートで建築することと、男女別の水洗式便所を設置するよう求められた。[68]石原昌家が行った経営者たちへのインタビューによれば、彼らがいかに、予告なしに行われた衛生検査を恐れていたかがわかる。バーの経営だけで生計を立てていた彼らにとって、オフリミッツは生死を左右する問題だった。とりわけ経営者を悩ませたのは、検査基準があいまいであり、賄賂を要求する衛生検査官までいたことである。それでも検査に合格するために、経営者は高い衛生水準を維持しようとした。[69]このように、「Aサイン」と「オフリミッツ」という「飴と鞭」によって、キャンプタウンで生計を立てるものは、米軍が設定した軍と住民の境界を維持することに積極的に参与することが求められた。

生政治的な境界線は、米軍内部の人種的境界とも複雑に交差していた。これまでの研究で明らかにされているように占領下のコザは黒人やフィリピン系の兵士を顧客対象とした「黒人街」と白人兵士を対象とした「白人街」に棲み分けられていた。レストランやバーはもちろん、仕立て屋や美容院、そして学校までもが、人種的に分離されて経営されていた。衛生検査も例外ではなかった。那覇保健所に勤務していた衛生監視員の沖山智彦は、「黒人街の営業所の監視になると、客の黒人兵に囲まれ、「君等は白人街では◯（まる）を多くやり黒人街では×（ばつ）を多く書いている不公平だ」と文句を言われた」と述べている。[70]そんなときは客を説得するため検査時間が長くなり、「たまには罵声を飛ばされ、或いは塩をまかれたりで我々も命がけであった」という。このように、キャンプタウンでの衛生検査は米軍内の人種的境界を強化するだけではなく、沖縄住民においても、人種主義を内面化することにつながった。

ここで重要なのは、キャンプタウンが常に戦場を想起させるものであり、人びとが日常生活の中で、軍事暴力の兆候や痕跡にしばしば遭遇する空間であったということである。前述の石原による聞き取り調査は、特にベトナム戦争期に、キャンプタウンの人びとの生活が兵士の生死といかに密接に関わっていたか、鮮明に描き出している。一九六五年米軍の北爆が始まると、嘉手納基地にはB52やF105D、F4Cといった最新鋭の爆撃機や戦闘機が配備された。同基地から出撃した軍用機は、兵士をのせてベトナムに爆弾を投下し、負傷したり遺体となった兵士を沖縄に持ち帰った。コザではバーやストリップクラブなどの米兵向けの娯楽施設が活気づき、空前の好景気に沸いた。[71] とりわけ沖縄のロックバンドは兵士の間でも人気を博した。代表的な沖縄のロックミュージシャンの中には、米兵と沖縄女性の間に生まれた「混血児」も多く、「基地の落とし子」として沖縄住民から差別された。米兵によって持ち込まれたロックやヒッピー文化の影響を受けた彼ら／彼女らの音楽は、ベトナムの戦場へと赴く、あるいはそこから帰還した兵士たちに、つかの間の解放感と興奮を与えたのである。[72] しかし戦争が泥沼化するにつれ、コザのミュージシャンたちは、兵士たちが死を恐れ、ドラッグやアルコールに溺れていくのを目の当たりにした。喜屋武幸雄は、ベトナム戦争末期には兵士たちがよくステージで演奏している自分たちに突然、襲いかかってきて、殴られたり、ビール瓶を投げつけられたりしたと回想している。喜屋武は、酒と麻薬に溺れた兵士たちには、自分たち沖縄人が、翌日には戦場で殺さなければいけないベトナム人に見えたのではないかと考えた。「こいつらは私たちもベトナム人も、同じ東洋人のイエロー人種ということで二等国民というふうに占領意識を丸出しにしてしか私たちを見ていないぞという事にやっと気が付いたんです[73]」。

喜屋武が用いた「二等国民」という言葉は、帝国日本において、沖縄・アイヌの人びとを、内地の日本人にも植民地化された朝鮮・台湾人にも属さない存在として人種化する用語であったことに注意したい。すなわち、ロックを演奏している喜屋武に向けられた暴力は、米軍の人種主義や軍事主義だけではなく、日本から沖縄に向けられた植民地主義的まなざしを思い起こさせるものでもあったのである。また、ベトナムの戦場から送られてきた死体を洗浄することで生計をたてていた別のミュージシャンは、やがて顔面神経痛をわずらった[74]。キャンプタウンで生きる彼ら／彼女らにとって、ベトナム戦争は決して、どこか遠くで起きている出来事ではなく、負傷したり遺体となった兵士の存在を通して、自分たちの生活と密接に結びついていた。

公看は性病対策の主要な担い手であったものの、記念誌などでは性病予防についての回想はほとんど書かれていない。数少ない性病管理に関わる体験記録からは、売春する女性に対する両義的な心情が垣間見える。例えば、那覇保健所の上原千代は、性病検査のために売春宿を訪問した際の状況を次のように描写している。

兵隊の言うまま奥武山、ペリーと点々と振り廻された挙げ句、言葉では表現できない敗戦の女達をみた。野戦用の大テントをそのまま建て、野戦用のベット[ママ]がぎっしり二列におかれた大部屋だった。

[…]

いよいよ、女達の首実験となった。起こされてベットの上に坐る者、棒立ちになる者で話し声一つ出なかった。髪の手入れさえ出来ず、汚れがひどくベトベトにくっついていた。着ているものは、HBTの上下を着けていた。戦争で家族を失い生きる術を求めて放浪中、なんにも知らないままに連れてきたと思われる者ばかりであった[75]。

この小屋の様子をみて、上原は「敗戦の悲惨さを痛感すると共に使用主の人間性に欠けた非常な行いに、只、憤りを感じた」[76]。「敗戦の女達」と呼びながらも、上原は自分たちの身体を売らざるをえない女性たちに対して同情的である。その一方で、陽性者に対して家庭訪問で治療を行う際、「[客の]兵隊が部屋から出るのを待って治療する自分を情けなく思いながらも、これが公衆衛生活動の一環と思えば、我慢もできた」と複雑な心境を吐露している。特飲街の店で行われた性病検査を受診した女性たちに対しては、「前記のテント小屋の女達とは対照的に、彼女たちはまさに夜の蝶となった」と表現し、営業主の「この女達がいればこそ、一般の人達は安心して生活ができるものです」という言葉を引用している。このように、「VD狩り」は、公看にとって「敗戦」と「占領」の現実を認識するとともに、自分たちと娼婦や特飲街の女性たちとの立場性の差異を表出する場でもあった。

韓国基地村における性病管理を分析したキャサリーン・ムーンによれば、米軍の性病管理は、軍関係者と売春女性との物理的な接触を規制するだけではなく、「女らしさ」と「男らしさ」、「弱者」と「強者」、「被征服者」と「征服者」というジェンダー化された境界を強化する上でも重要な役割を果たしていた[77]。また、占領下日本の性病管理について分析したクラム・マサオカは、警察の一斉検挙に反対する女性運動家が、「純粋無垢で守られるべき女性」と「軍隊や社会の安全を損なう下層階級の悪名高き売春婦」という伝統的ジェンダー規範に基づく排除と包摂の図式を再生産していたことを明らかにしている[78]。同様に、沖縄における性病対策は、占領者と被占領者の間だけではなく、沖縄女性たちの間にも境界線を引き、それを強化していたことがうかがえる。そこで公看は、職業行為を通して家父長制異性愛規範を反復し再生産することによって、「敗戦の女達」との間に境界線を引いていた。

公看が性病管理の現場で抱いた両義的な感情は、彼女たちの戦前・戦中体験と関連づけて理解する必要もあるだろう。金城妙子は手記の中で、避難民収容所に入れられていた際、看護婦の身分を隠し、幼稚園の保母として働いたことを告白している。というのも、収容所では「日本軍に従軍慰安婦として朝鮮から連れてこられた人たちが「看護婦」と称して病人や死人の世話をしていたからである。同じように見られるのが、怖かった」と金城は述懐している。[79] 手記からは金城が、戦中の救護看護婦の経験を通じて、家父長主義的なジェンダー規範をとりわけ強く内面化していたことがうかがえる。ナイチンゲールを目指すべき看護婦像として尊敬していた金城は、「よい看護婦とは、それ以前によい女性であり、よい女性である前によき人間であること」と述べているが、彼女にとって「よい女性」とは、病院においても、地域においても、人から話しかけられやすく、心から人の痛みをわかちあうことのできる者であった。[80] 看護におけるこのようなジェンダー観を持っていたからこそ、収容所で病人のケアにあたっていた元「慰安婦」と同じように見られることは「怖い」ことであった。

ノリコ・セキグチのドキュメンタリー作品 ***Senso Daughters, Daughters of War***（邦題：『戦場の女たち』、一九八九年）は、「慰安婦」女性たちに対して金城が抱いた「恐れ」を理解する上で、重要なヒントとなる。同作品では、元従軍看護婦の女性による「慰安婦」への拭いがたい不快感が赤裸々に描かれている。この女性は、終戦間際、「慰安婦」が公的に帰国することができるように、看護助手として訓練するよう命じられた。インタビューの中で彼女は、「慰安婦はどこからともなく現れた」と無関心を示す一方で、「私は彼女たちに「あなたがたがしたことは絶対に許せないけれど、それしかできなかったのでしょう」と言った」と告白している。看護婦にとって「慰安婦」の訓練は、従軍看護婦の経験を通じて培われた家父長主義的ジェンダー規範を脅かすと同時に、強化するものであった。

金城が抱いた「恐れ」を理解する上で今ひとつ重要なのは、彼女を元「慰安婦」と「間違う」のは誰か、という問いである。冨山一郎は、関東大震災後の「朝鮮人虐殺」で、自警団に朝鮮人と間違われた比嘉春潮の経験を分析する中で、外地と内地、植民地と国民国家の境界に置かれた沖縄出身者は、「真の日本人」であるかどうかを常に尋問され、それを証明できなければ（あるいは証明したとしても）殺される、という差し迫った暴力に常にさらされていたと論じている。[81] 実際、沖縄戦末期には、スパイと「間違われて」日本軍に殺された者もいれば、軍隊・国家への忠誠心を証明するために「集団強制死」を選んだ者もいた。関東大震災後の東京の街で比嘉が「朝鮮人に間違われないよう」に、あるいはコザで沖縄人ミュージシャンが「ベトコンと間違われないよう」に身構えたように、金城もまた自分たちの身体をすぐさま人種化し、性の対象とする帝国主義的暴力に再びさらされないよう、看護婦という職業上の地位を隠し、沈黙せざるをえなかったのではないか。「いよいよ前線に出て天皇陛下のために死ねる」という前述の金城の言葉は、収容所で元「慰安婦」と間違われることへの恐れとともに、近代以降の沖縄に課せられた同化政策という長期持続する歴史的構造において、再考する必要があるだろう。

六．結核対策と「規律化」ネットワーク

性病対策がキャンプタウンにおけるジェンダーと人種の境界線を強化するものであったとすれば、占領期を通して公看のもう一つの重大任務であった結核予防は、占領下沖縄の住民全体を対象とした規律化のテクノロジーとして機能した。

沖縄の結核の歴史は、沖縄が移住労働者の主要な供給地として日本の資本主義社会に組み込まれていっ

た過程を強く反映している。沖縄はそもそも結核無病地であったが、明治半ばには同地の主要な医療問題となっていた。日本では、二〇世紀初頭、急速な近代化、工業化、都市化に伴い、結核が蔓延していた。特に、繊維・紡績業では劣悪な労働環境のために、工場労働者の感染が急増した。結核死亡率は一九一八年にピーク（一〇万人中二五七・一人）を迎えたが、日中戦争が始まると再び上昇に転じる。[82]一方、沖縄の結核死亡率は二〇年代初頭から急増し、二三年から四三年にかけて日本本土を上回り、三六年頃にピークを迎えた。[83]この傾向は、沖縄への／からの人の移動と密接に関連している。一九二〇年代の糖価暴落とそれに伴う県内経済の低迷により、多くの沖縄県民が仕事を求めて島を離れ、日本本土や海外に移住した。しかし、二〇年代末になると、出稼ぎに出ていた農村出身の女性工場労働者の多くは、仕事が見つからなかったり、病気になったりして沖縄に戻ってきた。[84]こうした帰郷者が結核を持ち帰り、感染源となった。このため、一九二五年から三〇年にかけて、県内の結核罹患率は、都市部よりも農村部で極めて高かった。金城清松はさらに、一九〇七年頃から県内で始まり、二〇年代に隆盛を極めたパナマ帽の生産も、結核拡大の原因になったと推測している。パナマ帽の産業は、本土から帰郷した女性労働者の受け口となっていたが、狭い場所に密集して作業が行われたためである。[85]戦前の日本の都道府県の中で、沖縄が結核死亡率三位以下になることはなかった。

戦後、米軍当局は比較的早い段階で結核予防に着手する。一九四八年には、戦後沖縄で最初の結核専門病院として、金武結核療養所が、コンセット（米軍のカマボコ型兵舎）を再利用して建設された。また、USCARは一九五一年には結核に関する実態調査を行い、五三年には日本、韓国、沖縄から専門家を招いて「極東結核会議」を開催している。[86]さらに、五一年一二月にジルベルト・S・ペスケラ博士が招聘され、一七ヶ月以上にわたって沖縄の結核の実態について詳細な調査が行われた。ペスケラ調査は、米国アカデミーの太平洋学術部会（The Pacific Science Board）が五一年から陸軍省の要請を受けて行った琉球列島学術調査部会（Scientific Investigations in the Ryukyu Islands; 以下SIRIプロジェクト）の一環として行われたものである。太平洋学術部会は一九四六年に全米研究評議会（National Research Council）の新しい委員会として組織され、米国の太平洋領土の科学的調査を指揮した。ゲイリー・クロールが指摘しているように、太平洋学術部会は、第二次大戦後の米国の太平洋における新しいフロンティアに関する「知」を集積しカタログ化することで、太平洋諸島におけるアメリカの軍事占領を下支えすることが期待された。[87]

USCARの要請を受けて、太平洋学術部会は一九五一年から五三年にかけて、琉球列島の科学的データを収集するために、合計二六名の研究者を沖縄に派遣している。そのなかには国際自然保護連合の創設理事である動物学者のハロルド・ジェファーソン・クーリッジ、イェール大学の人類学者ジョージ・P・マードック、そして歴史学者のジョージ・H・カーらがいた。

一八九三年にプエルトリコに生まれたペスケラは第二次世界大戦中、米陸軍衛生兵としてヨーロッパ戦線に従軍し、戦後もドイツの軍政府にて結核予防プログラム策定に携わった。除隊後、メトロポリタン保険会社の医療部門に勤務していたが、再招集され、USCARの公衆衛生福祉部門所属として、SIRIプログラムを担当することになった。[88] 沖縄では、當山堅一や伊豆見元俊といった医師の協力を得て、全土にわたって大規模な結核調査を行った。その結果、当時約一二〇床の結核病床に対し、七、〇〇〇〜八、〇〇〇人（全琉人口の約一％）の結核罹患者がいると推定された。一九五二年七月三一日に太平洋学術部会に提出されたペスケラの予備報告では、調査に基づいて、結核予防策の基本方針となる提言がなされた。結核療養所の設置や拡充に加えて、ペスケラは一般住民への衛生教育や、医師や看護婦に向けた公衆衛生や結核対策のための研修を重視した。一般住民の意識に関しては、教育の欠如により「迷信」や「［感染予防を」阻害する習慣」が残っていると指摘している。例えば、感染を拡大させるような習慣として、「家の者は病気が感染することも考えずに、中央に置かれた器や、盛りつけられた皿から直接、箸でとって食べている」ことに懸念を示した。また感染の原因として、沖縄独自の育児方法をあげている。

子供たちは周囲の人びとに可愛がられ、母親の健康状態にかかわらず、背中に縛り付けられたり、腕に抱かれたりして常に母親と直接触れ合っている。この原始的で親密な家族の生活スタイルが、結核の発生率の高さと、結核菌が明らかに高い耐性を獲得していることの一因になっている。[89]

このように、ペスケラの提言は直接的な結核予防だけではなく、現地の人びとの行動様式にまで及んでいた。また、沖縄の医療者には、より近代的な結核管理や治療法、特に、X線を利用した結核発生率・罹患率の把握、治癒可能な活動期の症例の早期発見のための調査を指導した。さらに、より多くの沖縄の医療従事者をハワイや米国本土に派遣し、最新の医学や公衆衛生学を学ばせるよう提言している。

当時、日本本土の結核予防対策も、患者の隔離と管理を重視したが、沖縄とは大きく異なり、日本では一九四八年のＢＣＧ集団接種の法制化以降、ワクチンの集団接種が積極的に行われていた。[90]沖縄では六五年にＢＣＧ接種が導入されたが、医療従事者や結核患者との接触者、中学生などに対象が限定されていた。集団接種が全面的に始まるのは、七二年の本土復帰以降である。[91]ペスケラは、日本と沖縄の結核対策の違いを強く意識しており、両者の差異は疫学的な比較研究の材料になると考えていた。

琉球での仕事は研究プロジェクトとしても考えられる。日本や韓国という、沖縄とは本質的に祖先や文化、教育が同じ地域で行われているBCGを中心とした予防システムに対する、沖縄での教育・症例発見・隔離・治療を中心としたシステムの有効性を確認する上で、非常に価値のあるものになるだろう。[92]

このように、ペスケラの結核調査の根底には、極めて文化本質主義的・人種主義的まなざしが潜んでいたことは注目に値する。

BCG導入に関しては、USCAR当局も明らかに消極的だった。前述の「極東結核会議」では、当初、日本人の専門家がBCGに関する講演を行うために招待されていたが、USCARは急遽、題目を化学療法にするよう変更を要求したという。[93] USCARの躊躇には理由があり、当時、BCGに関して科学者や医療関係者、政治家の中で未だ共通見解が持たれていなかった。BCGの簡易さと費用対効果の高さは、第二次大戦後に国際的な健康の向上を目指した世界保健機関や国連児童基金といった機関にとっては魅力的であったが、科学者の間ではその安全性と有効性には常に疑問が持たれていた。特に米国やイギリスではBCGに対する懐疑的な見方が広まっており、米国の科学者は、接種後のアレルギーの懸念、最も効果的な接種方法に関する専門家間の見解の相違や、長期的な効果に関する論争などから、ワクチンの集団接種を警戒していた。[94] 一九五八年に行なわれた治験では、居留地に住むネイティブ・アメリカンにはワクチンは有効であったが、ジョージアの子どもには効果が見られないという結果が出ている。[95] さらに、BCGによって結核感染者を正確に追跡することが難しくなるという懸念もあった。[96] 独立後のインドなどでは、BCGの集団接種は医学的な側面から結核を予防できたとしても、感染拡大の根本的な原因、すなわち貧困問題が放置されてしまうと批判された。[97] 日本でも、ペスケラが沖縄にやってくる直前の一九五一年一〇月、日本学術会議の研究者たちが、ＢＣＧの安全性と有効性に対する懸念から、厚生省に接種義務化の再考を求める意見書を提出する、いわゆる「ＢＣＧ論争」が起きている。結局、科学者の訴えは却下され、ワクチンの集団接種が義務化されることになった。[98]

沖縄を「実験室」として利用すべきと示唆するペスケラの提言は、当時、米国が実際に、特定の地域や人種を対象に行った、生物医学から核開発に至る様々な「実験」を連想させる。太平洋諸島で行われていた核実験は言うまでもなく、ローラ・ブリッグスの研究は、米国の科学者と製薬会社がプエルトリコを文字通り「実験室」として活用し、避妊用ピルの臨床試験を行ったことを明らかにしている。[99] さらに、タスキギー大学で黒人を対象に行われた梅毒実験に象徴されるように、米国やその海外領土では、人種化された身体が、生物医学研究発展のための「モルモット」として利用された。このように、学術研究が、帝国主義・人種主義によって生み出された外的権力に対して脆弱な「他者」を利用し、さらに、そこで形成された「知」が帝国主義を下支えするという連関に注意したい。ペスケラの結核調査を含むＳＩＲＩプロジェクトもまた、冷戦期米国の軍事ネットワークを下支えする科学的知の形成の一端を担ったものとして理解する必要があるだろう。

また、ＢＣＧのようなワクチン接種が米軍統治全体にとってどのような意味を持ったのかという視点も重要である。ワーウィック・アンダーソンは、米国植民地統治下のフィリピンにおける公衆衛生プログラムを検証するなかで、二〇世紀初頭の植民地政府の公衆衛生当局が、ワクチン接種（「セキュリティのテクノロジー」）から、現地住民の生活改善（「規律(ドリル)のテクノロジー」）へ重心を移したと分析している。この転換は、衛生概念が居留地や駐屯地から飛び出して、植民地住民の軍事的管理のための装置となり、植民地戦争における新たな戦略となることを可能にした。[100] 一見したところ、「衛生」が新たな統治の技術となりワクチン接種が十分に実施されれば、規律の必要性はなくなるかのように思えるかもしれない。しかし、アンダーソンによれば、フィリピンではワクチンは、主に植民地当局の役人や軍人に使用され、フィリピン現地住民のみならず、米国からの民間人入植者も医療的保護の対象から外されていた。そして、ワクチン接種の代わりに、行動様式を徹底的に改め衛生的な慣習を実行するよう現地住民や米国民間人に求めたのである。軍隊のための「セキュリティ」と現地住民や民間人のための「ドリル」という組み合わせは、第二次大戦後も、米軍占領地における衛生政策の基本原則となり、米軍人・軍属の健康維持システムとして機能した。

同様に、占領下沖縄においても、ベスケラは一般住民の衛生教育の必要性を強調する一方で、米軍施設内で働く現地雇用員を対象とした結核検査の徹底を訴えた。特に、基地労働者の三分の一を占めるハウスメイドと食品取扱者は、米兵との接触がより頻繁で親密であることから、結核発生率が高いため、より厳格かつ迅速に監視するよう求めた。このようにペスケラの提言は、米兵と沖縄住民の接触を規制・監視することで基地内を衛生的・健康的に維持した上で、一般住民には衛生教育の徹底と行動様式の変容を求めるものだった。

占領下沖縄と日本本土の結核対策におけるもう一つの違いは、結核の特効薬であるストレプトマイシンをはじめとする抗生物質の供給状況だった。クリストファー・アルドスとアキヒト・スズキは、一九四九年にストレプトマイシンが日本に導入されたことが、結核予防推進のために非常に重要であったと指摘する。特効薬の存在によって、結核が不治の病から治療可能となり、この病気にまつわるスティグマが徐々に払拭されるきっかけとなったからである。[101] 米国から沖縄へのストレプトマイシンの輸入は、日本への輸入が始まった四九年にはすでに始まっていたが、増え続ける一方の結核感染者に対して、十分な量は確保されなかった。こうした状況は少なくとも五四年に、琉球政府が結核予防法暫定案を作成するまで続いた。

五二年のペスケラの結核対策の提言にストレプトマイシンに関する言及がないのは、このような供給不足が背景にあったと考えられるが、公看の記録によれば、ストレプトマイシンは闇市で流通しており、入手するために自分の土地を売る者もいたという。[102]また、戦前沖縄移民が最も多かったハワイの親戚に頼ってストレプトマイシンの缶詰を送ってもらうというケースも多々あった。[103]ある沖縄の医師は、この特効薬が沖縄に輸入されるやいなや、多くの患者や家族が殺到してしまい、どの患者に使うか選ばなければいけなかったと回想している。[104]

こうした状況下、結核療養者のケアは、公看にとって最も重要な任務となった。戦後、沖縄の結核死亡率は徐々に低下したが、朝鮮戦争勃発後、基地建設のため本土から大量の建設労働者が流入してきたことなどを原因に再び上昇に転じた。USCARは一九五二年に糸満に新たな結核療養所として、全六〇床を持つ琉球結核科学研究所を開設した。しかし、四八年に建設された金武結核療養所の一二〇床と合わせても、五四年に報告された結核感染者約二〇、〇〇〇人を収容するには到底追いつかなかった。慢性的な病床不足のため、患者は症状の重さに関わらず半年までしか入院できないという、六ヶ月ベッド回転制がとられた。[105]入院は、早期に回復する見込みのある者や、外科手術など治療効果が高い患者が優先された。それ以外の結核患者の多く、とりわけ重症患者は、公看の管理指導のもと自宅療養を余儀なくされた。療養所は、結核患者への病気や衛生に関する指導を通じて、退院後の自宅療養に備えさせる意味合いが大きく、実際、糸満の琉球結核科学研究所は「結核大学」と呼ばれるほど、患者教育を重視した。

結核治療の主軸となった在宅治療では、患者や地域社会を見守る公看の役割が特に重視された。公看が対応すべき結核患者数は一九五六年の結核予防法制定後に急増する。六〇年には、公看の業務のおよそ九割が結核に関するもので占められており、地域住民に「結核公看」と呼ばれるほど、公看と結核のイメージは強く結びついていた。[106] このため、白いシャツに紺ジャケットのツーピースという特徴的な制服姿の公看が訪問してくると、家庭内に結核患者がいると周囲にわかってしまうため、歓迎されない存在にすらなっていた。ペスケラ報告書では、東アジアの他の地域と同様、沖縄でも結核は家族全体の恥とされていたため、患者の存在はできるだけ隠されたと説明している。[107] こうした状況の中、地域の健康状況の把握が急務であった。

しかし、看護学校を卒業したばかりで単身、見知らぬ土地に駐在することになった公看は戸惑うことも多かった。結核のイメージだけではなく、公看の存在や彼女たちの活動の意味も、当初はあまり知られていなかった。保健婦を「保険」の営業と勘違いして、門前払いする人も少なくなかったという。[108] また、市町村役場の職員は、必ずしも公看活動に協力的ではなく、公衆衛生の向上よりも経済復興を重視していることが多かった。[109] 支援が少ない中、公看は地域の実情を把握し、住民のニーズを見極めるため様々な工夫を凝らした。例えば、新里厚子は、家庭訪問の際、台所をはじめとする生活環境をチェックして改善すべき点がないか見極めた。また別の公看は、道端で遊ぶ子どもたちを観察して、疥癬や湿疹のある子どもを見つけると、家まで行って、その家族が他の病気にかかっていないかどうか確認した。離島では唯一の商店であることも多い「共同売店」で定期的に住民の情報を収集することも、公看の即興的な戦術（タクティックス）の一つだった。

さらに、公看は婦人会や青年会、警察などの地元組織と密接に連携し、結核患者の入院手続きや日常的管理だけではなく、一般住民に対する衛生教育を行った。とりわけ、戦後まもなく設立され、後に沖縄婦人連合会に編入された地域の婦人会は、清掃活動、近代的な台所や風呂場の導入、母子保健など、衛生教育活動を推進する上できわめて重要な役割を果たした。[110] 特に、人びとの生活習慣の改革を必要とする結核予防対策では、婦人会の協力は不可欠だった。公看をしばしば悩ませたのは、ユタの教えに従ったり、地域に伝わる伝統療法を頼ったりして、西洋医学を受け入れることを拒否する患者の対応だった。例えば、ある患者は結核に効くと聞いて、毎日ハブ酒を飲んでいた[111]。このような「悪習」を払拭するために、雑誌やラジオ、映画、特別展、公開講座や学校での講演会などが、結核に関する知識を広める重要な手段となった。ここで注目したいのは、こうした衛生教育では結核が人間や社会の敵として修辞的に描かれているということである。例えば、公看が地域のラジオ放送で使用した原稿では次のような文言が使用された。「結核は人類のテキです。昔は結核を亡国病とよんでいました。この病気がもたらす精神的面又経済的面に及ぼす損失があまりにも大きいからです。結核は一家の幸福をえんりょなく破壊し、社会の繁栄を妨げる恐ろしい病気です[112]」。こうして、患者やその家族だけではなく、地域住民が一体となって結核予防に対する責任を持ち、相互監視することが求められたのである。

地域共同体の再／構築は、USCAR当局の看護指導者が公看に各地域で達成するよう望んでいたことでもあった。例えばバーバラ・シェイは公衆衛生看護学校の卒業式で次のように述べ、コミュニティにおける公看の役割を強調した。

公衆衛生は自分だけの問題ではなく、地域社会の問題であることを決して忘れず、自身と地域社会の共通の目標としてください。あなた方の熱意と人びととの良好な関係をうまく活用して、地域と琉球の健康と福祉の向上に向けて人々を奮い立たせてください[113]。

こうした教えに倣い、金城妙子も、公看が地域社会に奉仕する重要性を説き、地域の状況を常に把握するために、役場の職員や厚生員と安定して密接な関係を築くよう公看たちに教えた[114]。駐在制公看制度はUSCAR関係者が常駐していない離島やへき地でも、地域社会の実態を把握することができたため、米軍当局にとっても大きなメリットがあった。同制度は、米国における「フィールド・ナース」事業の流れを汲むものでもあったことは注目に値する。これは一九三四年の「インディアン再組織法」を起点とする「インディアン・ニューディール」と呼ばれた時代に導入されたものであり、東海岸で教育を受けた白人女性を中心とする公衆衛生看護婦が、インディアン居留地に派遣され、先住民女性を対象に衛生教育を行うというものだった。この事業を通して、先住民の貧困や病気が、社会経済的な解決ではなく、個人の衛生や責任に帰せられるようになった。[115]「フィールド・ナース」は、結果的には、先住民の「生活改善」を通した米国社会への同化を促し、米国という国家／帝国拡大の担い手ともなったといえる。しかし、占領下沖縄の場合、地域の人々をケアし、衛生教育を担ったのは、白人女性ではなく、戦争をかろうじて生き抜いた沖縄女性であった。後述するように、沖縄の人びとの生活を少しでも良いものにしたいという熱意は、彼女たちを単なる帝国の代理人（エージェント）ではなく、「軍事化される福祉」の矛盾を見つめる観察者にしたのである。

七．結核撲滅のために「琉球」を描く

規律装置としての結核対策は、文化生産の領域にも及んでいた。琉球結核予防会会長の川平朝申は、結核予防運動を、琉球文化の復興と再建という、彼が担っていたもう一つの事業につなげようとした。第一章でも述べたように、ＵＳＣＡＲは米軍による統治を円滑に進めるため、琉球固有の文化を奨励し、伝統文化を復興させることで、沖縄を日本から離反させる「離日政策」を取った。こうした政策は、マッカーサー

の「沖縄人は日本人ではなく、本土において沖縄人は日本人と同化したことはない。日本人は彼らを軽蔑している」とする認識に由来する。[116] このため、日本政府は、米国による沖縄占領に反対しないだろうとマッカーサーは考えていた。離日政策が公的な政策として確立するのは、一九六一年にポール・W・キャラウェイが高等弁務官に就任して以降のことだが、占領初期から、USCARは琉球の貴重な文化遺産の「再発見」と保存を目的とした文化・教育プログラムを実施していた。沖縄の知識人や芸術家の中には、こうした文化政策の背後にあるUSCARの政治的動機をある程度認識しながらも、民族的アイデンティティを確立し、琉球文化復興の好機として捉えた者もいた。

川平はまさにこうした人物の一人であり、占領政府に協力しながら、戦後沖縄にメディア文化産業の基盤を築き、新聞、ラジオ、演劇、美術などを通じて、琉球文化振興を牽引したが、彼の文化復興への熱意は、戦前、日本植民地支配下の台湾で過ごした経験に根ざしたものだった。一九〇八年に首里に生まれた川平は家族とともに二四年に台湾に移り住んだ。二六年に台中州立中学夜間部を卒業後、台湾新聞社の記者となり、三一年に台湾放送局が開局すると、放送児童劇団を創設、編集の他、脚本・演出・音楽も担当するようになる。仕事のかたわら、台北帝国大学の土俗・民俗・文化人類学教室にも出入りして、日本や沖縄の研究者や芸術家から、沖縄文化や歴史について学んだ。[117] 四〇年には台湾総督府総督官房嘱託として臨時情報部（四二年には情報課に改組）に勤務し、ラジオ番組の制作に従事した。同組織は三七年の盧溝橋事件を受けて設置されたものであり、メディア統制と情報管理を目的としていた。台湾総督府が皇民化教育を推進する中、川平は総督府での仕事や児童劇団の活動を通じて、沖縄だけではなく台湾の民俗芸能に魅せられ、南島民俗の研究の輪を広げていった。「台湾のすばらしい人形劇やその他の民俗芸能は守るべき」と主張し、総督府の局長クラスを招いて民俗芸能の公演を行うなど、島民文化の保護を目指した。[118]

戦後、一九四六年に台湾から沖縄に引き揚げるとすぐに、沖縄民政府の文化部芸術課長に就任した。米軍政府の協力を取りつけ、四九年には沖縄初のラジオ放送局である「琉球の声」(Voice of Ryukyu, AKAR)を開設する。[119]齋木喜美子らが指摘するように、川平の経験は、戦前の日本の台湾植民地支配から戦後の米軍による占領期へ、沖縄知識人や実業家の多くが経験した連続性を体現していた。[121]

戦前の日本や植民地台湾で教育を受け、占領下沖縄に戻った沖縄のエリート層、特に医師や教師は、医療分野だけではなく、政治、経済、文化といった幅広い領域で強い影響力を持った。浅野豊美が明らかにしているように、台北の米国領事館は、台湾の沖縄エリートたちが、引き揚げ後も影響力のある指導者となるであろうこと、それゆえ、米軍関係者と沖縄住民の仲介役として適任であると認識していた。[122]こうした評価は、台湾の沖縄人指導者たちの取り組み、特に、戦後間もない時期に沖縄への引き揚げを待つ間、台湾に取り残された沖縄移民や疎開民援助を目的に「沖縄同郷会連合会」を設立するなどの組織的活動を米国当局が把握してのことだった。[123]終戦時、台湾には、宮古・八重山からの疎開民や南洋群島からの引揚者、戦中に日本軍に従軍していた者も含め、約三万人の沖縄出身者がいた。[123]日本人兵士や民間人は速やかに日本に送還されたが、沖縄への帰還を望む沖縄出身者のほとんどは台湾に残された。米軍は一九四六年一〇月まで日本国籍者が沖縄内に入ることを認めていなかったためである。川平は、同郷会の創立メンバーの一人であり、沖縄人の早期送還のため、米軍占領政府と交渉を進める上で中心的な役割を果たした。この引揚運動を通じて、川平は米軍当局と親交を持つようになったと推測される。松田ヒロ子によれば、戦前、台湾に移住した沖縄県民はそれほど強い民族アイデンティティを持っていたわけではないが、引揚運動の過程で台湾で最初の包括的県人組織である同郷会を形成し、「沖縄県民引揚者」として集団的アイデンティティを獲得するようになったという。[124]同様のことは、第三章で詳述するように、ハワイの沖縄移民にも起きており、在外沖縄県系人における「沖縄」という共同体形成に、こうした戦後の沖縄をめぐる状況が大きく関わっていた。すなわち、政治的・経済的に不安定な地位に置かれた戦後沖縄の状況が、二〇世紀初頭より、世界各地に離散した沖縄移民を結びつけ、郷土を救済すべく、領土的境界を越えて連携するうねりを巻き起こしたのである。川平の場合、台湾総督府に勤める「日本人」でありながら、日本帝国の周辺に追いやられた沖縄出身者であるという相反する立場での経験が、より一層、占領下での琉球文化復興へと向かわせたのかもしれない。[125]

川平の結核予防への関わりは、一九五二年にUSCAR公衆衛生部長とワーターワースが、当時AKARの放送局長だった彼のもとを訪ねてきたことに端を発する。[126]当時まだ人びとに馴染みの薄かった保健所について放送局で宣伝してほしいという依頼だった。この要請を受けて、川平は「ラジオドクター」という番組を企画し、週一回（三〇分間）那覇保健所の医師を交代で招いて医学や衛生思想について放送した。翌五五年、ペスケラの提言に従って琉球結核予防会が設立されると、川平は義兄である医師・當山堅一の推薦で役員になる。同会は、軍官民一体となって結核予防対策に万全を期することを目的に発足したものだった。こうして、川平の言葉によれば、「保健所と放送局は一家の様な間柄」になった。[127]

一九五四年、川平は、AKARの商業放送化をめぐってUSCARと対立したことから放送局を辞め、結核予防会の事務局長に就任した。以後、それまでの経験で培った人脈を最大限に生かして、様々な結核予防運動を展開する。[128]中でも注目に値するのは、予防会の運営資金のために、オリジナルデザインの「結核予防複十字シール」を製作販売したことである。一九〇四年にデンマークで誕生した結核予防クリスマスシールは、一九〇七年にアメリカ赤十字社で募金のために発行されたことから世界中に広がり、日本でも二五年に自然療養社から発行された。占領下沖縄では五二年、ペスケラが米国の国立結核協会に、琉球結核予防会の設立資金のためにクリスマスシールの寄贈を求めたことをきっかけに普及した。翌年から本土復帰まで、川平は沖縄の画家に琉球文化を題材にしたシールのデザインを依頼した。安谷屋正義、玉那覇正吉、安次嶺金正、大城皓也、山元恵一といった画家と川平自身がデザインを担当した。こうした画家たちは、戦後まもなく首里に建設された「ニシムイ美術村」に居住しながら、創作活動を行っていた。モンパルナスをモデルにしたニシムイ美術村には若き芸術家が集ったが、その中には、戦前の東京美術学校で西洋美術を学んだ者も多かった。ニシムイでは、沖縄の画家が米軍人や軍属の依頼を受けて、肖像画や風景画、クリスマスカードの制作を行っていた。その一方で、沖縄美術の独自性を表現する「ローカルカラー」を模索し続けていた。それだけに、米軍関係者との仲介役である川平に対して、複雑な感情を抱く画家もいた。アメリカ人相手に作品を売って生計を立てているとはいえ、川平が顧客に合わせて琉球文化を過度に商業化し、結果として琉球美術の真正性が損なわれることを懸念していたのである。[129] こうした画家たちの懸念をよそに、結核予防シールは広く流通し、特にコレクターの間で人気を博した。[130]

結核予防運動と琉球文化復興を結びつけようとする川平の熱意は、一九五四年から毎月発行された定期刊行物『琉球結核予防会新聞』にもよくあらわれている。予防会新聞は、結核に関する正しい知識の普及を目的としたものだった。医師や専門家の結核に関する解説を伝えるとともに、「療養文芸」というテーマで、結核患者や医師、看護婦などが書いた小説や詩を掲載していた。川平自身、

「結核予防複十字シール」(『守礼の光』100号)

戦後復興と近代化の中で失われた「古き良き沖縄」の風景や風俗を描いた「おもいでの那覇」というエッセイを連載していた。次の社説からは、彼が結核予防を通じて何を実現しようとしたのかがうかがえる。

> 行くべき道はただ一と筋（ママ）であり、結核を郷土から撲滅し、明るい健康な社会を確立し貧しながらも「守禮之邦」[131]としての文化国家を確立し、幸せな楽しい郷土にしたい一念から、吾々は声を張り上げて結核予防を叫んでいるのである。[132]

川平は、結核を単なる人体の病気としてではなく、社会、国家、そして「わが郷土」を滅ぼしうるものとしてとらえていた。戦前の日本では、結核の蔓延が経済発展や近代化の妨げになるとして「亡国病」と称されており、同じ言葉が、沖縄の結核予防運動でも繰り返し使われた。しかし、少なくとも川平にとっては、結核から守るべきものは日本ではなく、琉球の文化や歴史を体現する「守禮之邦」だった。

『今日の琉球』６巻９号　1962年９月号

結核予防運動を通じて琉球文化の復興を呼びかける川平の熱意は、「離日政策」を前面に打ち出すＵＳＣＡＲ当局の思惑とも親和性を持つものだった。実際、結核予防シールは琉球列島米国高等弁務官府が発行していた広報宣伝誌『今日の琉球』の表紙に頻繁に登場した。『今日の琉球』では、同じく高等弁務官府より発行されていた『守礼の光』とともに、沖縄住民の宣撫を目的として「民主主義と自由の国・アメリカ」のイメージ向上に主眼が置かれていた。結核予防シールはこうしたプロパガンダ誌の表紙を飾るのに、打ってつけであったといえる。琉球文化をモチーフにしたそのデザインは、USCARが結核から沖縄の人びとを守るとともに、琉球の伝統文化復興と保護にも寄与しているという、「寛大なアメリカ」を示すものとして機能したからである。それを象徴するように、高等弁務官は毎年、結核予防シールを一番先に購入し、沖縄の結核予防に対する米国の貢献を顕示した。

それでも、川平のように、植民地台湾から引き揚げて来ると目の前には荒廃した郷土が広がり、さらに米軍占領下に置かれ軍事要塞化されていく状況を目の辺りにした人間にとって、「亡国病を撲滅せよ」という文言は、戦前日本で使われたのとはまた別のリアリティと切迫感を持って響いたのではないか。結核撲滅を通じて川平が取り戻そうとしたのは、喪われた郷土(=亡国)だった。

「守禮之邦」への川平のこだわりは、本章の冒頭で引用した『白い季節』の山ノ内の姿と重なるところが多い。川平と山ノ内はいずれも戦後、それぞれ台湾と日本本土から沖縄に引き揚げてきたが、作者である大城立裕もまた上海からの引揚経験者だった。『白い季節』のあとがきで大城は、同小説のタイトルが、山之口貘の詩に由来することを明らかにしている。『会話』と題された山之口の詩の中で、「お国は?」と問われた「僕」は遠く離れた故郷を思いかべる。

南方とは? と女が言った。
南方は南方、濃藍の海に住んでいるあの常夏の地帯、
竜舌蘭と梯梧と阿旦とパパイヤなどの植物たちが、
白い季節を被って寄り添ふているんだが、

あれは日本人ではないとか日本語は通じるかなどと
談し合ひしながら、世間との既成概念達が気流するあの僕の国か！
　亜熱帯

詩中では「白い季節」を被った故郷の色鮮やかな風景や風習が、日本で「僕の国」に投げかけられる蔑視や偏見を織り交ぜながら描きだされる。大城は「[山之口]貘が東京で回想していたであろう、故郷の美しい山河—、それは、一九五五年の沖縄においても、回想のような、あこがれのようなものとして、私のなかで存在したものらしい」と振り返っている。[133] 山之口が遠く離れた故郷を思い浮かべたのに対し、大城は「古き良き郷土（＝白い季節）」がすでに喪われてしまった占領下沖縄の鬱屈した現実を描き出している。その意味で、『白い季節』は大城自身が言うように、「逆説の題名」なのである。小説の中で、医師・山ノ内が「ほんものの沖縄」を夢想する一方、公看である遠山郷子は日々、沖縄の「現実」を見つめていた。次節では、実際の公看が目の当たりにしていた沖縄の医療福祉の「現実」とはいかなるものだったのか、検討する。

八．現場における矛盾

日々、結核患者の対応に追われるなかで、公看は様々な問題に直面した。例えば、結核関連業務があまりに多いために、公看の通常業務である母子保健や精神疾患、健康相談、一般衛生教育など他の活動に手が回らない。また、結核患者の中には、公看が自分たちの生活空間にまで入りこんで、薬の飲み方から食器の洗い方、家族との接触の仕方に至るまで細く指導して、行動を規制することに不快感を覚える者もいた。[134] 公看の助言に耳を傾けるようになった時には、すでに回復の見込みがないこともよくあった。こうしたケースを目の当たりにした公看は、結核予防法や公看制度そのものに懸念を抱くようになる。例えば、新垣節子は、病床数が足りずに入院できず、死んでいく患者をただ見守るしかない状況に途方もない無力感を抱いていた。

重態の患者をこうして一人におしあづけられると、目の前の衰弱しきった病人の表情を気にしながら頭の中は様々な事で自問自答が繰り返される。こういう人こそ政府立の施設に入れて暖かい看護をうけるべきなのに、離島であるが故にこんな状態でいるケースが気の毒でたまらなかった。[…]在宅治療という名目で仕方なくこんな重患を公看がみていることを幸いに最後まで、押しあづけてよいというのだろうか。これは治療しているとはいえない。一時間くらいして輸液がすむと暗い夜道を一人でも自転車をはしらせていった。おくびょう者でも離島の公看は無理してでも勇気を出さなければいけなくなってくる。「神様…」と心の中でさけびながら帰宅した。[135]

同様に、宇座厚子は、患者の経済状況、家庭環境、宗教など、本来ならば政府が対処すべき問題によって療養が妨げられていると不満を述べている。「こうした現状で複雑な社会の微妙な問題が大きな圧力となって末端で働く公看事業にしわよせされてくるといった沖縄の行政の矛盾さ貧弱さに腹立たしくなる」と述べ、「沖縄の公看事業が一日も早く真の姿の公看活動にもどれる日」を待ち侘びていると嘆いた。[136] このように、公看が抱えていた苛立ちの多くは、目の前の患者を生かしケアする立場にありながら、死んでいくのをただ見守るしかないという状況から来ていた。患者を見る／診る／看取る中で、公看は、沖縄住民の命が限定的にしか守られない占領下の医療福祉体制の現実をまざまざと見せつけられていたのである。

公看だけではなく、医療や福祉に携わる者の多くが、米軍統治下の医療制度に内在する根本的な矛盾を痛感していた。例えば社会福祉の研究者であった我喜屋良一は占領下沖縄が、国民の基本的人権を保障するはずの日本の施政権外に置かれたことが、沖縄の医療福祉の「欠陥」の根本原因であると主張している。[137] 日本政府も米国政府も、沖縄返還の合意がなされる一九六〇年代半ばまで、沖縄の社会福祉を向上させ、住民の生活を安定させる包括的な措置はとらなかった。恒常的に財源や人材が不足する中、医療従事者や住民は、経済的にも身体的にもより多くの負担と責任を負っていた。東京から派遣されたある医師は、沖縄の公看が色々な仕事を抱え込みすぎて、本来の業務である予防医学や看護に専念する時間がないことを懸念していた。[138] また別の医師、新里吉一は、特に結核治療において保健婦が治療行為を行うことは、臨床医療と公衆衛生の職務の境界を脅かすことになり、問題があると指摘している。新里は、「沖縄の復帰なくして戦後は終わらない」という佐藤栄作の言葉を引きながら、公看に対して、「この変則の廃止がない限り皆様は本当は公看ではありません。臨時公看です」と訴えかけている。[139] こうして新里は「異常／変則」と「通常」、「臨時」と「本物」、そして「占領下沖縄」と「主権回復した日本」という二項対立図式をなぞりながら、沖縄が「祖国」に戻るべきであるように、公看が本来の職務を逸脱しているという「例外状態」を是正すべきであると主張している。

しかし、逆説的ではあるが、米軍統治下という例外状況こそが、公看の誇りと主体性を育み、自律性を担保していたともいえる。これまで見てきたように、十分な予算や医療従事者不足のため、公看は配置された地域の唯一の医療者として、率先して公衆衛生事業を通した地域社会の再建に取り組まなければならなかった。高江州郁子は、公看として働きながら人間的にも成長できたのは、「公衆衛生事業の第一線の担い手として私はいつも、看護婦としてよりも、その地区の住民の一人として活躍して行きたい」という思いがあったからだと回想している[140]。

公看の専門家意識が最も顕著になったのは、一九六八年のことだった。日本政府と琉球政府は、本土復帰に向けて、沖縄の看護婦と公看を、本土の看護法に従って再編しようとした。しかし、本土の看護法には「公衆衛生看護婦」の名称や職務内容が明記されていないとして、沖縄の公看は直ちにこの案に反対した。特に、占領下で実施されていた駐在制度は、離島へき地を含む沖縄全域で、地区のニーズを的確に把握することを可能にしていたため、この制度の廃止に対する懸念は強かった[141]。看護婦と公看は抗議行動を行い、駐在制公看制度の必要性を訴えた。この結果、同制度は復帰後も存続し、九五年まで継続されることになる[142]。米国式看護に強い影響を受けた金城妙子も、沖縄の公衆衛生事業が日本の医療システムに統合されれば、占領期に培われた個々の公看の自律性が失われ、沖縄の公衆衛生の質が低下することになると危惧していた[143]。当時、教育関係者をはじめ多くの人びとが復帰運動に動員されていた社会状況を考えると、金城の復帰に対する懐疑的な態度は例外的に聞こえるかもしれない。しかし、地域の人びとの生活や健康を第一に考えていた公看にとっては、問題は「日本かアメリカか、復帰か占領か」ではなかったのであろう。むしろ、軍事主義が優先される基地中心社会という「現実」を何とか生き抜き、目の前の患者を生かすために、与えられた状況の中で最善の道を模索し続けたのである。

小括

二〇〇五年五月二四日、NHKは沖縄の公看の歴史と苦闘を描いたドキュメンタリー番組「命の離島へ、母たちの果てなき戦い」を放送した。この番組は、日本の戦後復興と高度成長に貢献したとされる技術者や科学者、企業家などの成功物語を紹介する人気シリーズ『プロジェクトX』のエピソードとして制作された。「母たちの果てなき戦い」というタイトルが示すように、この番組では、公看の奮闘ぶりが、医療従事者としてではなく、むしろ「母親」として描かれている。沖縄の公看を「良妻賢母」という耳慣れたナラティブで表現することで、国家主義的・家父長主義的言説に組み入れる一方、米軍統治下に置かれた沖縄の地政学的な特殊性は消去されている。実際、米軍とUSCARの存在は、番組内でほとんど言及されない。「アメリカ」の存在を覆い隠すことで、例外状況での沖縄の公看の経験は、「戦後日本の成功物語とそれを支えた女たち」というこのシリーズが再生産してきた「戦後日本」のマスターナラティブに回収されてしまった。

しかし、本章で明らかにしたように、米軍占領下沖縄における公衆衛生看護婦の経験を理解するためには、冷戦を背景とした東アジアの地政学のもとで彼女たちがどのような役割を担ったのか／担わされたのか、また日本と米国という二つの帝国と、戦争と占領を生きた彼女たちが、その経験から看護やケアについてどのような認識を形成したのか、注意深く検討する必要がある。戦前・戦中の日本で看護婦・助産婦として活動した経験をもつ初期の公看は、社会への奉仕、特に戦争で身体的・精神的に傷ついた人びとを治療し回復させることに、とりわけ強い使命感を抱いていた。彼女たちの真摯で献身的な活動が、戦後沖縄の公衆衛生の向上に大きく貢献したことは疑いようもない。しかし、USCARによる公看育成は、沖縄の女性を伝統的ジェンダー規範から解放し、近代的看護の担い手にするという、米国の冷戦文化戦略と強い親和性を持っていた。また、住民の福祉向上は、米軍によって繰り返し引き起こされる事件や事故に対する人びとの憤りをなだめ、米国・米軍のイメージを向上させるという、宣撫工作の一面もあった。米軍当局にしてみれば、公看制度は、米兵の健康維持のために必要不可欠なだけではなく、離島やへき地の状況を把握するためにも極めて効率的な制度であった。

一方で、米軍統治下という例外状況に置かれていたからこそ、琉球政府の職員という地位にあった公看には、本土の保健婦以上の権限と自由裁量があり、それが彼女たちの強い主体性と自律性を育んだ。また、USCARや米国がいかに沖縄住民の健康と福祉を守る存在であるか喧伝したとしても、米軍に起因する事故や事件が日常的に頻発する状況では、こうした表向きのメッセージに隠されたものがすぐさま明らかになる。占領下沖縄における「福祉」は、あくまでも「軍との共存」を前提にしたものだった。沖縄での結核や性病の拡大は、基地建設や、ベトナムや朝鮮戦争など、米軍の軍事活動と密接に連動しており公看は、それぞれが配置された現場で、こうした矛盾や医療体制の不備を痛感していた。誰にでも公平な医療サービスの実現を求める彼女たちの思いは、やがて沖縄の本土復帰を求める「復帰運動」の呼び声に覆い隠されていった。しかし、米軍統治下沖縄が抱えていた医療衛生・社会福祉の問題は復帰によって解消されたのではない。むしろ表面上、本土システムと一体化したことで、構造的欠陥が解決されないまま潜在化していった。

次章では、舞台をハワイに移して、沖縄内部での社会政策の機能不全を援助し救済しようとする試みが、太平洋を越えてどのように行われていたのか、その動きは軍の動きや冷戦構造とどのように連動していたのかについて考察を深めたい。

註

（1）大城立裕『白い季節』日本放送出版協会、一九七六年、七三頁。
（2）鹿野政直『鹿野政直思想史論集 第三巻』岩波書店、二〇〇八年、二四六頁。
（3）鳥山淳『沖縄／基地社会の起源と相克 一九四五―一九五六』勁草書房、二〇一三年、四一頁。
（4）同右、一四三頁。
（5）沖縄の公看制度については、主に看護史・公衆衛生史の文脈での研究蓄積がある。制度成立の過程についての概説が『沖縄県史 各論編第八巻 女性史』（沖縄県教育委員会、二〇一六年）に収録されているほか、木村哲也は「駐在制度」に焦点をあて、沖縄以前に駐在保健婦制度が導入された高知県における展開との関係性を、保健婦・公看経験者への聞き書きを元に分析している（木村哲也『駐在保健婦の時代 一九四二―一九九七』医学書院、二〇一二年）。小川寿美子は地域医療における人材育成という観点から、大嶺千枝子は、沖縄の保健婦行政史および看護史の観点から、沖縄の公看制度の独自性を明らかにしている（小川寿美子「戦後沖縄の地域保健―人材確保と定着化をめざして―」中村安秀編『地域保健の原点を探る：戦後日本の事例から学ぶプライマリヘルスケア』杏林書院、二〇一八年、大嶺千枝子『沖縄の看護：琉球政府の看護制度を紐解く』新星出版、二〇二〇年）。
（6）Michel de Certeau, *The Practice of Everyday Life*, trans. Steven Rendall (Berkeley: University of California Press, 1995）, 32.
（7）Ibid., 30.
（8）川上裕子『日本における保健婦事業の成立と展開：戦前・戦中期を中心に』風間書房、二〇一三年
（9）杉山章子『占領期の医療改革』勁草書房、一九九五年、一五六頁。
（10）川上『日本における保健婦事業の成立と展開』（前掲）、一一四頁。
（11）具志八重・小渡静子編『沖縄戦前保健婦の足あと』ニライ社、一九八六年、三六頁。
（12）同右、二六―二七頁。

（13）金城妙子『原点を見つめて――沖縄の公衆衛生看護事業』金城妙子、二〇〇一年、一五五―一五六頁。

（14）木村『駐在保健婦の時代』（前掲）、一八九頁。

（15）具志・小渡『沖縄戦前保健婦の足あと』（前掲）、四四―四五頁。

（16）同右、二八頁。

（17）Arnold G. Fisch, *Military Government in the Ryukyu Islands, 1945-1950* (Honolulu: University Press of the Pacific, 2005), 50.

（18）James Watkins, "History of Military Government Operations on Okinawa（1 May to 31 May, 1945)"、ワトキンス文書刊行委員会編『沖縄戦後初期占領資料 Papers of James T. Watkins IV 第十巻』緑林堂書店、一九九四年、六五頁。

（19）中野育男『米国統治下沖縄の社会と法』専修大学出版局、二〇〇五年、一二九頁。

（20）Robert. T. Jensen, M.D., "Preventive Medicine and Health Care in the Ryukyu Islands (1945-1970)"、沖縄県公文書館、資料コード U80800713B（以下"Jensen Report"）、4.

（21）"Annual Report: Military Government Activities the Ryukyus, 1947-48"，沖縄県公文書館、資料コード0000106038, 43-46.

（22）杉山『占領期の医療改革』（前掲）、一三七頁。

（23）沖縄県環境保健部予防課『沖縄戦後の保健所のあゆみ:保健所三〇周年記念誌』沖縄県環境保健部予防課、一九八一年、二〇頁。

（24）同右、二五頁。

（25）同右。

（26）Aya Takahashi, *The Development of the Japanese Nursing Profession: Adopting and Adapting Western Influence* (London and New York: Routledge Curzon, 2004), 157. ロックフェラー財団の戦前の東アジアにおける活動のうち、最も注目すべきものとして、一九〇六年の北京協和医学院（Peking Union Medical College）の設立があげられる。Mary Brown Bullock, *An American Transplant: the Rockefeller Foundation and Peking Union Medical College* (Berkeley:

University of California Press, 1980）を参照。

（27）The Josephine Hobbs Kaser Collection, 1942-74. University of Texas at Austin, Austin, Texas. 十日間の課程で行われた講義と資料を集めて、オルソンとケーザーが共同編集したものが『保健婦指導教本 Guide to Nurses in Health Center』として一九五三年にメヂカルフレンド社から出版されている。

（28）木村哲也『駐在保健婦の時代』（前掲）、五〇―五三頁。四国軍政チームを中心に分析したJeanne M. Gleich-Anthonyは、軍政府の看護師たちは、米軍の健康を守るためだけではなく、看護教育を通じて日本の女性を「民主化」するという重要な役割を果たしたと指摘する。Jeanne M. Gleich-Anthony, *Democratizing Women: American Women and the U.S. Occupation of Japan 1945-1951, Ph.D. Dissertation*, Ohio University, 2007.

（29）大嶺千枝子「占領期に行われた保健婦駐在の制度比較に関する史的考察」『沖縄県立看護大学紀要』第二号、二〇〇一年、一一三―一一四頁。

（30）Ogawa, Sumiko, dir.（2003）, *Public Health Nurse in Okinawa*, produced by Okinawa International Center, Japan International Cooperation Agency（JICA）［映像史料］，沖縄県公文書館資料 Record No 0000012416。

（31）小川「戦後沖縄の地域保健」（前掲）、一一〇頁。

（32）大嶺千枝子「保健婦駐在の実態から駐在制度の確立に影響した要因を探る」『沖縄県立看護大学紀要』第三号、二〇〇二年、三五―三七頁。

（33）駐在保健婦制度は日本では一九四二年にすでに始まっていたが、GHQ／SCAPの指導のもと再編され、戦後も維持されたのは離島を多く持つ高知や占領下沖縄に限られた。日本における駐在制度の展開について詳細は、大嶺『沖縄の看護』（前掲）、木村『駐在保健婦の時代』（前掲）を参照。

（34）Takahashi, *The Development of the Japanese Nursing Profession*, 157.

（35）金城清松、座談会「看護のあゆみ」における発言。琉球看護協会編『琉球看護婦協会創立10周年記念誌』琉球看護協会、一九六一年、一二三頁。

（36）この文脈で、いわゆる「ひめゆり学徒隊」が、戦後沖縄の看護婦像の形成にどのような影響を与えたのか考えてみる必要もあるだろう。沖縄戦では、高等女学校の生徒や教師二〇〇名以上が看護婦として動員され、ガマの中に建てられた日本陸軍野戦病院で勤務し、そのほとんどが戦死した。沖縄の少女たちが傷ついた日本兵を献身的に介抱し、帝国日本のために共に死ぬというジェンダー化された「ひめゆり」の物語は、小説や映画などで繰り返し再生産されてきた。

（37）小川「戦後沖縄の地域保健」（前掲）、一〇九頁。

（38）与那原節子『沖縄の保健婦』保健同人社、一九八三年、一四頁。

（39）同右、二四頁。

（40）金城妙子『原点をみつめて』（前掲）、一二七―一二九頁。

（41）金城へのインタビュー、Ogawa, *Public Health Nurse in Okinawa*（前掲）

（42）与那文子他座談会「コンセット時代を語る」『沖縄の公衆衛生看護事業――一五周年記念誌』沖縄看護協会公衆看護婦会、一九六七年、二〇―二一頁。

（43）与那原『沖縄の保健婦』（前掲）、二〇―二一頁。

（44）David Arnold and Erich DeWald, "Cycles of Empowerment? The Bicycle and Everyday Technology in Colonial India and Vietnam," *Comparative Studies in Society and History*, vol. 53, issue 4（2011）: 971-996, 989.

（45）Ibid., 991.

（46）Lisa Yoneyama, "Liberation under Siege: U.S. Military Occupation and Japanese Women's Enfranchisement", *American Quarterly*, Vol. 57, No. 3 (September 2005): 885-910, 887.

（47）Marcos Cueto, *Cold War, Deadly Fevers: Malaria Eradication in Mexico, 1955-1975.*（Washington: Woodrow Wilson Center Press; Baltimore: Johns Hopkins University Press, 2007, 5.

（48）「ミシガン・ミッション」について詳細は、山里勝己『琉大物語：一九四七―一九七二』琉球新報社、二〇一〇年を参照。

（49）Mire Koikari, *Cold War Encounters in US-Occupied Okinawa: Women, Militarized Domesticity and Transnationalism in East Asia*（Cambridge: Cambridge University Press, 2015）.

（50）『沖縄の公衆衛生看護事業十五周年記念誌』（前掲）、二八―二九頁。

（51）豊見山和美「琉球列島米国民政府が実施した「国民指導員計画」について」『沖縄県公文書館研究』一七号

（二〇一五年）、一九頁。

(52) 同右、二〇頁。

(53) Ryukyus Project 2R57:［National Leader Program］(Public Health Nursing) 沖縄県公文書館、資料コード 0000106026, (00013-007)

(54) Grace Yokouchi's letter to Col. King, 20 March, 1957、沖縄県公文書館、資料コード0000106026。

(55) 木村『駐在保健婦の時代』（前掲）、二〇〇―二〇三頁。

(56) 金城『原点をみつめて』（前掲）、二六七頁。

(57) 木村『駐在保健婦の時代』（前掲）、一九六―一九七頁。

(58) 金城『原点をみつめて』（前掲）、二五七頁。

(59) 同右。

(60) 同右、二六一頁。

(61) 同右、一三一頁。

(62) Jensen report, 12.

(63) 上江洲はる「基地の町に囲まれて」『沖縄の公衆衛生看護事業十五周年記念誌』（前掲）、一四七頁。

(64) 上原千代「米兵連れてVD狩り」『沖縄戦後の保健所のあゆみ』（前掲）、八八頁。

(65) 山﨑孝史「USCAR文書からみた米軍統治とコザ」『Koza Bunka Box』沖縄市役所編、第四号、二〇〇八年、三八頁。

(66) 同右。

(67) Jensen report, 10.

(68) High Commissioner of the Ryukyu Islands, eds., *Civil Administration of the Ryukyu Islands Vol. 11*, High Commissioner of the Ryukyu Islands, 1963, 177.

(69) 沖縄国際大学文学部社会学科石原ゼミナール編『戦後コザにおける民衆生活と音楽文化』榕樹社、一九九四年、二七〇頁。

(70) 沖山智彦「米兵と共同で衛生検査」『沖縄戦後の保健所のあゆみ』（前掲）、八六頁。

（71）石原ゼミナール『戦後コザにおける民衆生活と音楽文化』（前掲）、二二九頁。
（72）同右、三一六頁。
（73）同右、三一七頁。
（74）同右、三〇四頁。
（75）上原千代「米兵連れてVD狩り」『沖縄戦後の保健所のあゆみ』（前掲）、八八―八九頁。
（76）同右
（77）Katherine H.S. Moon, *Sex Among Allies: Military Prostitution in U.S.-Korea Relations* (New York: Columbia University Press, 1997).
（78）Robert Kramm-Masaoka, *Sanitized Sex: Regulating Prostitution, Venereal Disease, and Intimacy in Occupied Japan, 1945-1952* (Berkeley: University of California Press 2017), 117.
（79）金城『原点をみつめて』（前掲）、二六一―二六二頁。
（80）同右、一八一頁。
（81）冨山一郎『始まりの知――ファノンの臨床』法政大学出版会、二〇一八年、三九頁。
（82）日本の結核の歴史について詳細は、青木正和『結核の歴史：日本社会との関わりとその過去、現在、未来』講談社、二〇〇三年、青木純一『結核の社会史：国民病対策の組織化と結核患者の実像を追って』御茶の水書房、二〇〇四年などを参照。英語圏の研究書としては、William Johnson, *The Modern Epidemic: A History of Tuberculosis in Japan* (Cambridge: The Council of East Asian Studies at Harvard University, 1995) がある。
（83）新城正紀ほか「戦後沖縄の結核対策に関する調査研究」『民族衛生』六三巻六号（一九九七年）、三六三―三六四頁。
（84）冨山一郎『近代日本社会と「沖縄人」――「日本人」になるということ』日本経済評論社、一九九〇年、九八頁。
（85）金城清松『沖縄に於ける結核の歴史的論究』金城清松、一九六二年。
（86）同右、二三三頁。
（87）Gary Kroll, "The Pacific Science Board in Micronesia: Science, Government, and Conservation on the Post-War Pacific

Frontier," *Minerva*, Vol. 41, No.1 (2003): 25-46, 26-27. 太平洋学術部会とＳＩＲＩプロジェクトについて、詳細は泉水英計「ＳＩＲＩプロジェクト：米軍統治下の琉球列島における地誌研究」神奈川大学国際経営研究所『プロジェクト・ペーパー』一六号、二〇〇八年三月、三一―一二一頁を参照。

(88) Letter from Harold J. Coolidge, National Research Council to Maj. Gen. Marquat, Office of the Chief of Civil Affairs and Military Government, Department of the Army, USCAR12955 (Box No. 36-1 General Administrative Files, 1954), 国立国会図書館・憲政資料室。

(89) Pesquera, Lt. Col. G. B., "Preliminary Report on the Program in Tuberculosis among the Ryukyuans," 沖縄公文書館、資料コード No. 0000000859。

(90) 日本におけるＢＣＧの強制的な集団接種は一九四三年総力戦体制下で始まったが、占領期には中止されていた。

(91) 常石敬一『結核と日本人―医療政策を検証する』岩波書店、二〇一一年、一三八頁。

(92) Pesquera, "The Program in Tuberculosis Control Among the Ryukyuans," USCAR12955, 国立国会図書館・憲政資料室。

(93) 原実、座談会「沖縄県支部三〇年のあゆみ」での発言。『結核予防会沖縄県支部創立三〇周年記念誌』結核予防会沖縄県支部、一九八六年、七一頁。

(94) McMIllen and Brimnes, "Medical Modernization and Medical Nationalism: Resistance to Mass Tuberculosis Vaccination in Postcolonial India, 1948- 1944", *Comparative Studies in Society and History*, 2010, 52, 180-209, 185.

(95) Kristin J. Cummings, "Tuberculosis Control: Challenges of and Ancient and Ongoing Epidemic", *Public Health Reports*, September-October 2007, vol.122, 683–92, 683.

(96) Robert J. Anderson and Carroll E. Palmer, "BCG", *Journal of the American Medical Association*, 1950, 143, 1048-51.

(97) McMillen and Brimnes, "Medical Modernization and Medical Nationalism"（前掲）。

(98) 戸井田一郎「BCGの歴史：過去の研究から何を学ぶべきか」『呼吸器疾患 結核資料と展望』四八号、二〇〇四年一月、三四頁。

（99）Laura Briggs, *Reproducing Empire: Race, Sex, Science, and U.S. Imperialism in Puerto Rico* (Berkeley: University of California Press, 2001).

（100）Warwick Anderson, "Immunization and Hygiene in the Colonial Philippines," *Journal of History and Medicine and Allied Sciences*, Vol. 62, No. 1 (2006): 1-20,13.

（101）Aldous and Suzuki, *Reforming Public Health in Occupied Japan, 1945-52: Alien prescriptions?* (London and New York: Routledge, 2011), 150-151.

（102）与那原『沖縄の保健婦』（前掲）、一四頁。

（103）同右、一八―一九頁。

（104）『結核予防会三十周年記念誌』（前掲）、六三頁。

（105）Jensen Report.

（106）与那原『沖縄の保健婦』（前掲）、三二頁。

（107）Pesquera, "Preliminary Report on the Program in Tuberculosis among the Ryukyuans," 4.

（108）照屋善助「保健所創立一〇周年を迎えての雑感」『保健所十年のあゆみ』琉球政府厚生局公衆衛生課、一九六二年、四六―四七頁。

（109）与那原『沖縄の保健婦』（前掲）、一六頁。

（110）比嘉好子「村婦人会と保健婦」『沖縄県の公衆衛生看護婦事業三〇周年記念誌』日本看護協会保健婦沖縄県支部、一九八二年、一五六―一五七頁。USCARは沖縄婦人連合会を、「琉球の他の民間人組織とくらべて、比較的左翼思想に侵されていない」とみなし、占領統治において有用な組織として考えていた（Koikari, *Cold War Encounters*, 36）。

（111）与那原『沖縄の保健婦』（前掲）、一九―二〇頁。

（112）「公看日誌　一九六六年一月」琉球政府文書、沖縄県公文書館、資料コード R00085521B。

（113）USCAR News Release March 10, 1962, USCAR44115-44119, 国立国会図書館。

(114) 金城『原点をみつめて』(前掲)、二八頁。

(115) Christen L. Hancock, "Healthy Vocations: Field Nursing and the Religious Overtones of Public Health," *Journal of Women's History*, Volume 23, Number 3, Fall 2011, 113. この論文の中でハンコックは、看護史研究のバーバラ・メロッシュを援用しながら、公衆衛生のイデオロギーが、「キリスト教の奉仕としての看護という伝統的概念を想起させるレトリック」を用いることで、宗教と保健医療の境界線をあいまいにしていたことを明らかにしている。公衆衛生看護婦のための指導マニュアルでは、保健教育について「健康という福音」や「正しい生活のための助言」と表現されていた。(Barbara Melosh, "*The Physician's Hand:" Work, Culture, and Conflict in American Nursing*, Philadelphia: Temple University Press, 1982, 124. Quoted in Hancock, "Healthy Vocations," 114). この事例からは、衛生改革がいかに「救済」という言説において／とともに行使されるものであったのか、いずれも「帝国」建設において重要な役割を果たしたかがうかがえる。

(116) 宮里政玄『日米関係と沖縄：一九四五―一九七二』岩波書店、二〇〇〇年、二九頁。

(117) 齋木喜美子・世良利和「川平朝申の文化活動に関する一考察(1)――日本統治下沖縄における映画との関わりを中心に――」『福山市立大学・教育学部研究紀要』三号、二〇一五年、二九―三八、三二頁。

(118) 川平朝申「私の戦後史」『私の戦後史 第六集』、沖縄タイムス社、一九八二年、一八一―一八三頁。こうして総督府に働きかけた結果、「島民の健全娯楽」として民俗芸能が復活したと川平は回想しているが、鑑賞した長谷川清総督が「『コートをとらすには太陽の温かさが必要だ…』と笑った。総督はイソップ物語を知っていた」と付記されていることは注目に値する。強制的・暴力的な同化政策を宣撫するものとして、民俗芸能が許容されたことは、米軍占領下沖縄で川平が牽引した文化政策が結果的に担わされることになった役割にも重なる。

(119) 一九五〇一月二一日に本放送が開始された。当初は、琉球列島米国軍政府情報教育部が運営していたが一九五四年に琉球大学財団に運営主体が移譲され、民間放送局となる。

(120) 斎木・世良「川平朝申の文化活動に関する一考察」(前掲)。

(121) 浅野豊美「南洋群島からの沖縄人引揚の再移住をめぐる戦前と戦後」浅野豊美編『南洋群島と帝国・国際秩序』慈学社出版、二〇〇七年。

(122) 泉水英計「在台湾沖縄人引揚に関する覚書」神奈川大学国際経営研究所『プロジェクト・ペーパー』二五号、二〇一二年三月、一―二五頁。泉水によれば、当時、台北副領事であったジョージ・H・カーは、同郷会が自主的に組織され、行政・公序・福祉の問題を軽減したことについて、高く評価しつつ、沖縄に引き揚げた後も社会的な影響力を持つことになるだろうと予測していた。明治以降の沖縄と台湾関係について詳細な分析は又吉盛清『日本植民地下の台湾と沖縄』あき書房、一九九〇年を参照。

(123) 松田ヒロ子「植民地台湾から米軍統治下沖縄への「帰還」」『文化人類学』八〇号四号、二〇一六年三月、五四九―五六八、五五七頁。

(124) 同右、五五八頁。

(125) 齋木・世良「川平朝申に関する一考察」(前掲)、三五―三六頁。

(126) 川平朝申「ラジオで〝保健所〟をPR 結核対策に大きな成果」『沖縄戦後の保健所のあゆみ』(前掲)、一九八頁。

(127) 同右。

(128) 例えば、川平は一九五五年にハワイを訪れ、現地での結核予防対策について調査を行うとともに、沖縄の窮状について講演している。これをきっかけに、ホノルルでは沖縄にレントゲン車を送る運動が組織された。川平にとって、ハワイは沖縄で結核予防運動を展開する上で、重要な参照点となった。「結核予防会沖縄県支部の生い立ちと事業」『琉球結核予防会・結核予防会沖縄県支部二五年のあゆみ』結核予防会沖縄支部、一九七八年、一一頁。

(129) 齋木喜美子・喜久山悟「戦後沖縄における美術の成立と展開過程:川平朝申との関わりを手がかりに」『福山市立大学教育学部研究紀要』五号、二〇一七、三五―五三、四八頁。

(130) 例えば西ドイツの切手収集家ロルフ・シュトリーダーは、沖縄を訪れた際、川平に面会し、琉球の歴史と文化を模した結核予防シールを称賛していた。『沖縄県立中部病院卒後医学臨床研修二五周年記念誌一九六七―一九九二』沖縄県立中部病院卒後臨床研修二五周年記念事業実行委員会、一九九二年、七五頁。

(131) 「守禮之邦」は、広く沖縄、特に琉球王国を指す。琉球王朝時代、冊封使を迎える際に首里城に掲げられた篇額に刻まれた言葉であり、琉球王国が軍国主義ではなく、礼節を重んじる平和な邦であることを中国からの使節に示すものであった。

(132) 川平朝申「結核予防週間の意義」『結核予防会新聞』一九五六年四月一五日。
(133) 大城『白い季節』(前掲)、二六九頁。
(134) 与那原『沖縄の保健婦』(前掲)、五九頁。
(135) 新垣節子「陽のあたらない離島の結核患者」『沖縄の公衆衛生看護事業十五年記念誌』(前掲)、九四頁。
(136) 宇座厚子「公看事業雑感」『琉球看護婦協会創立十周年記念誌』(前掲)、九五頁。
(137) 我喜屋良一『沖縄における社会福祉の形成と展開——我喜屋良一論集』沖縄県社会福祉協議会、一九九四年、二五三頁。
(138) 中川保男「明日へのために」『沖縄の公衆衛生看護事業十五周年記念誌』(前掲)、一一八頁。
(139) 新里吉一「随想」『沖縄の公衆衛生看護事業十五周年記念誌』(前掲)、一二五頁。
(140) 高江州郁子「自作のシナリオで人形劇」『沖縄の公衆衛生看護事業』(前掲)、五〇頁。
(141) 上江洲はる「保健婦支部活動をふりかえって」『沖縄戦後の保健所のあゆみ』(前掲)、二一一頁。
(142) 大嶺千枝子「公衆衛生看護事業の沿革」『沖縄戦後保健所のあゆみ』(前掲)、四〇頁。
(143) 金城『原点をみつめて』(前掲)、二一三—二三一頁。

第三章

帝国を架橋する
——トランスパシフィックな「援助・救済」回路——

ここハワイこそが、民主主義の真のショーケースだと私は信じています。人種的・政治的に比較的、平等な雰囲気の中で、経済的・技術的な能力を兼ね備えているからこそ、ハワイは東洋と西洋の文化的、技術的な交流の場として理にかなった場所なのです。

——ジョン・A・バーンズ[1]

はじめに

一九六八年三月二〇日、琉球政府の保健福祉部公衆衛生課長の仲里幸子は、沖縄の嘉手納基地から米軍のB272型機でハワイのヒッカム飛行場へと飛び立った。乗客は彼女を除いて全員、米軍人だった。仲里は、USCARの看護師養成担当官の推薦を受けて、ハワイ・ホノルルにある東西センターの技術交流研究所（The Institute of Technical Interchange）で行われる指導者養成プログラムに参加することになっていた。[2] 一九六〇年から七二年までの間、東西センターにて実施された専門教育・技術研修プログラムへの沖縄からの参加者はのべ四〇〇〇人以上にのぼる。[3] 仲里はその一人だった。

東西文化・技術交流センター（The Center for Cultural and Technical Interchange Between East and West、以下「東西センター」）は、一九六〇年五月、相互安全保障法（Mutual Security Act）に基づいて米国議会の認可を受け、同年一〇月に国務省とハワイ大学との間で結ばれた無償資金協力協定に基づいて設立された。同センターは「教育と研究のプログラムを通じて米国とアジア太平洋諸国との間で相互理解を促進する」[4] ことを目的としたが、あらゆる点で、サタデー・レビュー誌がラドヤード・キップリングを引用しながら「（マーク）トウェインが出会う場所」と評した、冷戦の地政学におけるハワイの役割を体現した場であった。[5]

小碇美玲がクリスティーナ・クラインを援用しつつ明らかにしているように、一九五九年に実現するハワイの立州化は、米国国内における「アジア」の意味や社会的地位の再定義を求める様々な議論を巻きおこした。[6]「ヨーロッパではなくアジアにルーツを持つ最初の州」としてハワイを米国に編入し、アジア太平洋地域にルーツを持つ住民に完全な米国市民権を与えることは、同地における米国の帝国主義の記憶を消去するとともに、「黒人でも白人でもない第三の極」としてアジア人を組み入れることで、一九五〇年代の公民権運動を通して顕在化した国内の人種的緊張を和らげることにもつながった。[7] さらに、米国を部分的にでも「アジア化」し、血統的な結びつきを持つことは、冷戦体制においてアジア、アフリカ、ラテンアメリカ諸国が「ソビエトに操られ、支配されやすい政治的空白地帯であると同時に、従属的な同盟国体制に支えられた利益性の高い潜在的市場」としてたち立ち現れる中、極めて重要であった。[8]
このような状況下、東西センターは、米国の冷戦文化政策推進のための重要拠点となっていった。そこでは、アジアから来た学生には近代的・科学的な知識と技術移転を通して資本主義・自由主義社会への発展の道が示され、アメリカの学生や観光客、ボランティアにはアジア太平洋地域に進出するための足場が準備された。東西センターの設立や運営には、ハワイのアジア系アメリカ人、特に日系アメリカ人エリートが積極的に参与したことは注目に値する。小碇が指摘するように、日系アメリカ人が、東西センターの事業に主体的に関与することで、民主主義と人種的平等の推進者としてのアメリカという言説が強化されただけでなく、第二次大戦中には「敵性外国人」として強制収容された日系アメリカ人が「モデル・マイノリティ」としての社会的地位を確立するのにも寄与した。[9]
占領下沖縄とハワイを緊密に結びつけた技術移転プログラムは、東西センター主導のものだけではなかった。沖縄の医師不足を緩和するために、一九六五年にUSCARは、ハワイ大学と契約して、同大学医学部から専門家を招聘し、沖縄中部病院で卒後医学研修を行うインターン制度を開始する。ここで重要なのは、本章の冒頭のエピソードが象徴するように、米軍の二つの重要拠点である、沖縄のUSCARと一九五七年の米軍再編以来、ハワイに本部を置くようになった米国太平洋陸軍（United States Army Pacific、以下USARPAC）が、沖縄とハワイ間の医療支援・技術移転の促進に深くかかわっていたという点である。
本章では、占領下沖縄とハワイ、さらにその他の地域を多面的・多層的に結びつけていた「トランスパシフィックな「援助・救済」の回路」を分析する。この時、念頭に置いているのは、セツ・シゲマツとキース・カマチョが提示した「軍事化された潮流（militarized currents）」という枠組みである。点と点とのつながりやその組織化を示す「ネットワーク」ではなく、流動性そのものを表す「潮流」という用語を使いながら、カマチョとシゲマツは一九世紀後半以降に日米両帝国によって生み出された人・軍事・資本・技術の流通がいかにアジア太平洋諸地域を緊密に結びつけてきたか検討する必要性を述べている。[10] そこで焦点化されるのは、一方では、軍事主義や帝国・植民地主義の暴力によって、自分たちの土地から引き剥がされた人びとの流動の経験であり、他方で、収容所や難民キャンプといった監視空間に留め置かれた人びとが、そこで何とか生き延びようとした営みの軌跡である。一国史や国家間の関係史を前提とした枠組みでは捉えきれない、こうした人びとの流動／収監の経験に着目することは、近代以降、常に国家・帝国のはざまに宙吊りにされ続けてきた沖縄の歴史を考える上で、極めて重要である。実際、沖縄の近現代史研究では、沖縄の歴史を琉球列島に留め置かれた人びとの歴史としてだけではなく、様々な理由で沖縄を離れたり、離れざるをえなかった人びとの流動の拡がりとともに考える必要があると指摘されてきた。[11] 本章は、この「軍事化された潮流」という概念を援用しつつ、アジア太平洋地域の軍事化が、医療化（medicalization）という一見矛盾した力学と手を取り合って同時進行したことを明らかにする。その際、潮流を生み出す力学や、それによって運ばれたものに注目するために、「回路（circuit）」という言葉を採用する。結論を先取りして言えば、「命を生かす」ことを本来の目的にしていた生政治的なプロジェクトは、実のところ、冷戦期アジア太平洋を横断するように拡大した軍事化・軍事介入による、いわば「殺す権力」の回路と緊密に連携しながら実施されていたのである。

「健康」の推進は、冷戦期の米ソ間の科学競争の一つの軸でもあった。マルコス・クエトが指摘するように、国際的な健康管理体制の推進は、「医学、科学、文化における米国の二国間協力の強化や発展途上国への近代化の提案、多国間ネットワークの出現」を促進させたのである。[12] 本章で明らかにする、ハワイの医学教育関係者が「医療アウトリーチ・サービスの中核（a nidus for international health outreach）」と呼ぶような、一九六〇年代以降のハワイを中心とした太平洋地域の医療の組織化・集中化もその一環として起きていた。[13]

医療従事者の太平洋横断的な回路を検討する一方で、本章では、沖縄とハワイが、極めて類似した歴史的軌跡を辿り、移民と軍事ネットワークによって緊密に結び付けられていたことにも注意を払いたい。いずれも、かつては独立した王国として繁栄し、近代になって日本と米国という国家／帝国の周辺／前線として編入され、やがて日米戦争の開始（真珠湾攻撃）と終結（沖縄戦）の舞台にもなり、戦後は米軍ネットワークの重要拠点として軍事要塞化されていった。本章の主な考察対象である一九五〇年代から六〇年代にかけては、それぞれ日本と米国という国民国家に完全に（再）編入される過程にありながら、未だ「国家による生命の統治体制」（リサ・ロウ）の外部に置かれていた。[14] 例外的な地位にとどめ置かれたために、住民の生活・生存は軍事の論理に対して従属的なものにならざるをえなかった。例えば、一九四一年一二月七日、日本軍の真珠湾攻撃を受けて米国の戒厳令下に置かれたハワイでは、予防接種や血液バンクの設置といった住民の生命管理が軍事主義の徹底と同時進行して行われた。そこでは、ジュリエット・ネボロンが「入植者軍事主義（settler militarism）」と定義した、「セトラー・コロニアリズム（入植者植民地主義：ここでは特に白人による先住民や移民の管理）」とハワイの軍事要塞化が、緊密に連携しながら展開される事態が起きていた。[15] こうした状況下、ハワイは第二次大戦後、米軍事ネットワークの拡大とともにアジア太平洋の各地域で再生産されていく軍事文化の「実験室」として機能するようになったとネボロンは指摘する。[16]

実際、沖縄占領は戒厳令下ハワイで始まったともいえる。沖縄戦を前にした一九四四年、米国海軍省は、人類学者ジョージ・マードックをはじめとする社会科学者をホノルルのキャンプ・スコフィールドに招集し、沖縄軍政のためのマニュアル作りにあたらせた。[17] こうしたマニュアルは、当時、米軍が入手可能だった日本語文献とともに、ハワイに居住する日系・沖縄系移民コミュニティのエスノグラフィを元に作成された。日系・沖縄系移民に対する人類学的な観察が、沖縄軍政計画の根拠となったことは、「帝国の学知」の戦前から戦後、日本帝国からアメリカ軍事帝国への連続性を考える上で極めて重要といえよう。つまり、日米の帝国主義とレイシズムがハワイにおいて織り重なり、冷戦下の沖縄占領体制を準備していったのである。さらに、第二次大戦までは「疑わしき植民地」として戒厳令下に置かれたハワイが、一九六〇年代には多文化主義と民主主義のショーケースへと変貌を遂げたことは、沖縄の日本復帰へのモデルコースを示しているようであった。

米国政府、米軍、琉球政府のほかに、日本政府もアジア太平洋地域の援助・救済回路構築の上で間接的ではあるが決定的な役割を果たした。一九六〇年代半ばには、琉球列島の施政権の日本への返還は既定路線になっており、日本政府はもはや沖縄住民統治の傍観者ではなくなっていた。日本政府が占領下沖縄の民政に初めて介入することが許されたのは、社会福祉と公衆衛生の分野である。住民福祉は、日米両政府が当初は沖縄をめぐる覇権を競い合いながら、やがて返還に向けて連携する場となった。占領下沖縄とハワイ間で行われた様々な技術研修事業は、必ずしも沖縄の日本への復帰と対立するものではなく、むしろ、「占領下沖縄」を「普通の」国民国家に同化させる、復帰の準備プロセスとして捉えることもできる。日本政府が米国主導のアジア開発援助事業と連携することで、日本の帝国主義と軍事主義によって引き起こされた暴力への賠償が免除されただけでなく、日米政府の対外援助を通したアジア経済への介入は、アジア太平洋における冷戦体制を維持・強化していった。

日米政府や東西センターに加えて、本章では、様々な救済事業を通して郷土との架け橋を築こうとしたハワイの沖縄系移民の両義的な役割にも焦点を当てる。沖縄戦直後から、世界各地の沖縄系移民たちは救援活動を組織して、戦禍に見舞われた沖縄に衣類や医薬品などの生活必需品から野菜種子、豚や山羊にいたるまで様々な救援物資や義援金を送り届けた。また、戦災孤児となった沖縄の子どもたちの受け入れや、学生に対して無料での留学斡旋も行った。こうした「沖縄救済運動」は、ニューヨークに始まり全米各地に広がり、やがてブラジル、ペルー、メキシコ、ボリビア、アルゼンチン、そしてカナダにおいても、多くの沖縄移民を巻き込んで展開された。特に戦前の沖縄移民の主要な目的地だったハワイは、救援活動の中心地となった。岡野宣勝によれば、「沖縄救済運動」は、第二次大戦後、米軍／米国の管理下に置かれることになった沖縄社会の復興に貢献しただけでなく、「郷土沖縄を救済する」という行為を通じて米国社会における（日系アメリカ人とは差異化された）「沖縄系アメリカ人」としての社会的地位を確立するとともに、領土的境界を越えた「沖縄人」としての帰属意識や集団的・民族的アイデンティティを強化したという。[18] 実際、救済運動はハワイにおける沖縄県系人の包括的組織であるハワイ沖縄人連合会（The United Okinawa Association of Hawai'i、以下UOA）の設立につながった。[19]

救済運動は、米軍の活動、とりわけ沖縄の統治政策とも複雑に絡み合うものだった。沖縄移民が救援物資の輸送と配給のため米軍の協力を必須とした一方で、米軍もまた、軍事的暴力や土地の強制接収に対する沖縄の人びとの憤りを和らげ、米国に対する肯定的なイメージを促進する宣撫工作のために、沖縄系アメリカ人の存在を積極的に利用しようとした。それでも、占領下沖縄の住民とハワイの沖縄移民双方にとっては、ハワイと沖縄に架けられた援助・救済ネットワークは、生きのびるための領土的境界を超えたセーフティネットとして機能していただけではなく、そのディアスポラの連帯を礎に「あるべき沖縄」を構想しうる場となっていた。

以下、本章では、トランスパシフィックな援助・救済をめぐる複数の回路を浮き彫りにし、その中に沖縄を位置づけていく。第一節では、一九六〇年代にハワイが米国の五〇番目の州に昇格すると同時に、アジアとアメリカをつなぐ架け橋として、人材育成・技術移転の拠点となった過程を東西センターのプログラムを中心に分析する。第二節では、ハワイの沖縄系移民による沖縄復興・救済に向けた様々な取り組みに焦点を当てる。第三節では、こうしたハワイを中心とした開発援助ネットワークに、日本政府がどのように介入していたのか検討する。第四節では、沖縄とハワイを結ぶもう一つの研修プログラムである沖縄中部病院におけるハワイ大学卒後医学臨床研修事業プログラムに焦点をあて、沖縄の本土復帰がこのプログラムの実施に与えた影響を明らかにする。

一．東西を架橋する

ハワイやアメリカ本土の政治家や研究者、社会運動家は、ハワイの立州化が成立し、東西センターが設立されるよりはるか以前から、国際的な教育や研修におけるハワイという場の有用性を認識していた。[20] ハワイ大学は、一九〇七年の開学以来、アジア太平洋の地域研究の拠点となった。三六年には、中国・日本・インド研究を専門的に行う東洋学研究所が設立され、三九年には第一回東西哲学者会議（The East-West Philosophers' Conference）が開催されている。[21] また、フルブライト財団は、奨学金授与者をハワイ大学に派遣し、アジアに関する講義や語学研修を受講させた。[22] 連邦政府によるハワイでの本格的な研修事業は、一九五六年に国際協力庁（United States International Cooperation Administration、以下ＩＣＡ）を通じて始まり、ハワイ州知事公館に併設された国際協力センターが視察・研修・訓練を担当した。同センターは、六一年までに三〇ヵ国から三、〇〇〇人以上の研修生を受け入れ、東西センターの設立と同時に統合された。

一九六〇年の大統領選でジョン・F・ケネディが勝利したことで、国際協力事業の訓練場としてのハワイの重要性はさらに高まった。『経済成長の諸段階——一つの非共産主義宣言』の著者ウォルト・W・ロストウが国家安全保障担当特別補佐官に任命されると、彼の提唱する近代化論が、共産主義勢力拡大を阻止しようとする米国外交政策の中核的思想として位置づけられるようになる。[23] ジェイミー・エセックスが指摘するように、「全ての社会は経済発展と近代化を達成する途上の諸段階にある」とするロストウの近代化論は、六〇年代の米国の対外援助・開発計画の論理的基盤となった。[24] 一九六一年の対外援助法によって、ICAに代わって設立された米国国際開発庁(U.S. Agency for International Development、以下USAID)はこうした理念を具現化したものだった。[25] 同年三月、ケネディ大統領は「平和部隊(Peace Corps)」を創設する。この制度は開発途上諸国に技術・技能を有する米国市民をボランティアとして派遣し、当該地域の開発計画推進に協力することを目的としていた。六二年から六六年にかけて、約三、〇〇〇人の若いアメリカ人がハワイ大学で「平和部隊」としての研修を受け、アジア太平洋地域へと旅立った。[26]

ケネディ政権が対外開発援助に積極的だったことに加えて、ケネディ政権下で副大統領を務めたリンドン・ジョンソンは、東西センター設立の重要な提唱者だった。ジョンソンは、一九五九年に制定された相互安全保障法に基づいて、センター設立のための法案を上院に初めて提出した。彼の念頭にあったのは、六〇年二月五日にソ連がモスクワに設立したパトリス・ルムンバ民族友好大学の存在で、アジア、中東、アフリカ、ラテンアメリカ地域から留学生を招いて共産主義思想や経済政策を教えることを主目的としていた。つまり、米ソ両陣営が同時期に、冷戦政策の一環として、トランスナショナルな人材育成教育機関を設置したのである。[27] 六一年五月九日、東西センター設立の献辞の中で、ジョンソンは次のように述べている。

このセンターに西洋の賢人と東洋の賢人を招きます。彼らから、何世代もの若き学者たちが、ここで結ばれた二つの世界の知恵を学び、その知恵を平和、正義、自由という人類最大の望みの達成のために使うことになるでしょう。[28]

興味深いことに、ジョンソンは、ハワイの地政学的な重要性を強調する際、プエルトリコに言及している。プエルトリコ大学が米国とラテンアメリカ間の相互理解の橋渡しをしたように、「ハワイもまた、我々の旗に輝く新しい星として、太平洋に架かる橋となるであろう」と述べた。[29] つまり、プエルトリコとハワイ、いずれも「未編入地域」という境界空間に置かれた場所が、それぞれラテンアメリカとアジアへの「橋渡し」役となるよう期待されたのである。同様に、六三年にＵＳＡＩＤが主催した会議でも、第二代ハワイ州知事のジョン・Ａ・バーンズは、太平洋時代（Pacific Era）におけるアメリカの「先遣隊」としてのハワイの特別な役割を次のように強調している。

私は、ここハワイにこそ民主主義の真のショーケースがあると信じています〔…〕人種的・政治的に比較的、平等な雰囲気の中で、経済的・技術的な能力を兼ね備えているからこそ、ハワイは東洋と西洋の文化的、技術的な交流の場として理にかなった場所なのです。[30]

こうした地政学的な利点があるハワイは、ＵＳＡＩＤの目的遂行のために、うってつけの場所であるとバーンズは確信していた。一九五八年のベストセラー小説『醜いアメリカ人』の共著者であるウィリアム・

J・レデラーも、アメリカの外交官がアジアの歴史や習慣に無関心で知識がないことを批判して、軍隊、国務省、情報機関の官僚や経済顧問は、ハワイで研修を受けるべきであると主張している。「アメリカの役人がアジアに行く前に、家族と一緒に一、二ヶ月でもここで過ごせば、語学や歴史、宗教、アジアの政治・習慣を学べるだけでなく、自分たちがこれから住むことになる場所についての感覚をつかむことができるであろう[31]」。

ハワイをアジアへの玄関口と捉える言説は、地元新聞でも繰り返し再生産された。例えば、ハワイが米国の州となった翌年の『ホノルル・アドバタイザー』には、政治評論家のロスコー・ドラモンドに対する以下のような公開質問状が掲載された。「『アドバタイザー』誌は「平和のためのアロハ大使」を提言する」と題された記事は以下のように始まる。

> 私たちのハワイは、東洋と西洋が調和し、理解しあえる社会を築いてきた。私たちハワイ人は、この国のすべての人びとの中で、アジアの人びとに対して、知識と理解をもって話し、聞くことができる。彼らは、生まれながら米国市民であったり、帰化によって市民権を得ており、つまりわが国における平等と機会均等の意味をアジアに示す生きた手本となるであろう。[32]

東西の架け橋としてハワイを称賛する言葉からは、大戦中には戒厳令下に置かれたハワイが、一九五〇年代から六〇年代にかけて、アジアへの玄関口として重要な位置を占めるようになっていたことがうかがえる。この変化は、戦後の米国社会においてアジア系移民が選択的に包摂されていった状況に位置付けて理解すべきであろう。リサ・ロウによれば、五二年のマッカラン・ウォルター移民国籍法と六五年の改正移民法によって、米国は法的に「アジアの外国人（alien）」を「アジア系アメリカ市民（citizen）」として包摂していった。[33] 特に、六五年の改正移民法はアジアから大量の高度技術移民を呼び込み、世界経済における米国の競争力を強化した。このように国内的には「アメリカのアジア化」が進む一方、アジアでは軍事・経済介入を通して米国が覇権をさらに強めていく、いわば「アジアのアメリカ化」が進行していた。東西センターはまさに、アジアに関する「知」を量産しつつ、アメリカ式の技術をアジア太平洋地域に普及させることで、「アジアのアメリカ化」と「アメリカのアジア化」の双方向の動きを促進させるべく誕生した。

一九六〇年代、東西センターの活動は三つの主要なプログラムから構成されていた。アジア太平洋地域からアメリカの学位取得を目標として留学してきた学生とアメリカの学生との交流を目的とした「学生交流事業（Institute of Student Interchange、以下ＩＳＩ）」、アジアに関する研究を行う研究者のための「先端研究事業（Institute of Advanced Projects、以下ＩＡＰ）」、そして実践的な技術交換を目的とした「技術交換事業（Institute of Technical Interchange、以下ＩＴＩ。当初はInternational Training Agency）」である。このうち最も参加者の多かったＩＴＩは、農業・教育・公衆衛生といった分野を中心にして、「指導的立場や中間管理職にある専門家や熟練技術者の能力を向上させること」を目的に数週間から一年かけて行われた。[34]

一九六〇年から七二年にかけて東西センターが実施したプログラムへの沖縄からの参加者数は、他地域と比べて突出しており、のべ二、五六四人にのぼった（次いで太平洋諸島信託統治領から一、七七三人、米領サモアから一、〇九三人、日本から一、〇六九人）。沖縄からは、その大部分にあたる二、五三二人がＩＴＩに参加した。[35]

一九六三年の東西センター第三次年次報告書には、同センターの事業では太平洋諸島からの参加者が優先されると明記されており、その理由は米国が「グアム、米領サモア、米信託統治領の管理を通じて、太平洋諸島に特別な責任を負っている」からであった[36]。沖縄からの参加者の多さの理由として、他の参加国がUSAIDの支援によって実施されていた一方で、沖縄からの参加はUSCARとの契約のもと、米陸軍への充当資金であるARIA資金（Army Ryukyu Islands Appropriated funds）によって賄われていたということがあげられる。参加者は、琉球政府の選定のもと、USCARが最終決定し、沖縄の基地から軍用機にのせられ、ホノルルの基地まで「輸送」された。また、太平洋諸島や沖縄を対象とした事業では、ハワイでの研修以上に、東西センターやハワイ大学の指導者・専門家が現地に出向いて行う実地研修がより数多く行われたのも特徴的だった[37]。実のところ、沖縄からの二、五三二人の参加者のうち二、〇八六人はハワイではなく沖縄で東西センター研修を受けている。沖縄の場合は、後述するように台湾での東西センター主催による「第三国研修」も一九六〇年代を通して頻繁に行われた[38]。

琉球列島の住民を対象にした人材育成・人事交流プログラムとしては、第二章で詳述したように、すでに一九五〇年から国民指導員計画が行われていた。小碇が明らかにしているように、国民指導員計画が主に各分野の指導者エリート層を対象にしたものであったのとは対照的に、東西センターのプログラムに沖縄から参加したのは、高校教員や放射線技師、農業技術者、看護師、エンジニアなど専門性の高い現場密着型の技術者が多かった[39]。国民指導員計画の参加者の感想がアメリカの社会や文化に対する賞賛に溢れたものであったのと比較して、東西センター経験者の感想は「アメリカ」自体に対するものは少なく、沖縄とハワイの経済的・社会的格差に関するものが目立つ。例えば公衆衛生看護婦研修への参加者は次のような感想を寄せている。

東西センターのプログラムに参加して一番印象深かったのは、ハワイの保健婦が車を持っていたことである。通信環境や道路もきちんと整備されていた。ここ沖縄では、保健婦のほとんどが電話も車も、バイクさえなく、まともな道路もないという社会インフラの乏しい中で働いている。[40]

このような沖縄とハワイの経済状況や社会インフラの大きな差異のために、東西センターの研修で得た技術や知識を沖縄で実際に応用するのは容易ではなかった。実際、農業・公衆衛生・教育分野における東西センター研修の効果を調査したヨウコ・フクチによれば、研修を受けた参加者の多くが、沖縄帰還後にそれぞれの分野を主導していく一方で、ハワイから沖縄への技術移転そのものには難しさを感じていたという。[41]

しかし参加者は、技術習得以上に、他地域からの参加者やハワイの沖縄移民との出会いに刺激を受けていた。例えば、看護婦として参加したオオミネ・チエコはミクロネシアのヤップ島から来た「ウエハラ」と名乗るルームメートが、真っ裸でベッドで寝ていたのを見て、その習慣の違いに驚かされながらも「ウエハラ」という苗字から、彼女は沖縄にルーツがあるのかもしれないと思わずにはいら

	合計	学位取得学生	奨学生	技術研修
沖縄	2564	29	3	2532（2086）※
太平洋信託統治領	1814	40	1	1773（ 973）
日本	1388	252	67	1069（ 675）
米領サモア	1105	12	0	1093（ 899）
台湾	1109	150	27	932（ 636）
韓国	625	201	46	378（ 258）
フィリピン	420	223	33	164（ 72）

※（　　）内は現地研修への参加者

［図表：1960～1972東西センタープログラム地域別参加者（East-West Center, Annual Report 1972, xvi をもとに作成）］

れない。[42] また同じく看護婦のヤマシロ・マサコは、インドネシア、フィジー、トンガ、サモア、パラオといった太平洋の様々な島々から来た他の参加者に刺激を受けて、異なる文化についてより深く学ぼうと決意する。[43] さらにヤマシロは、ハワイの沖縄移民に大歓迎されたことに感銘を受けた。

ハワイ島のヒロとコナを訪れた時のことは今でも鮮明に覚えている。私たちが沖縄から来たことを知った彼らは、家から飛び出してきて、フライパンやブリキ缶を叩いて私たちを歓迎してくれた。そして「イチャリバチョーデー、ヌフィラチヌアガ」［沖縄語で「一度出会えば皆兄弟。私とあなたの間には何の障壁もない」の意］と大声で唱えながら歓迎の踊りを始めた。この移民の地にも「沖縄の心」がしっかり根付いていることに大変感激した。[44]

「沖縄の心」に感激したことをきっかけに、後年、ヤマシロはボリビアへ渡り、沖縄移民コミュニティで医療援助活動に従事することになる。国際協力機構（ＪＩＣＡ）主催の事業でもあった、ヤマシロのボリビアでの仕事は、オキナワ移住地に隣接する二つの地区での予備調査を元に「プライマリー・ヘルスケアプログラム」を構築することだった。この調査の目的はボリビア人と沖縄人が共存するための関係強化の可能性を探ることにあった。ボリビアでの経験を振り返りながら、ヤマシロは次のように記している。

私にとってボリビアは、どこに住もうが、現地の人びとと友好的な関係を築いてきたウチナンチュの精神が色濃く現れている場所のように思えた。沖縄の人びとが数え切れないほどの苦難と忍耐を乗り越え、助け合いながら築き上げてきた歴史や文化が、ハワイとボリビアで重なって見えたのである。[45]

ヤマシロは、ハワイでの沖縄移民との出会いを通じて、沖縄から太平洋の島々、ボリビアをつなぐ「ウチナンチュ」としてのトランスパシフィックな主体性を構築していたともいえよう。それは血縁に基づく「沖縄人」というよりも、「数え切れない苦難を乗り越えた」経験によって結び付けられるものであった。

沖縄からボリビアへの計画移民は、沖縄での人口問題・土地問題への解決策として一九五四年、USCARと琉球政府によって開始された。[46] 次章で詳述するが、五〇年代初頭には米軍による強制的土地接収と引揚げによって人口過剰は社会問題として認識されるようになっていた。人口過剰とそれに伴う貧困が沖縄住民の反米感情をさらに悪化させ、共産主義の浸透を招くことを恐れたUSCARは、人口増加を抑制する手段として、当時日本各地で家族計画運動を通して推進されていた産児制限ではなく、計画移民を選んだ。[47] ボリビアが沖縄移民の新規開拓先として選ばれたのは、ボリビア政府と、戦前に南米各地から移住してきた沖縄人によって形成された「オキナワ移住地（コロニア・オキナワ）」が新移民を受け入れることを熱望していたからでもある。さらに、ペドロ・イアコベリによれば、米国はトルーマン時代以来、ボリビアを南北アメリカ大陸における反共の重要拠点として位置づけていた。沖縄移民を農業労働力としてボリビアに呼び込むことは、米国と南米の関係を強化する意味で、米国政府にとっても有益だったのである。[48]

しかし、沖縄からの戦後計画移民第一陣はボリビアで悲惨な状況に陥った。[49] インフラの不整備に加えて、沖縄の入植者は半年間で少なくとも一五名の命を奪う感染症の猛威に見舞われた。その結果、入植者の四分の三以上が定住地から離れることになり、このため、ボリビア移民は「棄民」として人びとに記憶されることになった。前述のヤマシロが「ウチナンチュの精神」の基盤として見出したのは、こうした沖縄移民の離散と苦難の経験である。土地から切り離され、流動した記憶の経験の共有が、沖縄ディアスポラ間の相互扶助ネットワークを生み出した。

沖縄から太平洋の島々、そして北南米へと拡がりをみせる彼女たちの想像力は、すぐさま、わかりやすい「連帯」へとつながるものでは決してないし、また「世界のウチナンチュ」のような新たな主体性への可能性として安易に結論づけていいものではない。しかし、軍事ネットワークが生み出した人流は、統治の側が意図しない「出会い」や「つながり」、あるいは「衝突」を生み出したことは事実であろう。次節では沖縄を出郷した人びとが、戦争で荒廃した郷土と、どのように新たな関係を結ぼうとしたのか、移民による「救済」の回路を見ていく。

二．ハワイ沖縄移民と沖縄救済

1．ハワイの沖縄移民

沖縄からの海外集団移民は一八九九年、「沖縄海外移民の父」と称される當山久三の斡旋によりハワイに向けて出発したものがはじまりとされている。當山は謝花昇や平良新助とともに、自由民権運動に強い影響を受けて沖縄で政治結社・沖縄倶楽部を結成し、機関紙である『沖縄時論』の発行に携わった。また、食糧問題・人口問題の解決として海外移民事業を捉えており、その実現に奔走した。この時期、沖縄では土地整理事業（一八九九年〜一九〇三年）を通して、従来の「地割制」（村落の耕地・山林・原野が各戸に割り当てられ、一定年度ごとに割替が行われる）が廃止され、耕作地に対する農民個人の所有権が認められるようになる。この結果、個人が土地を売買する自由を獲得し渡航費を捻出することが可能になった一方で、より換金性の高い甘蔗栽培が農業生産の中心となることで、市場での相場変動に振り回されるようになった。第一次大戦後には、世界恐慌のあおりを受けた糖価の暴落によって、農業経営が立ち行かなくなり、困窮した人びとは、働き口を求めて、県外の労働市場へと向かった。こうして、土地私有制の確立は、二重の意味で農村人口の流動化を促した[50]。経済的要因に加えて、一八九八年には沖縄の一般住民に対して徴兵令が施行されたことで、徴兵忌避もまた海外移民の主要な動機となっていった[51]。

當山の呼びかけに応じた第一回ハワイ向け沖縄移民二六名[52]は那覇港を出発し、一九〇〇年一月八日にハワイ・オアフ島に上陸したが、これは日本の他地域からの官約移民開始から一五年遅れてのことだった。先着の日系移民はすでに六万人に到達しようとしていた。ハワイは一八九八年に米国に併合されたことに伴い、移民法が適用されることになり、一九〇〇年以降、契約移民は禁止された。その後、一九〇七年までの七年間は自由移民の渡航が許可されたが、移民が完全に禁止される二四年までは親子・夫婦の「呼び寄せ」による移民のみが許された。當山が帝国植民会社・大陸植民合資会社の業務代理人として強力に移民を斡旋したこと、また数多くの本土の移民会社が沖縄に集結したこともあって、一九〇五―〇七年にかけて沖縄移民は急増し、三三年の統計によれば、二万人近い沖縄出身者がハワイに移住している[53]。

沖縄からの移民は「非日本的」で「非文明的」な「異民族」として他者化され、ハワイにおける日系社会の最下層に押しやられていった。一方で、ハワイには一九世紀中盤から二〇世紀初頭にかけて、主に砂糖プランテーションの労働力として、日本・沖縄に加えてフィリピン、ポルトガル、中国、朝鮮から大量に移民が流入してきており、ハオレ（白人）を頂点とする人種階層的秩序を構成していた。この結果、沖縄移民はハワイ移民社会における人種階層秩序と日系社会内の秩序によって二重に他者化・人種化された。[54]こうした状況の中、沖縄出身者は社会的地位を向上させるため、「沖縄的」とされた習慣や風俗を払拭し、「日本的」要素を習得することで日系人社会に積極的に同化しようとした。伊波普猷による、日本人と琉球人の「同祖性」を主張する「日琉同祖論」にハワイの沖縄人指導者層が深い関心を寄せたのもこのためであり、一九二八年には『実業之布哇』社主の当山哲夫の招待で伊波が来布し、熱烈な歓迎を受けて各地で講演活動を行った。[55]

一九二〇年代以降、日本国内の労働市場に吸収されていった「沖縄人」が「勤勉な労働者になること＝日本人になること」を求められた結果、生活改善に邁進するようになったとすれば、[56]ハワイの沖縄出身者は日系人だけではなく（場合によってはそれ以上に）白人による監視にさらされていた。以下の文章は、一九一九年に刊行された沖縄出身者の記録集『布哇之沖縄縣人』の巻頭に寄せられたものだが、「清潔」「美化」を促す文言とともに、「布哇（ハワイ）」という場が強調されている。

郷に入りては郷に従ふのが人間生活の根本原則なりとすれば、我々同胞も布哇に来ては矢張り布哇の風俗習慣に順応し、布哇の社会人として倶に布哇を美化し、善化するだけの心掛けがなくてはならぬ。服装の如くも必ずしも善美華麗を装う必要はないが、他人に悪感と不快を与えぬだけの清潔を保ち、住居及び庭園の如きも後指をさされぬ位に常に清潔を保たねばならぬ。自ら卑下して、人侮ると云ふこともあるから、吾々は自ら為すべきことを為し、自ら盡すべき義務を盡し、然る後自ら取るべき物を取り、自ら主張すべき権利を主張するだけの覚悟がなくてはならぬ。[57]（傍線引用者）

また、これに続く以下の文章からは、沖縄人と日本人（内地人）との非対称な関係性と、それを評価・観察する権力主体としての「米国」という図式が浮かび上がる。

従来の例によれば、沖縄縣人は縣人同志では些細の事に對しても、違いに欠點を指摘して争論する傾向があるけれども、他の縣人に対しては、如何なる無法と侮辱と圧迫を受けても之れに反抗する勇気なく、女々しく屈従する傾向があった。比較的温順素朴と云はれている同胞が、近頃になって縣人同志で米國の法廷に於て互に醜態を曝露するが如き刑事上及び民事上の事件の多くなって来たのは以上の事実を語る証左ではあるまいか。[58]

このことに関連して、沖縄占領計画が立てられた際、ハワイに居住する沖縄系と日系移民との関係性についてのエスノグラフィが軍政マニュアル作成の上で参照されたことは特筆すべきであろう。本章冒頭で述べた通り、ハワイに召集された社会科学者たちは、沖縄軍政計画のための調査研究を行ったが、その中で編纂されたレポートの一つが“The Okinawans of the Loo Choo Islands: A Japanese Minority Group（琉球列島の沖縄人――日本の少数集団――）”であり、ハワイにおける「日本人と琉球人」の間の「潜在的な不和の種」について詳細に記述されている。[59] こうした日本人との「不和」をうまく助長すれば、沖縄人の米国に対する忠誠心は日本人のそれよりも一般的に強いため、政治的に利用ができると示唆されている。米国が沖縄人の「有用性」を期待していたのは、対日関係においてだけではない。レポートには続けて、沖縄人は「精神的にも身体的にも優秀な労働者であることはハワイのプランテーションでも証明されている」ため、戦後、沖縄だけでなく委任統治領やフィリピンでの統治遂行の上で有益な人材（agent）になるだろうと記されている。[60] すなわち米国は、アジア太平洋地域における米国を中心とした戦後秩序を思い描きながら、その中で流動する有益なエージェントとして「沖縄人」を見出していたのである。

2. 比嘉太郎と沖縄救済運動

真珠湾攻撃後、日系・沖縄系移民の関係性と、それぞれのハワイ社会・米軍との関係性も、大きく変化した。一九四〇年の時点で、ハワイでは日本人と日米二重国籍者（ハワイ生まれの二世）を合わせると、すでに全人口（約四二万七千人）の約三七％（約一五万人）を占めるようになっていた。特に野菜農家や大工・輸送業者の九〇％、熟練労働者の半数を占めるなど、ハワイ経済の主要な担い手となっていたため、アメリカ本土の規模の日系人強制収容を課せば、地域経済が成立しなくなり、輸送・収容するための経費と土地も莫大なものになることから、大規模な強制収容は見合わされた。強制収容の対象となったのは、基本的には日系社会に対して影響力が高いとみられた教育関係者や僧侶ら、日系人人口の一％にとどまった。[61]

一方で、日米戦争の開始は戦争特需をもたらし、ハワイ経済は戦時中に大幅に拡大した。特に、一九四〇年以降、米海軍主力部隊が真珠湾に集結し、兵士の食肉需要が高まったことから、養豚業やレストラン経営に進出していた沖縄系は財をなし、戦後の社会的・政治的な地位を高める基盤を築いていった。このことが、ハワイにおける「沖縄救済運動」の展開に大きく影響していくことになる。

救済運動の直接のきっかけとなったのは、米軍兵士として沖縄戦に参戦し、戦禍に見舞われた沖縄を目の当たりにしたハワイ出身の比嘉太郎らによる訴えだった。比嘉は、一九一六年ホノルルに生まれ沖縄で教育を受けて米国に帰還した、いわゆる「帰米二世」である。自身について「アメリカ生まれの日本育ち、日本にも、またアメリカにも、どちらにも馴染めない、自他共に奇形児と称した」[62]と述べており、回想録からも、アメリカ・日本・沖縄、そしてハワイに対する複雑な立ち位置がうかがえる。沖縄の祖父母のもとで幼少期を過ごしたのち、中学卒業後は出稼ぎで大阪の紡績工場を転々とする。一度、ハワイに戻ったが、三七年に電気技術を学ぶために再び来日し、東京の富士電炉工業に勤務するかたわら、早稲田大学の予科に通った。四〇年にはハワイに戻り、真珠湾攻撃の直前の四一年六月に、第三回徴集兵の一員として、スコフィールド兵営に入隊し、基礎訓練を受けた。日米戦争が始まると、ハワイ出身の日系人を中心に編成された米陸軍第一〇〇歩兵大隊に配属され、イタリア戦線に赴いた。前線で重症を負い一度は除隊、全米の日系人強制収容所を巡って戦争協力を求める講演活動を行った。四四年から五ヶ月かけて、計七五の都市で行われたこの米大陸巡講は、日系アメリカ人市民同盟（The Japanese American Citizens League，以下JACL）と日系人収容を管轄した戦時転住局（War Relocation Authority）が主催し、陸軍省が後援した。日系社会に対する風評を是正するとともに、一世の戦争協力をひきだすべく、負傷兵として帰還した比嘉が適任であるというJACLの要請によるものだった[63]。

一九四五年に沖縄戦が始まると、比嘉は、通訳兵として志願し、現地に赴いた。ガマ（洞窟）に隠れていた住民をウチナーグチ（沖縄の言葉）で投降するよう説得し、救出して回った。「戦禍の沖縄より」と題した連載記事を日系新聞『ハワイタイムス』に寄稿して、復興への協力を呼びかけた。これを受けて、四六年には在米沖縄救援連盟が設立され、救援運動はニューヨークやワシントン、シカゴ、アリゾナ、さらにブラジル、ペルー、メキシコ、ボリビア、アルゼンチン、カナダと世界各地へ拡がった。アメリカ本土と比較して、戦争特需によって経済的・社会的基盤を確立した沖縄移民の多かったハワイでは、いち早く運動が開始される。四五年一一月には早くも、ホノルル協会連盟主催、米国海軍後援による「沖縄戦災被服救済委員会」が組織され、同月には一〇六トンもの衣料品が沖縄へ向けて送り出された。翌四六年にはハワイ連合沖縄救済会が結成され、相撲大会や演芸会、芝居の上演といった催しを通じて短期間でカンパが集められた。救済運動に協力するために、冠婚葬祭の簡略化など生活改善に取り組む村人会もあった。[64]

ハワイから沖縄に送られた最も大がかりな救援物資としては豚が知られている。沖縄戦で豚が激減した上に、終戦直後に蔓延した豚コレラによって壊滅状態に追いやられていた沖縄の養豚業を復興すべく、ハワイの救済委員会のメンバーがオレゴン州まで出向き、ランドレース種を中心に豚五五〇匹を買い付けて米軍の軍用船で沖縄まで送り届けた。その他にも、母親たちによって組織されたレプタ会や、沖縄復興ハワイ基督教後援会、沖縄医療救済連盟、大学設立を目指した沖縄救済更生会といった団体が次々に設立された。比嘉太郎のような二世の退役軍人や僧侶、キリスト教会に加えて、社会主義思想の影響を強く受けた湧川清栄らも、ハワイでの救援活動で大きな役割を果たした。[65]

前述したように、ハワイの沖縄救済運動は、沖縄移民にとっては、アメリカ社会における地位を確立するとともに、「沖縄人」としての民族的アイデンティティの醸成に寄与した。さらに特筆すべきは、沖縄救済運動が日系人の帰化権獲得および強制収容時立ち退きに対する賠償運動と協力体制にあったことである。帰化権獲得運動は、一九二四年移民法によって「帰化不能外国人」とされ、戦中には「敵性外国人」として強制収容の対象とされた在米日系人にとって戦後最初の組織的な名誉回復運動であり、ＪＡＣＬによって強力に推し進められた。比嘉は、「日本人が一米国市民になり得る資格さえ得れば今後凡ての排日問題、日本人問題は根本を解消する」と考え、帰化権獲得は全米同胞が一丸となって後押しすべきこととして、ハワイでの運動を牽引した。[66] この結果、JACLのロビイストであったマイク・マサオカを通じて、米国政府に働きかけ沖縄との郵便再開や郷里訪問・送金などの許可を求める一方で、ハワイの沖縄救済会は帰化権獲得運動のための資金募集をサポートすることになった。[67]

運動が実を結び、在米日系人は一九五二年のマッカラン＝ウォルター移民国籍法によって帰化権を獲得する。南川文里によれば、マッカラン＝ウォルター法の成立は、同年のサンフランシスコ平和条約の発効によって主権国家としての地位を回復した日本と米国とのあいだの人の移動を、二つの国民国家間の移動として再定義するものだった。それは一方で「日米親善」という言説のもと、日米間の人の移動を促進させ、日系社会に経済的機会をもたらしたが、他方、招かれざる移民――共産主義者や非合法入国者――を「強制送還可能な外国人」として排除することを可能にした。[68] 強制収容の記憶が未だ生々しいものであった在米日系人にとって、米国社会で一市民としての安定的地位を確保し続けるためには、親米・反共主義者である(少なくとも、そのようにふるまう)ことが絶対条件となった。タカシ・フジタニの議論と併せて考えれば、この「一九五二年体制」は、日系人と主権国家日本を「モデル・マイノリティ」として国内的にも国外的にも、米国の冷戦人種秩序に組み込むものであったといえる。[69] 南川やフジタニが指摘しているように、マイク・マサオカをはじめとするJACLの幹部らの、こうした冷戦体制への参与は、彼らが戦中に強制収容所の管理や統制に積極的に協力し、国家への忠誠を示そうとしたことの戦後への連続として考える必要がある。[70]

ヨーロッパ戦線で白人兵とともにたたかい、負傷して帰還した比嘉太郎は、JACLにとって、「米国への忠誠を示す日系人」を体現する理想的な存在だった。一方、比嘉自身は従軍経験を通して国家に対して複雑な思いを抱えていた。第一〇〇大隊で最初の士官戦死者となったドイツ系士官が「日系の君たちは、親は収容所に幽閉されていながら、生国のために銃をとる。自分はドイツ系のために母国に銃を向ける」と口癖のように言っていたことを振り返りながら、「われわれは母国に銃を向けなくてすむだけでも幸せだという気持ちが湧くと同時に、彼の無念な気持ちを思うとどうしようもないいらだちが胸をつきあげてきた」と振り返っている。[71] また前線へ赴く心境として、「口に出してはいえなかったが、「母国のため」「生国」のためとはおもて向きであって、「屈辱をなめている同胞のために」が心の支えであった」と告白している。[72] 比嘉にとって「我が同胞」が誰を示すかは文脈によって異なるが、多くの場合、それは抽象的な「日系人」「日本人」全体ではなく、ハワイの沖縄系コミュニティや戦場で自らの傍らで死んでいった戦友たちを指していた。それでも、比嘉のＪＡＣＬや米軍との強いコネクションが、沖縄救済事業を実施する上で、特に物資輸送や米政府との交渉の場面で極めて重要であったことは間違いない。このように、ハワイにおける沖縄救済運動は、郷土のあるべき姿の回復と、沖縄系移民としての主体形成の場であったのと同時に、日系移民社会に対する沖縄系の地位向上・発言権の強化、さらに冷戦秩序形成への協力といった意味合いも帯びていた。次節では、こうした主流の沖縄救済運動とは距離を置いていた、社会主義者が目指した「沖縄救済」について『ハワイスター』を手がかりに分析する。

3．『ハワイスター』における「新・沖縄」構想

『ハワイスター』は、一九四七年三月六日にハワイ共産党の創設者である木元傅一[73]によって創刊されたハワイ唯一の日本語で書かれた労働新聞である。当時、ハワイで刊行されていた日本語新聞は戦前から

続く『布哇報知』と『日布時事』、四五年一一月に創刊された『商業時報』であった。同時期に創刊された英字の労働新聞として、有吉幸治が創刊した『ホノルル・レコード（*The Honolulu Record*）』（一九四八―五八年発行）がある。マッカーシズムを背景に、五一年八月、木元と有吉は、ＩＬＷＵ（国際港湾倉庫労働組合）のハワイ地域幹部ら他の共産主義者とともに「ハワイ・セブン」として、スミス法によって米国政府転覆罪に問われ、逮捕された。他の労働系新聞の多くが厳しい検閲の対象となり、廃刊に追い込まれる中、『ハワイスター』はかろうじて存続していたが、五二年一一月一七日付（第二七九号）を最後に廃刊になった。[74]

創刊号には、『ハワイスター』創刊の目的が以下のように記されている。

我がハワイスター社が創立されるに至ったのは現代世界の進歩的動きに相応すべき使命を認識するとともに、在布哇同胞の間に日米両国の民主主義的伝統を踏襲して発言する自主的な勇敢なる言論機関の必要を痛感した結果である[75]

その主な主張として、「㈠日米両国における民主主義運動を支持すること、㈡布哇の立州運動を支持すること、㈢日系外人の全幅的な帰化権を獲得するための闘争を支持すること、㈣全ハワイ在住民の民主主義的な教育の促進を目的とする一切の方策を支持すること、㈤凡ての労資係争問題を全幅的に、而も公平に報道し、論評すること、㈥あらゆる係争問題に対して、人間的な側面をもつと［…］すること、㈦一切の人種的差別待遇に反対し、各人種和合の促進を目的とする凡ゆる方策を支持すること」が挙げられている。[76]創刊当初はＩＬＷＵの活動報告やストライキの進展がトップ記事となり、「主張」欄では、米国政治に対する批判、特に人種差別的政策に対する言及が多い。また当時、連合国軍の占領下にあった日本の将来を憂慮した記事、日本の「民主的再建」についての議論も多く見られる。こうした時論とともに、戦中の兵士・市民の戦争体験をもとにしたノンフィクションや小説なども掲載されている。

原山浩介が指摘するように、これまで日系移民史においても、労働運動史においても、『ハワイスター』について言及されることはほとんどなかった。[77] この理由として第一に、ハワイ日系社会における共産主義への忌避感がある。前節で述べたように、特に戦後アメリカ社会において、米国市民としての安定的地位を確保するためには、少なくとも表向きには共産主義と距離を置く必要があった。第二に、木元が去った後の『ハワイスター』の論調の変化があげられる。木元の後を継いで主筆をつとめたのが、沖縄出身の一世・新城銀次郎[78]（一九四八年一五月二〇日から四九年五月二日まで）と、同じく沖縄出身の前城守貞（四九年五月九日から廃刊まで）だった。原山は木元以降の変化について、初期の『ハワイスター』はＩＬＷＵの言論機関としての性格も強く、労働運動の組織に力点が置かれていたが、新城以降は、紙型も縮小し、「限られた執筆者の思想や「表現」が前面に出る媒体へ、そして「進歩的なジャーナリズムへの貢献」という抽象的な課題へと帰着していった」と分析している。[79] 同時期の他の邦字新聞は『ハワイスター』を「新城銀次郎の「赤」新聞」と表現していた。[80]

労働新聞から社会主義新聞へという思想上の変化に加えて、新城が主筆をつとめるようになって以降、おそらく、この『ハワイスター』の役割そのものが変容していった。結論を先取りして言えば、ハワイ日系社会の労働者を組織することよりも、ハワイの沖縄移民はもとより、世界各地の沖縄人を結びつける言論交換のための媒体としての側面が強くなった。まず、沖縄に関する記事や論説、沖縄系企業やレストランからの広告が増えていった。連載記事だけをみても、新城（記事では「北山」というペンネームを使用）による「自由沖縄論　わが郷土はどうなるか」（創刊号から六月一二日号）、主筆が新城に交代になった一九四八年五月二〇日から始まった「沖縄戦物語」（同年九月二七日まで）、「沖縄水産物語」（一九四八年一〇月四日から一九四九年一月一日まで）、「沖縄の牧畜業」、「沖縄水産業の将来について」、「沖縄の水産業本部村の現況」、「沖縄の悲劇「ひめゆりの塔」」と多岐にわたる。この他にも、米軍による土地接収や沖縄民政府に対する批判、なかでも沖縄は日本・米国いずれに帰属すべきか、あるいは独立すべきかという「帰属問題」に関する記事は、刊行期間を通じて数多く掲載された。

沖縄関連の記事の多くは、「我々琉球人」や「我が沖縄」といった主語を多用しており、「沖縄人・琉球人」読者に向けられたものであることがうかがえる。さらに、東京の沖縄県人会が一九五〇年に創刊していた雑誌『おきなわ』の記事が転載されたり、沖縄水産業北部地区組合の会長が連載記事（「沖縄水産業の将来について」）を寄稿するなど、『ハワイスター』はハワイを越えて広く沖縄系の意見交換の場となっていた。上地聡子は、同紙と同時期にハワイで発行されていた『更生沖縄』を、日本各地の沖縄県人会によって発行されていた『自由沖縄』や『沖縄新民報』といった新聞や機関紙と併せて分析する中で、こうした沖縄系メディアがトランスナショナルなネットワークを作り、見知らぬ「同胞」との一体感を醸成していたと論じている。[81]『ハワイスター』もまた、このようなネットワークの中で流通し、各地で読まれたものとして位置づけることができる。

それでは『ハワイスター』では沖縄の救済や復興について、どのような言葉で語られていたのだろうか。ここでは、創刊号より全一五回にわたって連載された新城の「自由沖縄論・わが郷土はどうなるか」を中心に検討する。「自由沖縄論」は東京で発行されていた沖縄人連盟の機関誌『自由沖縄』から着想を得て表題がつけられ、「我ら琉球民族」の「不幸なりし歴史」を描くとともに「自由沖縄」がいかにして実現することができるかを論じている。連載を通して、「自由沖縄」の建設は、「世界民主主義の確立」なくしては達成しえないという主旨の議論が展開される。

沖縄は一体、どうなるであろうか。このことは在米布の同胞の胸を打っていることであるから、本文は事情の許すかぎり世界史的角度から記述するであろう、彼の過去の不幸なりし歴史、現実の悲惨なる姿は、決して偶発的なる事件ではなく遠く、人類史の矛盾にみちた歴史的必然性に基づくものであることを私は発見した。琉球民族が世界の渦巻きの中に翻弄されて、ついに今日の運命に逢着したこともハッキリするようになった。私は祖先の霊に代わって本文を書く最後の決心をしたのである。自由沖縄の建設はいろいろの方法があろう、しかし世界民主主義の確立なくしては沖縄の自由はない。[82]

以上のような主張から始まる「自由沖縄論」は、琉球王朝時代の歴史から振り返り、薩摩による琉球侵攻を皮切りに、いかに琉球／沖縄が外的権力の搾取の対象となってきたかを描き出している。筆者である新城＝北山は、琉球民族は常に自然と世界的状況に制約されて来た結果、「著しく消極的となり悲観的となり、自らの生存を続けるために悲しみの歌をうたって自らを慰めるような性格」となったことが、よりいっそう悲劇的状況を招いていると主張する。[83]このため、新沖縄建設のためには、「沖縄民族の再教育」が必要であるとし、「封建思想、隷属的な思想、軍国主義の神様をかなぐりすてて、正しい世界観を持たしめ、本来の民主主義教育を施さねばならぬ」ことが強調されている。この観点から、救済運動にも苦言を呈しており、物資を送るだけではなく、反戦・反ファシズムを掲げないことには、根本的に沖縄を救済することはできないという。[84]「自由沖縄論」連載最終回は次のように締めくくられている。

地球上から戦争がなくならない限り、沖縄が国際管理下におかれようと、又は、米国の委任統治下におかれようと、日本へ返されようと、琉球列島は更に恐るべき戦場となるであろう。全世界から戦争と搾取がなくなった時、あらゆる民族は、完全なる民族自決主義の下に、自由平等を獲得すべきであろう。そのとき、琉球も、画期的な世界自由連合の部分としての「自由沖縄」となるであろう。而して沖縄民族は全世界の地上へ世界市民として伸びることができるであろう。人類の歴史はそれを約束しているからである。[85]

右記の文章からは、伊波普猷が一九四七年に発表した「地球上で帝国主義が終りを告げる時、沖縄人は「にが世」から解放されて「あま世」を楽しみ十分にその個性を生かして、世界の文化に貢献することが出来る」[86]という思想への深い共鳴が読み取れる。実際、新城と伊波普猷との間には交流があった。前述の通り、一九二八年末から伊波普猷はハワイに滞在し各地を講演行脚したが、その際、当時は『マウイリコード』の記者だった新城と議論を重ねている。[87]比屋根照夫によれば、このハワイへの旅と、新城との思想的交流が、伊波普猷の唯物史観への転換を確固たるものにしたという。[88]交流は伊波の帰国後も続いたようで、伊波が死去する直前、四七年七月三一日号の『ハワイスター』には東京の伊波から新城に寄せられた短信が掲載されている。そこには、伊波が「ハワイスター」を読んでいるということともに、「沖縄はほんとうに何処へゆくのでせう。とにかく、周囲に帝国主義の国家がすっかりなくならない限り、沖縄人は奴隷状態から免れることはできません。もう数十年間もこんな境遇がつづいていたら我が沖縄の社会は滅亡するに決っています」という伊波の危惧が綴られている。[89]

「自由沖縄論」に続く連載「沖縄戦物語」では、ハワイ生れ沖縄育ちで沖縄戦のさなか米軍の捕虜になり、ハワイに送還された帰米二世の女性の戦争体験が紹介されているが、ここでも通底するのは「第三次世界大戦が勃発した際には、今度こそ琉球民族は全滅する」という危機感である。同時に、北山の文章からは「民主主義」に対する強い信頼が読み取れる。「民主自由沖縄」という文言は、在米沖縄復興連盟で可決された沖縄救済運動全体のスローガンとしても大きく掲げられた。日米戦争直後のハワイで「民主主義」はどのような意味を持ちえたのだろうか。山里勝己は、湧川を中心に行われた沖縄救済運動の一つである「大学設立運動」を分析する中で次のように述べている。「軍政府による大学創立に批判的であった更生会の運動に、自らあまり意識していないものがあったとすれば、それはその思想の根底において米軍政府と共有するものがあったということである。湧川にとっては、それは沖縄戦の悲惨さを招来した戦前の日本の封建主義と軍国主義に対する強烈な反発であり、逆に言えば、アメリカの「民主主義」に対する揺るぎない信頼である」[90]山里はさらに「この点でいえば、時代を先取りしていたそのヴィジョンにもかかわらず、一九四〇年代後半の更生会の運動は、アメリカ軍部同様に、オリエンタリズムの首枷から完全に自らを解放し得てはいなかった」と結論づけている。しかし、北山や湧川が掲げていた「民主主義」は、その文言だけ見れば米国の冷戦政策が掲げていたそれと相違なく見えたとしても、その言葉に託された世界や「自由沖縄」は大きく異なるものだったのではないか。少なくとも米国の施政下に置かれることが決して解決にはならないという認識があったことは、「地球上から戦争がなくならない限り、沖縄が国際管理下におかれようと、又は、米国の委任統治下におかれようと、日本へ返されようと、琉球列島は更に恐るべき戦場となるであろう」(「自由沖縄論一五」)という言葉から読み取れる。

『ハワイスター』が刊行された一九四〇年代末期、沖縄では帰属問題が大きく問われていた。日本に復帰すべきか、独立すべきか、国連の信託統治下におかれるべきか——帰属をめぐる立場が、同時期に次々に結成された政党の方針にもなっていた。沖縄民主同盟（一九四七年結成、一九五〇年に共和党に合流）が沖縄独立共和国を目指し、共和党（一九五〇—五二年）が独立論を掲げ、社会党（一九四七年結成）が米国による信託統治を支持した。その後、五〇年に、USCARがそれまで暫定的に沖縄を占領統治していた軍政府に変わって設置され、米国の沖縄保有の恒久化が決定づけられると、帰属問題に関する議論は日本復帰へと傾斜していく。一方、前節で述べたように、米国では、五二年の移民国籍法によって日本人移住者の帰化が認められ、それまで「帰化不能外国人」だった沖縄出身移住者（一世）も米国の市民権を得ることが可能となった。さらに、ハワイ自体が一九五〇年代を通して、米国の準州から正式な「州」への昇格を目指す、立州化運動の只中にあり、「ハワイの沖縄人」はこの時期、「沖縄系アメリカ人」という一つのエスニック・マイノリティグループとして米国社会に包摂されていく過程にあった。こうした状況を背景に五〇年代以降、沖縄の帰属をめぐる議論は、沖縄においてもハワイにおいても、日本か米国かという国家的枠組みを前提としたものへと収斂していった。翻って、「自由沖縄論」が記された四〇年代末期のハワイは、そうした国家を前提としない「自由沖縄」を構想することができた言説空間でもあったのではないか。

しかし一九五〇年代に入り、米軍による沖縄長期保有が規定路線になって以降は、『ハワイスター』の沖縄に関する記事も、悲観的・消極的なものが目立つようになる。五一年七月三〇日一面の「主張」は、「沖縄県は死せず／かくれたるのみ」と題されており、「日本国民に非ず、米国民にも非ず、琉球国民にも非ず、一体、琉球民族は何処の国民であろうか？　国際孤児なのか？　然らば琉球の運命は、どうなるか？」という憤りとともに、「夢を見ることのできぬ民族は滅びるであろう。無から有が生じ、空想から現実が生れた。それが地球と人類の歴史ではないか。沖縄県は死せるにあらず、隠れたるのみ、何時かはまた水平線に現れるであろう」という諦念ともとれる言葉が記されている。興味深いことに、こうした記事では、「琉球民族」の運命が、「布哇民族」や太平洋の他の島々の民族と重ね合わせられている。例えば、五〇年五月二九日の「主張」では、米国資本による名護町の観光地計画がとりあげられているが、「名護町の観光地ニュースを見聞きしたとき、我々は直感的にワイキキを想像した。ワイキキで波乗りをする布哇民族の青年が夕方になると、あの広壮なローヤル・ハワイアン・ホテルをただ眼で眺めただけで、自分等の貧民窟へ寂しく帰って行く悲しい情景を想像せずにはいられない」とある。[91] また、沖縄には便利な交通網や娯楽場が米軍によって建設され、太平洋の楽園になりつつあるという他通信社の楽観的な記事に対して、「亡国民の人民は、やがて亡民族の民となる。太平洋の島々には、そんな民族がいる」と警鐘を鳴らしている。[92]

沖縄と他の太平洋諸島の民族をつなげる視座は前述の湧川にも見られる。湧川は沖縄での大学創設と給費留学生の養成を目指して沖縄救済更生会を結成するとともに、一九四七年一一月「更生沖縄」を創刊した。その目的は、「日本本土、中米、北米、南米及び布哇に於ける全海外沖縄人同胞の手によって行はれる郷里救援活動の指導、又は統一連絡の助成機関」となるべく、沖縄に関する情報を海外同胞と共有し、海外における動静を郷里の同胞に伝えることであった。また、「戦後の国際時局、別けても西部太平洋諸民族に課せられた新しい政治体制に対する認識を深めることによって、個人として、又社会人としての、新時代への発足を助成する意味において、本紙はその啓蒙的役目も果したい」と掲げていた。[93] ここで、沖縄とハワイを有機的に結びつけるような「西部太平洋諸民族」という言葉が使われていることに注目したい。

湧川のこのような視野の拡がりを考慮に入れれば、彼らが目指した「更生沖縄」は、単に戦争で荒廃する以前の沖縄の復興ではなく、日本からも米国からも政治的・経済的・精神的に解放され、「全海外沖縄人同胞」と手を携えて歩む「沖縄」だったのだろう。湧川にとって大学創設はそのような「更生沖縄」実現のために必要不可欠だった。『ハワイタイムス』に掲載された更生会の宣伝文には、大学創設の目的について「民族の存在を保証する意味から云っても、沖縄には沖縄人の手による、独自的、自主的大学が必要でありま す[94]」と書かれている。湧川は大学設立の支援を得るために全米各地を奔走したが、皮肉なことに、沖縄で初めての大学である琉球大学は一九五〇年米軍政府によって設立された[95]。

このことは、救済運動が帯びていた両義的な性格を物語っている。すなわち、郷土の救済と解放を望めば望むほど、少なくとも公的には被占領民の救済と民主化を掲げていた米軍の沖縄統治計画と限りなく接近してしまう。その意味では、たとえ復興した先に思い描いた「沖縄」が異なるものだったとしても、前述の山里が指摘するように、更生会は思想の根底において米軍政府と共有するものがあったといえる。

さらに、ハワイの沖縄移民が「沖縄救済運動」を円滑に進める上で、また米国への忠誠を示す意味でも、救援物資の輸送を担っていた米軍との協力体制は必須であった。そしてまた米軍側も、沖縄統治が長期化し沖縄住民との軋轢が増していく中で、ハワイの沖縄移民に沖縄の住民との緩衝材としての役割を期待した。特に一九五〇年代中旬以降、基地建設のための土地接収により土地と生活手段を奪われた住民による抵抗運動が全島的なものへと発展すると（島ぐるみ闘争）、米軍は強硬で暴力的な支配に変わる統治のあり方を模索する必要に迫られた。五七年には大統領行政命令により高等弁務官制が施行され、沖縄の統治権は極東軍総司令部から米国の直接統治下へ移管された。同時期の米軍再編によって極東軍が廃止されたことで、沖縄の駐留部隊（Ryukyu Command）が、ハワイに本部を置くＵＳＡＲＰＡＣの管轄下に置かれることになった。これによりハワイと沖縄の軍事上の結びつきはさらに強いものとなっていくわけだが、そのような状況下、五八年にUSARPACの最高司令官から米国陸軍省に送られた通信には次のような記述がある。

琉球列島の外では最も多くの沖縄人が住むハワイは、国際的な人的交流（People-to-people）プログラムを展開するのにふさわしい場所である。慎重に組織し、活性化されれば、こうしたプログラムは沖縄人とアメリカ人のより良い相互理解に寄与するであろう。この可能性をうまくのばすことで、米国が琉球列島においてのぞむべき目標を達成する一助となりうる。[96]

この翌年一九五九年にはUSARPAC、USCAR、ハワイ沖縄連合会の協力のもと、ハワイと沖縄間の人的交流の促進を目的とした「琉布ブラザーフッド・プログラム」（Ryukyuan-Hawaiian Brotherhood Program）が組織された。同事業には沖縄の住む親戚や友人に手紙を送り、左翼候補者に投票しないよう呼びかける反共活動も含まれていた。[97]

しかし米軍・米国とのこうした関係は、当然ながら、沖縄移民社会全体で歓迎されたわけではなく、一九五〇年代なかばに沖縄で「島ぐるみ闘争」が巻き起こって以降は特に、ハワイの沖縄人コミュニティの中での立場性の差異を浮き彫りにさせ、時に大きな対立を生み出していく。一九五九年一一月二六日付の『ホノルルスター・ブレティン』に「沖縄は日本に「属さない」」と題した社説が掲載されると、沖縄の日本本土復帰を求める人びとと反対する人びととの間で論争が巻き起こった。前者が、米国が日本の圧政から沖縄を「解放した」と主張する一方、後者は伊波普猷が主張した「日琉同祖論」を思想的根拠に、沖縄は日本に返還されるのが当然であると主張したのである。[98] こうした事態からは、日米の植民地主義的言説が、いかに沖縄移民の中に分裂をもたらすものとして働いていたかが読み取れる。ユウイチロウ・オオニシが指摘するように、「占領下沖縄が［法的・政治的に］曖昧な状態にとどめ置かれたことが、沖縄移民の主体性形成にも決定的な影響を与えていた」のである。[99] それだけに、米軍にとっても、ハワイの沖縄人社会にとっても、沖縄とハワイの関係を強化することは、一九六〇年代以降、より重要な意味を持つようになる。次節で明らかにするように、六〇年代は、沖縄とハワイを結ぶトランスパシフィックな救済・援助の回路に、もう一つの重要なアクターである日本政府が積極的に参与していく時期でもあった。

三．日本政府のアジア太平洋開発援助プログラム

一九六一年三月一九日付の『ホノルル・アドバタイザー』は、「日本はアメリカと対等の時代を迎える」と題するトップ記事で、一九五七年から六一年まで駐日大使を務めたダグラス・マッカーサー二世の功績を称えた。記事は、彼が東京を離れる際、叔父であるダグラス・マッカーサーが連合国最高司令官を務めた占領時代以来の日米関係を振り返ったスピーチを取り上げている。大使館での在任期間中、彼は「主権の平等、互いへの敬意、賢明な自己利益、両国の独立に基づく真のパートナーシップとしての日米関係」という新時代建設のために力を尽くしたことを強調した。[100] この理念は、五七年六月二一日に発表された岸信介首相とアイゼンハワー大統領の共同コミュニケを反映していた。[101] しかし、実際には、その四年間の任期は、不平等な対米関係に対する日本人の懸念と不満が高まり、六〇年の日米安保条約の自動延長への抗

議闘争として噴出した時期にあたった。マッカーサー二世はこうした不平等が「戦争と占領が不可避的に残した遺物」であるとし、「共通の目標と理想」を追求することによって、日米間の「真のパートナーシップ」を構築する必要があると提唱した。そこで、安全保障や貿易に加えて「アジアの経済発展という歴史的課題」を日米両政府の共通の目標として掲げた。

我々は先進国として開発途上国の人びとの経済発展と福祉という、もう一つの極めて重要な目標を共有している。我々のパートナーシップは、アジア、アフリカ、ラテンアメリカの非工業国の健全な成長を促進し、人びとがより良い生活を享受できるようにするために、他の先進国とともに、共同で実施するプログラムにますます重点を置くようになるであろうと信じている。[102]

日米合同の開発援助プログラムの成果の一つとして、マッカーサー二世は、ICAと日本政府が共同で実施した日本での技術研修に触れている。五三年以来、ICAは、東南アジア諸国から日本に研修生を送り込んで、技術指導を行うプロジェクトを開始し、六〇年までにすでにアジア地域から一、〇〇〇人以上が参加していた。[103] また、六〇年三月二三日には、日米両政府は日本での「第三国研修援助計画」実施について合意した。これは日米両政府の経費負担のもと、「第三国政府を含む関係政府間の合意により、第三国から選ばれた研修生または見学者に対し、日本における技術習得、見学、訓練のための施設を提供する」というものだった。[104] 後述するように、第三国研修は、日本と米国、沖縄、台湾や他の東南アジア諸地域をつなげ、日米両国によるアジアへの経済的介入を一つの軸とした冷戦秩序の構築に寄与するものだった。

第三国研修について詳述する前に、一九五〇年代から始まった日本の対外援助は、そもそも日本のアジア諸国への戦後賠償と密接に関係していたことを確認しておきたい。内海愛子は、日本の帝国主義と植民地主義がアジア各地の人びとにもたらした損害と苦痛に対する賠償交渉が、いかに米国の冷戦政策によって規定されたかについて包括的に論じている。[105] 内海によれば、米国は、日本を反共の砦とすべく、日本の経済復興と安定を妨げないよう（そして結果的には米国の財政負担を軽減すべく）、すべての交戦国に賠償請求権の放棄を求めた。これにフィリピンやインドネシアなどアジアの被害国が反対した結果、サンフランシスコ平和条約第一四条では、賠償支払いの四条件が定められ、支払いは「役務」――生産物供与と加工賠償――に限定された。[106] この「加工賠償」においても、原材料からの製造が必要とされる場合には、「外国為替上の負担を日本国に課さないために、原材料は当該連合国が供給すること」と定められた。

サンフランシスコ平和条約第一四条および、個別の平和条約に基づき、日本政府はビルマ（五四年）、フィリピン（五六年）、インドネシア（五八年）、南ベトナム（五九年）とそれぞれ賠償協定を結んだ。平和条約下で賠償を請求していないアジアの国々に対しては、「特別円問題解決協定」（対タイ政府、五五年発効）や経済協力など「準賠償」契約を締結した。[107] こうした国家間の協定によって、本来、日本が行った不正義に対するリドレス（補償・是正）であるべき「戦後賠償」が、東南アジアとの加工貿易を通じて日本企業が利益を得て、日本の急速な経済復興と産業発展に大きく寄与するシステムへとすり替えられていたった。つまり、サンフランシスコ平和条約は、日本の賠償負担を軽減するだけでなく、「対外援助」の名のもとに、日本のかつての植民地や占領地での経済発展を日本経済に依存させるような、新植民地主義的な支配体制の基盤となったのである。

米国にとっては、戦後賠償と対外援助を通して日本を東南アジア経済圏に組み入れることは、共産圏に対して東南アジアでの政治的・経済的覇権を顕示する上で、きわめて重要であった。サオリ・N・カタダが指摘するように、一九五五年四月にインドネシアで開催されたバンドン会議をきっかけに、非同盟運動や新興独立諸国におけるナショナリズムが勃興したために、米国政府は、交換条件を提示したり、何らかの中立性を装わなくては、対外経済政策を行うことが困難な状況になった。[108] こうして、日本の賠償は日米双方にとって、アジア諸国からの批判をかわしながら、対外援助や民間投資によって東南アジアに積極的に関与するための格好の機会となった。こうした状況下、五七年五月、岸信介首相はアジア地域内で多国間援助開発機関の設立を目指す「東南アジア開発基金」構想を提唱する。結局、この構想は東南アジア諸国の支持をとりつけることができず、かわりに日本は経済協力開発機構（OECD）の前身、欧州経済協力機構（OEEC）の開発援助グループ（DAG）への参加を皮切りに、「経済協力」という形で東南アジアに関与していくことになる。[109] 日米合同のアジア開発援助事業を通して、ブルース・カミングスが世界システム論を念頭に、冷戦期政治経済における「三角形の配置」と称した、米国を中核、日本を準周辺、東南アジアを周辺とする体制が構築・維持されていった。[110]

本章に関連して重要なのは、アジア太平洋地域における開発援助事業、特に、技術移転や人材育成にあたって、ハワイの東西センターが中心的な実施機関になっていたということである。また、台湾も技術研修の重要拠点となった。例えば、一九六二年四月に行われた東西センター主催の四ヶ月半の農業改良普及の試験的プログラムと、四ヶ月の職業訓練プログラムでは、アジア各国の農業研修生一二名が、ハワイで三ヶ月、日本で三週間の小型農業機械研修、台湾で二週間の堆肥に関する研修に参加した。日本での研修は「第三国研修に関する共同協定」に基づき、日本の農林省（当時）が実施し、台湾での研修はUS

ＡＩＤの中国代表部の協力のもと中国農村復興連合委員会（The Sino-American Joint Commission on Rural Reconstruction）が実施した。[111] ハワイ大学の専門家と協力機関が、実地研修に先立ち、二週間のセミナーを行った。東西センター発行の広報紙によると、ハワイは「農業改良普及事業分野における卓越した経験だけではなく、農産物や問題がアジア諸国の多くと類似していること」から、研修事業の担い手として選ばれたという。[112] プロジェクトの目的は、㈠ハワイが職業訓練や農業研修の場として、非常に豊かな機会を提供できることを示すこと、㈡こうした普及事業の成果をより大規模な研修事業に拡張すること、㈢当該の分野と他の分野における今後の研修事業に向けて、内容的にも方法論的にも指針となること、㈣技術研修の効果を倍増させる役割を担っている指導員を評価するためのデータを示すこと、とされた。[113] こうして、ハワイを中核、日本や台湾（韓国が加わることもあった）を研修地とする、三国間の太平洋横断研修事業は、冷戦期に米国がアジア太平洋地域で展開した国際開発援助の新たなモデルとなった。

ハワイ東西センターを中心とした二国間・三国間の技術研修の実現に向けて、中心的な役割を果たしたのが東西センターの技術交換研究所（ＩＴＩ）で副センター長を務めたバロンゴトウである。[114] ゴトウはハワイ出身、日系二世の農業教育の専門家であり、その生涯を農業技術普及事業に捧げた。小碇の詳細な分析が示すように、ゴトウの生涯、とりわけ東西センター幹部としての経歴は、冷戦下の米国の覇権拡大の力学に深く根ざした「日系移民の成功物語」を体現するものであった。[115] また、ゴトウの技術普及に関する知識は米国の社会科学をベースにしたものであり、こうした社会科学者が、戦時中の敵国に関する「知」の蓄積を、冷戦期に「開発途上国」を教育・訓練するための「技術」へと転換させていた。ゴトウは、一九五〇年代、当時のハワイ大学学長グレッグ・シンクレアに派遣され、アメリカ本土やプエルトリコを頻繁に訪れ、ハワイを近い将来、技術・教育研修の中心地とすべく、様々な知識を吸収した。特に、コーネル大学の社会学者であり、精神科医のアレキサンダー・レイトンとの出会いは、ゴトウにとって極めて重要であった。戦時中、レイトンは太平洋戦略爆撃調査や日系アメリカ人収容所内におけるコミュニティ、収容所の管理者との関係の分析など、米国政府に資金援助を得た社会科学プロジェクトに数多く参加していた。社会科学が文化の異なる他者を管理する上で重要な役割を果たすことができると考えた彼は、戦後も米国政府に協力し、国際開発や技術援助に関わる専門家や管理者を養成するための様々な応用人類学のプログラムを指揮した。最も問題なのは、レイトンが米国南西部の先住民居留地を「実地実験室（フィールド・ラボラトリー）」とみなし、低開発地域における技術移転に共通する問題がそこにあると、参加者に示したことにある。[116] ニコス・ギルマンが指摘するように、レイトンをはじめとする社会科学者は、脱植民地化と工業化がもたらす複雑な世界史的問題を単純化し、無化することで、「第三世界」に普遍的に共通する理論を構築しようとしたのである。それはまた、脱植民地化した地域に対するアメリカの新たな経済的・軍事的介入を正当化する論理的根拠ともなった。[117]

ゴトウは、レイトンのフィールド・ラボに参加した経験から、東西センターにおける技術普及・移転事業の基本的な構想を得た。フィールド・ラボでの先住民の観察を元に、地域住民の参加や、現地社会の言語や文化に精通すべきであることなど、国際的な技術移転事業を運営する上で必要な原則を記したハンドブックを作成した。小碇が指摘するように、ゴトウのハンドブックは、「日系移民やアメリカ先住民を単なる「人種と文化の違い」として観察しようとする非政治的かつヨーロッパ中心的な視座が白人の社会科学者から日系研究者である後藤に引き継がれたものであり、さらに、それはアジア太平洋地域における国際的な技術交流という、より大きなプロジェクトを方向づける指針となった」のである。[118]

ハワイに戻ったゴトウは、ハワイ国際協力センター所長に就任し、コンサルタントとしてアジア関係事業を手広く展開していった。東西センターのＩＴＩ副所長に就任した後は、「（アジアとアメリカの）交流」という概念をとりわけ重視するようになった。一九六二年に国際研修所が「技術交流研究所」（ＩＴＩ）に改称された際、ニュースレターに次のようなコメントを寄せている。

これまで、アメリカ人だけが教えるべきものを持っているという暗黙の前提が、あまりにも多くあった。実際には、アメリカ人は、技術的な成果をはじめ、豊かな文化的遺産を持つアジア人から学ぶべきことがたくさんある。センターが主催する技術研修では、できるかぎり、東洋と西洋の技術者が互いに教え、教えられる関係になるべく、発展されるべきであろう。[119]

ゴトウはさらに、アメリカ人とアジア人の「真の」交流を促進するために、進行中・計画中のプロジェクトを紹介している。その一つが、家族経営の小規模農場の機械化であり、これに日本の農業技術者が貢献できると述べている。また、台湾は有機肥料の製造・使用技術に長けており、米国で広く使われている化学肥料を購入することのできないアジアの農業従事者にとって、理想的な研修の場になると考えていた。[120]さらに、日本独自の経験や知識が生かせる分野として後藤が挙げたのが、園芸・造園技術である。実際に、日米共同プロジェクトとして東西センターに日本庭園が造られた。日本企業二二社が出資し、アジアやアメリカ、太平洋諸島各地の専門家が携わり、一九六三年に竣工したこの日本庭園は、まさにゴトウが熱望した東洋と西洋の「交流」の精神を具現化したものであった。象徴的なことに、六四年、当時の皇太子夫妻がハワイを訪れた際、鯉を園内の池に放流して、この庭園を祝福するセレモニーが行われた。東西センター日本庭園と天皇家との関係は、現在でも公式ホームページで確認することができる。日本庭園を紹介するページには、明治天皇が詠んだ歌が掲載されている。「我が庭では、在来の植物も、外国の植物も、共に育つ」[121]。ここでは、明治天皇の帝国主義的で「慈悲深い」一視同仁の視線が、東西センターに象徴される、冷戦期米国の近代化政策に重ねられている。戦後日本と米国の「共犯関係」の産物ともいえる天皇のイメージは、日本庭園や東西センターを祝福するのにうってつけであった。

米国の「第三国研修」は、沖縄と台湾間の人的交流を促進させるものでもあった。USAIDの支援のもと、台湾は、アジア各地から技術者を受け入れる第三国研修の実施国として機能していた。台湾で行われた技術研修は、農業・工業・健康・教育・行政・地域開発など多岐にわたった。例えば、一九六七年二月には、ベトナムの研修生が航空管制・教育テレビ開発、タイからは地域開発、ミクロネシアからは稲作文化、沖縄からは社会保険制度・労務管理の技術研修をそれぞれ受けている[122]。研修期間は通常、二週間から数ヶ月と、ハワイでの研修より短かった。六〇年代後半になると、沖縄からはハワイや米国本土ではなく、距離的にも近い台湾で技術研修を行うケースが増えていった。六〇年から六六年までの間に、ハワイで実施された東西センター研修プログラムに沖縄から参加したのは一三七名だったのに対し、台湾では六九六名が研修を受けている[123]。六五年から七二年の日本復帰までは、琉球政府の職員を中心に、毎年一五〇名以上の沖縄の技術者や指導者、教育者が第三国研修制度の下、台湾に派遣された。この時期、台湾と沖縄間の人的交流が活発化していた要因として、六五年に非琉球人労働者の雇用手続きに関する権限がＵＳＣＡＲから琉球政府に移管されたこともあげられる。この結果、沖縄企業、特に、製糖工場やパイナップル缶詰工場は、次々に台湾からの労働者を採用するようになり、七一年には、占領下沖縄で働く台湾出身者は三、七一六人に上り、沖縄で働く非琉球人労働者の五九・三％を占めるようになった[124]。

台湾と沖縄は、もともと地理的に近く、歴史的にも貿易・移民を通じて交流が盛んだっただけではなく、国民党政権下台湾を取り巻く政治的状況が、両地域間の人的交流をさらに活発化させた。台湾は、琉球列島を米国・中華民国の共同信託統治下に置くという戦略的計画を念頭に、沖縄・奄美諸島の日本からの分離独立を支持し、日本への復帰を公的には認めなかった。しかし六〇年代後半になって、日本復帰が目前に迫ると、台湾は貿易や人的交流を通じて、沖縄との緊密な関係を維持・発展させる方針へと転換を迫られた。

二国間・三国間の技術移転事業に加え、東西センターはゴトウ指揮の下、米国信託統治下に置かれていた太平洋諸島を中心に、様々な研修プログラムを実施した。一九六三年九月から六四年年一月にかけて、ゴトウはフィジー、ニューカレドニア、米領サモア、米国信託統治領など太平洋の島々に頻繁に赴き、当地の社会状況を把握すべく視察を行っている。[125]この結果、太平洋諸島に対しては、人びとの生活水準を向上させるべく、医療・看護教育に重点が置かれることになった。東西センターの四半期報告書では、地理的にも専門的にも先進的な医療研究・技術から隔絶されがちな太平洋地域の医療従事者や看護師に対して、ハワイは「健康・医療技術向上のための優れた研修施設」を提供すべきであるとされた。六四年には、医療保健の生涯教育プログラムがスタートし、西サモア・米領サモア・グアム・信託統治領の医師と看護師が、現地研修を含む六ヶ月間のコースに参加した。ハワイ大学の公衆衛生学部をはじめ、ハワイの病院、公立・私立医療機関の関係者がこの事業を支援した。その取り組みは、やがて、ハワイを「国際保健事業の中核（"a nidus for international health outreach"）」にしようとする動きへと発展していく。[126]ハワイを中心としたトランスパシフィックな医療ネットワークを構築しようとした医療関係者がまず着目したのが、次節で分析する、沖縄中部病院におけるハワイ大学卒後医学臨床研修事業（以下、UH－OCH事業）だった。

四．トランスパシフィックな医療ネットワークの中核（nidus）を築く

一九六四年、USCARとUSAPARCは、ハワイ大学医学部のウィンザー・C・カッティング学部長に、沖縄中部病院での卒後医学臨床研修事業の立ち上げを指揮するよう打診した。沖縄中部病院は、もともと終戦直後の四六年に沖縄中央病院としてコザ市に開設され、その後、建物の老朽化のために、具志川に移転し、六五年までに完成する予定だった。[127] 卒後研修事業の目的は、沖縄の医師不足を解消し、琉球列島全体の医療水準を向上させることであった。占領期を通じて、医療従事者の慢性的な不足は、常に琉球政府・USCARにとって懸念の事項だった。六六年の時点でも、日本本土の医師数が一〇万人あたり一一一・三人であったのに対し、沖縄ではわずか四一・二五人（全琉人口九六万人に対する総医師数は三九六人）であった。[128] 四九年以降、占領政府は沖縄の医師不足を解決すべく、日本や米国に医学候補生を派遣する契約学生制度など様々な制度を実施したが、医学部卒業後、沖縄に戻って開業する者は半数以下であった。当時の沖縄には医学部卒業生を対象とした正式な卒後研修プログラムがなかったことも一因とされ、UH-OCH事業によって、沖縄医療の求心力が高められ、医療人材不足が緩和されることが目指された。さらにUSCARは中部病院がいずれ「極東における医師、看護師、技術者の医療研修拠点として、米国医師会医学教育評議会が推奨する医療レベルに達すること」を最終的な目標として掲げていた。[129] 沖縄が、ハワイとともに太平洋を横断する医学教育・医療ネットワークの中核となることが期待されたのである。

このプログラムの実現には、USCARだけでなく、在琉・在ハワイ米軍、琉球政府、日本政府、沖縄

医師会、そしてハワイの沖縄系コミュニティそれぞれと交渉することが求められたため、「非常に複雑だった」とカッティングは後に振り返っている。[130]ＵＨ–ＯＣＨ事業には、少なくとも次の三つの力学が働いていた。㈠国務省、ＵＳＡＩＤ、民間福祉団体によって促進されていたハワイを拠点とする国際医療援助事業と医学教育専門家ネットワーク、㈡ハワイの沖縄コミュニティと沖縄を結ぶ移民ネットワーク、㈢沖縄の本土復帰を念頭においた日本政府の沖縄の医療福祉に対する積極的介入である。

ハワイ大学が医学教育に本格的に着手したのは、一九六〇年代に入ってからであった。五九年の立州化を機に、ハワイでの医療従事者育成や、住民への医学教育の需要性が再認識されたためであった。六一年、ハワイ州は国立衛生研究所の支援を受けて、医学部の前身となる太平洋生物医学研究センター（The Pacific Biomedical Research Center、以下ＰＢＲＣ）を設立、[131]六四年一月には、ハワイ州知事ジョン・Ａ・バーンズによる承認を得て、ハワイ大学に二年制の医学部を設置することが決議される。さらに、コモンウェルス財団から一九万ドル、Ｗ・Ｋ・ケロッグ財団から一二五万ドルの助成金を受け、医学教育プログラムの充実のために、専門家を招聘することになった。このうちの一人が、薬理学者で当時スタンフォード大学の医学部長を務めていたカッティングであり、六四年七月ＰＢＲＣ初代所長兼医学部学部長としてハワイ大学に着任した。[132]カッティングはハワイの「州としての新しさ、ハワイや太平洋全体が生み出すエネルギー」に魅了されたという。この「太平洋の時代」において、ハワイ大学にはこの地域の医学教育を先導する人道的な使命があると考えていた。[133]「ハワイは熱帯病教育・研究の中心地となるべきだ。ハワイには熱帯病はほとんど存在しないが、この分野の研究の中心地になることができるし、すでに実績がある。これまでの経験からいっても、ハワイは太平洋とアジアの自由主義地域を探求するための優れた中継地であることが証明されている」[134]と彼は述べている。

太平洋を横断する国際医学教育におけるハワイ大学の役割を重要視していたのはカッティングだけではなかった。一九六四年にハワイ大学学長に就任したトーマス・ヘイル・ハミルトンも、国際問題に特別な関心を持ち、大学の国際プログラムを強化しようとした。六二年に設置された公衆衛生学部の初代学部長リチャード・K・C・リーも、ハミルトンと同様に、東洋と西洋の橋渡しをする医療教育機関が必要であると考えていた。[135] リーはハワイ州保健局長や世界保健機構のアドバイザーとしての経歴があり、東西センター主催による太平洋諸島の医療従事者養成プログラムを指揮した。[136] さらに、ハワイ大学の国際保健事業の発展に大きく寄与したのが、エマニュエル・ヴォルガロプロスである。彼は、六五年にハワイ大学に着任する前には、USAIDに派遣されて、五年以上カンボジアとベトナムで医療保健事業に従事した経歴を持ち、ハワイ大学公衆衛生学部への着任を、アジア諸国のニーズに対応した教育機関を設立するチャンスと考えていた。

ヴォルガロプロスは、UH-OCH事業の実施にあたり、ハワイ在住の沖縄系専門医の協力を求めた。東西センターのプロジェクト・マネージャーで、医療ソーシャルワーカーのリチャード・スエヒロの紹介で、沖縄移民と面会した時のことを、次のように振り返っている。「成功した移民の子供たちが、沖縄に恩返しをしようとしているのだろう。ボランティアを募集した際、彼らは競うように候補者一覧に名を連ねようとした[137]」。

一九六四年、USAPARCの要請を受け、ホノルルの開業医ショウエイ・ヤマウチが沖縄を訪れ、医療衛生状況を視察した。ヤマウチは沖縄中部の読谷村に生まれ、戦前に両親とともにハワイに移住した。ミシガン大学医学部を卒業後、ボルチモアのマウントサイナイ病院で外科医として研修を受けた。[138] 沖縄調査の結果、ヤマウチは、民間人のための医療・公衆衛生サービスの改善、医学図書館と医学部の設立、卒後医療研修プログラムの必要性をＵＳＣＡＲに提言した[139]。これを受けて、六五年二月一日、琉球政府立法院の第二八回議会の冒頭、ＵＳＣＡＲ高等弁務官アルバート・ワトソン二世は「個人の健康なくして繁栄や社会発展は幸福をもたらさない」と述べ、沖縄の医療衛生サービスを拡充すべく、ＵＨ－ＯＣＨ事業の始動を宣言した[140]。

こうして同年六月、米陸軍と国務省が東西センター・ハワイ大学と契約しＵＨ－ＯＣＨプログラムが立ち上げられた。翌年、ヤマウチを中心にハワイ大学から四名の医師が沖縄に渡り、三ヶ月のローテーションで指導にあたった[141]。しかし、ハワイ大学関係者の熱意とは裏腹に、当初、プログラムは思うようには軌道にのらなかった。初年度は研修制度への応募がなく、日本中を回って候補者を集めることになった[142]。ハワイ大学側も、指導人材を確保するのに苦慮していた。十分な運営予算が確保されていないことに加え、ハワイ大学チームの監督権限にＵＳＣＡＲが制限をかけたことが問題とされた。ヴォルガロプロス率いるハワイ大学チームは、この契約が効果的に運用されるには、包括的な監督管理と十分な予算が必要であると主張し続けた。しかしＵＳＣＡＲは、すでに占領政府や日本・琉球政府が十分な公衆衛生事業を行っていること、また、琉球政府管轄下の沖縄中部病院運営に関して、ＵＳＣＡＲが介入する権限をもたないとして、ハワイ大学側の提案をしりぞけた[143]。

沖縄の民政にＵＳＣＡＲが限定的な権限しか持たないことは、ハワイ大学チームを困惑させたが、これは一九六〇年代後半に沖縄で起きていた変化を反映していた。沖縄の本土復帰が規定路線となると、ＵＳＣＡＲは徐々に行政上の権限と責任を琉球政府に移管した。ＵＳＣＡＲとハワイ大学が卒後医学教育プログラムを開始したのは、日本政府が沖縄の医学教育の向上に積極的に関与するようになった時期とも重なっていた。佐藤栄作首相は、沖縄訪問中の六五年八月一九日、琉球大学に医学部を設置する考えを明らかにしている。それを受け、日本医師会会長の武見太郎を委員長とする琉球大学医学部設置構想委員会が組織された。委員会は数回の沖縄視察に基づき、医学部設置の前に沖縄の医療水準の向上や医師の確保といった医療の基礎的条件を整備する必要があるとの結論に達した。そのために、(一)、中部病院を研修病院として活用し、医師の確保・定着を図ること、(二)、琉球大学に保健学部を設置すること、(三)、那覇病院を改築し、沖縄の医療分野のさらなる充実を図ることを提案した。[144]

武見ら日本側の委員がハワイ大学の計画を知ったのは沖縄視察の最中であった。これを聞いた同委員会は、ハワイ大学との契約を破棄し、日本政府の計画を受け入れるようにUSCARに要請した。さらに委員会は、日本医師会を契約団体とし、USCAR、琉球政府、日本政府が一体となって「日米琉協力の新しい体制を確立し沖縄の医療計画の発展に向けての基本的役割を実現する」ことを主張したのである。[145] 最終的には委員会はハワイ大学主導の卒後医療研修プログラムを活用することに合意し、日本の厚生省も沖縄中部病院をインターン研修機関として認めることになったが、[146] このエピソードからは、日本政府がいかに沖縄―ハワイ間の太平洋横断的なネットワークに介入し、占領下沖縄における医学教育について主導権を握ろうとしていたかがうかがえる。

日本の医学教育の文脈でいえば、このUH-OCH事業はまた別の意味合いを持っていた。一九六八年一月末、東京大学医学部生と研修医が、研修医制度を巡って教授会と対立、無期限ストライキを決行した。いわゆる「東大紛争」の始まりと言われるこの闘争において、争点の一つとなったのは、従来のインターン制度に代わる「登録医制度」の是非であるが、これは学生・研修医を無給で働かせる期間を長引かせるに過ぎず、現状の搾取的体制をさらに悪化させるものとして糾弾された。こうした状況下、ハワイ大学による卒後研修プログラムは、日本の医師免許試験合格を目指す沖縄の研修医を養成する貴重な場とみなされていたのである。第一期研修医となった沖縄出身の安里浩亮は、当時、日本本土の医学教育は混乱状態にあったと振り返る。インターン制度反対運動が全国的に盛り上がり、同級生のほとんどが大学院病院に立てこもり、国家試験をボイコットする中で、「帰沖して米国式インターン制度で研修をやってみるかという考えや、見学のための往復の飛行機代や、将来米国での臨床研修の機会がある」との話に乗った彼ら第一期研修医は「パイオニア精神」を持ち合わせていたと自負する。[147]

高等弁務官府が発行していた広報誌『守礼の光』には、このプログラムの内容が、ハワイ大学やUSCARの記録とは少し異なるニュアンスで紹介されている。そこでは、UH-OCH事業は、琉球政府と日米政府の協力で実現したことが強調され、その目的は日本や米国の最高水準に達する訓練を行い、インターンに「日本の医師免許試験合格に必要な基礎知識を修得させる」ことと書かれている。[148]他方、日本の全国紙では、琉球政府の存在は言及されず、このプログラムを「日米合同事業」として打ち出していた。[149]いずれの説明でも、実際には主要な役割を果たしていたハワイ大学の存在は後景に退き、かわりに「日米の協力体制」が強調されている。復帰を目前にしたこの時期すでに、沖縄統治の責任主体としての認識が、米国から日本へと移行しつつあったことがうかがえる。

一九六七年、ハワイ大学は新しいディレクターとして、ニール・L・ゴールトと契約し、沖縄中部病院における卒後医療研修制度を本格的に開始した。ヴォルガロプロスと同様、ゴールトも国際的な医学教育に関する豊富な経験を有していた。ハワイ大学着任以前には、ミネソタ大学とソウル大学間で結ばれた、いわゆる「ミネソタ・プロジェクト」の一環として韓国で医学教育の指導をしていた。ミネソタ・プロジェクトは朝鮮戦争休戦直後の五四年から六一年にかけて米国のICAによる資金援助のもと実施された大学間の技術移転プログラムである。[150]五六年から六一年にかけて、ソウル大学の七七名がミネソタ大学で研修を受ける一方、ゴールトをはじめミネソタ大学の一一名の専門家が韓国に滞在し、医療・看護・病院経営などの技術指導を行った。[151] ミネソタチームにとって、最大の課題は、韓国の医療教育に巣食う日本統治の残滓を取り除き、アメリカ式の「科学的」方法を教授することにあった。ゴールトは後にインタビューで、「自分たちの手を汚し、現場に立ち入り、成し遂げる方法」を教え込んだと振り返っている。[152] それは日本が踏襲していた、学生がただ教師の言ったことを覚えるようなドイツ式のやり方とは決定的に違った。ゴールトは、ミネソタ・プロジェクトで最も大きな成果を収めたのは医学教育であると自負している。[153] ミネソタ・プロジェクトの功績が評価されて、ゴールトは一九六三年、ニューヨークの中国医学委員会（The China Medical Board）[154] の顧問に就任し、トルコ、エクアドル、ペルー、インドネシアや台湾、日本に渡って医学教育指導に従事した。[155] ゴールトやヴォルガロプロスの経歴からは、米国主導の医療者育成をめぐるネットワークが沖縄―ハワイ間にとどまらず、アジア太平洋地域を広く横断するものであったことが推測される。

ハワイ大学がUH-OCHプログラムの新たなディレクターを探していた際、この中国医学委員会の推薦で、ゴールトが招かれることになった。ゴールト指揮のもと、一九六七年に正式にスタートしたUH-OCHプログラムには、初年度は、沖縄から五名、日本本土から三名の研修医が参加し、ハワイ大学の一四名の専門家指導を受けた。七一年末にUSCARとハワイ大学との五年間の契約が終了するまでに、のべ一〇五名の研修医が中部病院でインターン教育を受けた。ハワイ大学からは三三名の医師が指導者として派遣され、三ヶ月のローテーションで沖縄に滞在し、ディレクターは二年ごとに交替した。[156] ハワイ大学側の講師のほとんどはアメリカ人だったが、中には、ミネソタ・プロジェクトを経て医師となった韓国人医師もいた。[157] また、米国で医学教育を受けた真栄城優夫のような沖縄出身の医師が、アメリカ人医師と日本・沖縄系研修生の仲介役となった。
　UH－OCH事業は、ハワイと沖縄の医学教育に何をもたらしたのだろうか。ハワイ大学側の関係者は、概ねこのプロジェクトを成功例として捉えていた。例えば、一九六九年一〇月二六日にホノルルで開催された環太平洋外科系学会（The Pan-Pacific Surgical Association）でカッティング医学部長は、「太平洋における医学教育」のモデルケースとしてUH－OCHプロジェクトに言及し、米国式の臨床実習を重視した教育と、日本本土でインターン制度が崩壊していたことが、プログラムの成功につながったと分析している。沖縄の経験から得た教訓として、カッティングは次のように述べている。「我々は沖縄の臨床医学の発展を手助けしているが、沖縄は沖縄の人びとのものであり、私たちは彼らがうまくやっていけるようになるために、一時的に滞在しているに過ぎない」さらにカッティングは、沖縄での経験をハワイ大学医学部が進めている他のプロジェクトに応用する計画を紹介している。[158] 米領サモアのパゴパゴに設立されたリンドン・B・ジョンソン熱帯医学センターで、太平洋地域の学生を対象に医学教育を行うというものであった。

米領サモアは、沖縄とは違うのだろうか？　サモア人のためのサモアなのか、それともハワイと世界との関係のようなものだろうか？　我々のサモアへの関心は、［医学教育を］軌道にのせるまでの一時的なものなのか、それとも、カリフォルニアとアリゾナが互いに補完しあうように、やがて連携を結ぶ関係になるのだろうか？　そしてやがて「こちらとあちら」ではなく、「ひとつの世界」を築くような関係になるのだろうか？[159]

　このように、UH－OCHプロジェクトは、ハワイ大学医学部が太平洋を横断する医学・公衆衛生教育ネットワークを構築するためのモデルケースとなった。一九六九年からUSCARの保健教育福祉局局長を務めたロバート・ジェンセンも、ゴールトに宛てた書簡の中で、UH-OCH事業の経験をもとに、医療従事者の資質向上のための研修とキャリア形成に向けた国際的な教育プログラムの整備を提案している。[160]

しかし、医療従事者育成の太平洋横断ネットワークを構築するという彼らの構想は、一九六〇年代後半にアジア太平洋地域で軍事化が進行していた状況と併せて考える必要があるだろう。シメオン・マンの研究によれば、この時期、南ベトナムでの内乱鎮圧に備える米兵訓練のために、ハワイにベトナムを模した村が建設されていた。また、六六年に始まった「Operation Helping Hand」と名付けられたハワイ州のキャンペーンでは、「ベトナムの人びとに「アロハ」を届ける」というコンセプトのもと、ベトナムへの救援物資が市民によって集められた。ハワイと沖縄を結んでいた救援ネットワークと同様に、ハワイ住民の「善意」が、ベトナムでの軍事活動に動員されていたといえよう。[161] 先に引用した、ハワイの医療専門家の言葉 "a nidus for international health outreach" で、「ナイダス "nidus"」という医療用語が用いられていたことに注意したい。「ナイダス」とは、動静脈が短絡する異常な血管の塊や、感染の中心点または病巣を示す。ハワイでは、一方では、人命を「生かす」ための医療教育・技術移転の研修が、他方では「殺す」ための兵士の訓練が行われていた。「生かす／殺す」テクノロジーを複製し、それを輸出させる場という意味で、ハワイはまさにアメリカ冷戦帝国の「ナイダス」であった。

さらに、米国式の医学教育のネットワーク化がもたらすことの意味を、より長期的な植民地主義や人種主義の歴史性に位置づけて検討する必要もあるだろう。キャサリン・セニザ・チョイの研究は、フィリピンにおける米国の植民地主義が、米国式の研修病院制度を作り上げ、それはやがて、フィリピン人女性が、看護師として米国に移民し、しばしば搾取的な条件下で働くことになるような、グローバル・ケアワーク・

サーキットを生み出したことを明らかにしている。[162] 米国は、フィリピンからの移民看護師に機会を与えるという自由主義的な言説を装いながら、その実、医療従事者のフィリピンからの流出を加速させ、国家間の医療サービスにおける不平等を悪化させる結果をもたらしたのである。

ハワイ大学・中部病院の卒後医療研修プログラムは、参加者にとっては、様々な分野での臨床経験を重視する米国式の医学教育を経験する貴重な機会となった。初期の参加者の多くは、中部病院での研修医プログラム終了後も米国で研修・研究を続け、帰国後は同プログラムの研修医指導に当たった。[163] しかし、ハワイ大学関係者が抱いていた達成感とは対照的に、プログラムに参加した沖縄や日本の研修医は、アメリカ人指導員と沖縄のスタッフとの認識の差を感じていたようである。例えば、研修医の中には、ハワイ大学の教員を「外人さん」や「お客さん」と呼び、お飾りとしてしか見ていない者もいた。[164] 言語的障壁もあり、アメリカ人講師とのコミュニケーションがスムーズにいかなかったというのも一つの要因であった。また、より実際的問題として、沖縄の本土復帰以降、日本政府の介入なしに、ハワイと沖縄が直接的な関係を維持することが困難になっていた。復帰の前年一九七一年には、ハワイ大学との五年の契約が終了し、指導員はみな帰国した。その後、日本政府が契約を引き継ぎ（管轄は沖縄県に移管）、ハワイ大学と中部病院によるインターン制度は復活したものの、予算が限られていたこともあり、ハワイ大学はコンサルタントとしての役割にとどまることになった。[165] 日本への本土復帰によって、沖縄が太平洋の医療ネットワークから切り離されることに加え、UH-OCHプログラムの責任者であるゴールトは、また別の懸念も抱いていた。USCAR公衆衛生副支部長のジョン・P・フェアチャイルドに宛てた手紙の中で、彼は、復帰が近づくにつれ、日本側のスタッフが度々ハワイ大学のやり方に口出しするようになってきたとこぼしている。

私は琉球人に対して、我々ハワイ大学スタッフはここをアメリカの病院にするために来たのではない。日本の病院にするために来たのでもない。琉球人が琉球人のニーズを満たす医療施設を組織するのを助けるために来たのだ、ということを印象づけるよう努めてきた。そうやって、自分たちの問題は自分たちで解決できるのだという自信をつけさせようとしてきた。しかし、琉球政府の職員は今や、日本側の言うことを、ただ鵜呑みにしているようだ。[166]

本土復帰を機に、沖縄の医療従事者は、日本の社会保障制度に適合するように、中部病院を「日本の病院」に作り変える必要があった。例えば、復帰前は適用外だった国民皆保険制度が導入されたことにより、復帰後、沖縄の外来患者は急増する。当時、沖縄で唯一の急性期病院であった中部病院は、復帰前の約二倍、年間三万件の救急患者を、人手も残業代もない状態で対応しなければならなくなり、このため、看護師の四分の一が病院を去っていった。[167] こうした状況を指して、中部病院は「野戦病院」とも呼ばれた。これは、実際に、中部病院の前身が沖縄戦中に米軍が建設した野戦病院であったことにも由来するが、本土復帰後の中部病院の惨状を言い当てていた。復帰直後に中部病院を取材した沖本八重美は、救急外来の前で右手が血だらけの高校生や毛布にくるまった高齢女性、米兵に付き添われた昏睡状態の麻薬中毒の女性などが、治療を求めて何時間も長い列を作っている光景を目の当たりにした。慢性的な病床不足のため、比較的軽症の患者はすぐに退院させられていた。[168] あるリウマチ患者は沖本に「こんなに長くお世話になって、申しわけない。早く退院しなければ、みなさんにご迷惑がかかると思うんですが、体に自信がなくて」と涙ぐみながら打ち明けた。これを聞いた沖本は「これが病院だろうか」と愕然とする。

「なんの気がねもなく心ゆくまで治療に専念したい、患者がこう願うことは、ぜいたくな要求なのだろうか？」[169]。

中部病院が陥った混乱は、米国による占領と本土復帰が沖縄医療にもたらした影響を端的に象徴している。施政権返還による本土の医療制度との「一体化」は、それまで沖縄が置かれていた例外的状況をあぶり出すものだった。軍事の論理が優先されたことで医療現場に生じた様々な歪みが、一気に現場の医療従事者や患者に押し寄せたのである。一方で、日本への復帰は、他のアジア太平洋地域との援助や救済をめぐる回路から沖縄が切り離され、日本政府を経由した間接的なものになることを意味した。

小括

序章で引用した二〇〇〇年七月二一日に開催されたG8九州・沖縄サミット初日のビル・クリントン大統領の演説の中で、ハワイ大学院等へ留学する沖縄の学生を援助する新たな奨学金プログラムが発表された。沖縄でのサミット開催に向けて奔走しながらも、サミット開催の三ヶ月前に急逝した小渕恵三首相の名前を冠した「小渕沖縄教育研究プログラム」である。七二年の本土復帰によって沖縄の学生に対する東西センターの奨学金制度が廃止されて以来、新たな奨学金制度の設立は、沖縄出身の東西センター修了生にとって長く待ち望んだものであった。彼ら・彼女らの熱烈な要望に応え、当時の東西センター長チャールズ・E・モリソンは、この問題を国務省に訴え、同プログラムの設立が実現した。ハワイ東西センターと沖縄県主催で、二〇二二年までに、約七〇名の大学生や社会人が同プログラムを利用してハワイに留学した。小渕プログラムは、復帰によって途絶えた沖縄とハワイを結ぶ架け橋を再び構築するという意図が込められていた。[170]

しかし、この小渕プログラムが発表されたのは、クリントン演説の中で、沖縄が日米同盟の「存続」に果たした「本質的に重要な役割」を認識し、評価する文脈であったことに注意したい。序章で述べたように、沖縄サミットは日米両政府にとって、ポスト冷戦期に、沖縄の安全を犠牲にして日米安保体制を再構築することを確認する場でもあった。この文脈を踏まえると、小渕プログラムは沖縄県民に新たに課せられた「負債」であり、今後も引き続き基地負担に耐え続けることへの代償として提示されたものと読み取ることができる。それは、本章で分析したような、ハワイを中心にしたトランスパシフィックな医療人材育成プログラムが、米軍事ネットワークを通じて、その拡張と連動するように行われていたことの再現でもあった。

実際、クリントンは小渕プログラムを、沖縄の人材育成に寄与してきた米国の「素晴らしい伝統」に連なるものとして表現している。

琉球大学創立五〇周年にあたるこの年に、沖縄を訪問できたことも特に嬉しく思います。琉球大学創立にあたりアメリカが主要な役割を果たしたことを誇りに思っています。さらに、ガリオア・フルブライト・プログラムを通して、非常に多くの沖縄の若者達がアメリカで勉強されたことも同様に、誇りに思います。この素晴らしい両国間の伝統にのっとり、本日、私は以下のように発表致します。日米両国は、沖縄の若い大学院生をハワイの権威ある東西センターに派遣するための新しい奨学金プログラムを設立します。[171]

一方、同じく「人材育成」を沖縄復興のための第一目標として掲げていた湧川清栄は、クリントン演説の一一年前、琉球大学で行われた講演会で、次のような言葉を残している。沖縄の展望についての講演会を締めくくるにあたって、湧川は突然口調を変えて聴衆に訴えた。

琉球大学は急速に伸びて大変立派な大学になりました。しかし、この大学はあくまで封建主義、天皇崇拝、軍国主義の温床である文部省によってあやつられている、いわば御用大学であります。この御用大学に対抗し得る有力な大学の建設が沖縄にとっては不可欠のものだと思います。私はそういう強力な私立の大学の出現を望んで止みません。私自身老骨に鞭うってそうした大学の誕生には微力を提供したいと思っております。琉球大学の益々の発展を私は希望しますが、ただ植民地大学には転落しないでください。[172]

この講演を聞いていた山里勝己は、湧川の最後の言葉「植民地大学には転落するな」が、胸の奥から絞り出すような大声であったと回想している。「それはたんに希望を述べたというよりは、抑制されながらもなお言わざるをえない、ある種の厳しさを含んだ声でもあった」[173]。

前述の通り、戦後初期のハワイで、湧川は沖縄の救済と再建のために大学設立に奔走したが、結局は占領政府主導で琉球大学が設置された。湧川の「叫び」は、琉球大学が紛れもなく、植民地主義・軍事主義・人種主義を維持・継続させるような冷戦の力学の産物であったという事実を鋭く糾弾する。本章で見てきたように、郷土沖縄を救済・復興したいという人びとの思いは、USCAR、米軍、日米両政府、大学関係者それぞれの思惑と時に密接に結びつきながら、太平洋を横断する援助・救済の回路を形成しており、その回路は軍事ネットワークと密接に連関していた。ハワイの沖縄移民コミュニティもまた、米国という国家において市民＝主体としての社会的地位を確保するために、こうした援助・救済回路に積極的に参与していった。「植民地大学には転落するな」という湧川の警句は、郷土の救済を望めば望むほど、植民地主義的な権力構造により深く取り込まれていくという「解放とリハビリ」のジレンマを見事に物語っているのである。次章では、救済・援助をめぐるトランスパシフィックな回路に重層的に組み込まれていた沖縄において、基地負担への代償として機能していた「救済と補償」というロジックに焦点をあて、その歴史的系譜をたどりながら、それがいかに沖縄の人種主義的・植民地主義的状況を正常化すると同時に、それらの存在を隠蔽してきたか明らかにする。

註

（1）Address by John A. Burns, Governor, State of Hawaii, "Report of the Third Far East Conference on Public Administration," April 16-19, 1963, compiled in AID/ITI Records, HAWN LG 961. H749 1961, University of Hawai'i Hamilton Library, University Archives and Manuscript Collections（hereafter, UHUAMC）.

（2）Nakazato Sachiko, "Dear Memory of the training in Hawaii," in East-West Center Alumni Okinawa Chapter Alumni ed., *Bridge of Rainbow: Linking East & West Fifty Years History of East-West Center Grantees*（Okinawa: East-West Center Alumni Okinawa Chapter, 2014）, 115.

（3）Takayama Chōkō, "Preface," in *Bridge of Rainbow*, 3.

（4）William K. Cummings, "East-West Center Degree Student Alumni: Report of a Survey Reviewing the Alumni from the First Twenty-Five Years," unpublished report, East-West Center, 1986, 1.

（5）Quoted in Christina Klein, *Cold War Orientalism: Asia in the Middlebrow Imagination, 1945-1961* (Berkeley: University of California Press, 2003), 244.

（6）Mire Koikari, *Cold War Encounters. Cold War Encounters in US-Occupied Okinawa: Women, Militarized Domesticity and Transnationalism in East Asia* (Cambridge: Cambridge University Press, 2015), 104. クラインの議論は、Klein, *Cold War Orientalism*, 246.

（7）Klein, *Cold War Orientalism*, 250.

（8）Jamey Essex, *Development, Security, and Aid: Geopolitics and Geoeconomics at the U.S. Agency for International Development* (Athens: University of Georgia Press, 2013), 36.

（9）Koikari, *Cold War Encounters*, 104.

（10）Setsu Shigematsu and Keith L. Camacho, eds. *Militarized Currents: Toward a Decolonized Future in Asia and the Pacific* (Minnesota: University of Minnesota Press, 2010).

（11）例えば、冨山一郎『流着の思想——「沖縄問題」の系譜学——』インパクト出版会、二〇一三年。

（12）Marcos Cueto, *Cold War, Deadly Fevers: Malaria Eradication in Mexico, 1955-1975*. (Washington: Woodrow Wilson Center Press; Baltimore: Johns Hopkins University Press, 2007), 18.

（13）Jerrold M. Michael (Dean and Professor of School of Public Health, University of Hawai'i), "Delivering Health Cater to the Pacific," paper presented at the symposium on "Health Care in the Pacific: Hawaii's Initiatives", Honolulu, June 5, 1990, recorded in *Asia-Pacific Journal of Public Health* Vol. 4, No. 1 (1990): 9-13, 9.

（14）Lisa Lowe, *Immigrant Acts: On Asian American Cultural Politics* (Durham: Duke University Press, 1996), 29.

（15）Juliet Nebolon, "Life Given Straight from the Heart": Settler Militarism, Biopolitics, and Public Health in Hawai'i during World War II, *American Quarterly*, Vol. 69, No. 1 (March 2017): 23-45.

（16）Ibid., 40.

（17）宮城悦二郎『占領者の眼』那覇出版社、一九八二年を参照。

（18）岡野宣勝「占領者と被占領者のはざまを生きる移民――アメリカの沖縄統治政策とハワイのオキナワ人」『移民研究年報』一三号、二〇〇七年、三―一二二頁。

（19）戦前から布哇沖縄県人同志会（一九一七年設立）として包括的組織は存在したが、基本的には出身の市町村や字ごとに組織された郷友会が、沖縄からの移民や留学生を支援したり、交流の場を作るなど、互助組織として機能してきた。一九九五年に、ハワイ沖縄連合会（Hawaii United Okinawa Association）に改称される。

（20）Margaret Anne Smedley, "A History of the East-West Cultural and Technical Interchange Center between 1960 and 1966," Ph.D. Dissertation（The Catholic University of America, 1970）, 72.

（21）チャールズ・ムーア、ウィンツィット・チャン（Wing-Tsit Chan）、グレッグ・シンクレアによって一九三九年に組織された会議であり、東洋思想の探求や、西洋思想との融合を目指したものだった。これまでに一九四九年、一九五九年、一九六四年、一九六九年、一九八九年、一九九五年、二〇〇〇年、二〇一一年、二〇一六年に開催されている。https://hawaii.edu/phil/journals/east-west-philosophers-conference/（最終アクセス日：二〇二四年五月三〇日）。

（22）East-West Center, Annual Report 1962, University of Hawai'i Hamilton Library Hawaiian and Pacific Collection（以下，UHHPC）, 28-29.

（23）Cueto, *Cold War Deadly Fevers*（前掲）, 27. ここで注目すべきは、タカシ・フジタニが言及するように、アメリカの外交政策としての近代化論は、アジア太平洋戦争中にすでにその萌芽があったということである。それは単なる戦後計画ではなく、「アジアにおける米国の覇権確立に向けたポストコロニアルな計画」であった（Fujitani, *Race for Empire*, 231）。

（24）Essex, *Development, Security, and Aid*（前掲）, 15.

（25）USAIDの制度的な系譜は、米国による情報伝達を目的として一九四二年に設立された戦時情報局までさかのぼることができる（Smedley, *East-West Cultural Interchange Center*, chapter 2）。第二次大戦が終わると、国務省がその機能を引き続き、Cultural Relations Division と統合し、国際情報文化関係局（Office of International Information and Cultural Affairs）が設立された。一九五三年には、冷戦政策の一環として国際協力庁が海外の経済・技術援助を担当するようになる。このように、冷戦期の認識論や制度が、戦時中の情報収集活動を基盤としていることは、第二次大戦から冷戦への継続を考える上で重要であろう。

（26）Office of International Programs University of Hawaii, The Peace Corps and Hawaii: A Discussion Paper, 1（date unknown）, UHHPC.

（27）Murray Turnbull, "East-West Center History Paper," UHUAMC.

（28）Johnson, Lyndon B., "Dedication Address for the Center for Cultural and Technical Interchange Between East and West," AID/ITI Records, HAWN LG 961. H749 1961, UHUAMC.

（29）Jonson, Lyndon B, "Excerpts from the Address of the Honorable Lyndon B. Johnson, Senate Democratic Majority Leader, before the Women's National Press Club Banquet," Koikari, *Cold War Encounters*, 112より再掲。

（30）Address by John A. Burns, Governor, State of Hawaii, "Report of the Third Far East Conference on Public Administration," April 16-19, 1963, Compiled in AID/ITI Records, HAWN LG 961. H749 1961, UHUAMC.

（31）Quoted in Krauss, Bob, "Hawaii's Role in Helping East-West Understanding," *Honolulu Advertiser*（date unknown）, clipped and collected in AID/ITI documents, Box 182 Newspaper Clippings, UHUAMC.

（32）The *Honolulu Advertiser*, March 4, 1960.

（33）Lisa Lowe, *Immigrant Acts*（前掲）, 1996, 10.

（34）East West Center, *Annual Report 1970*, 29.

（35）East West Center, *Annual Report 1972*, xvi. University of Hawai'i Hamilton Library, Hawaiian and Pacific Collection, Honolulu, Hawai'i. な一九六〇年から七二年にかけての韓国からの参加者はのべ六二五人、うち二〇一人は学位取得を目標としたＩＳＩへの参加、三八七人はＩＡＰ、ＩＳＩへの参加である。

（36）East West Center, *Annual Report 1963*, 28.

（37）East *West Center, Annual Report 1970*, 29-30.

（38）East *West Center, Annual Report 1972*, xvi.

（39）Koikari, *Cold War Encounters*（前掲）, 106.

（40）Yoko Fukuchi, *Okinawan Participants in the East-West Center Program: Impact on the Human Resource*

Development in Postwar Okinawa, M.A. thesis（University of Oregon, 2011）, 33.

（41）Ibid.

（42）Chieko Omine, "Rainbow over Sprinkler," in *Bridge of Rainbow*（前掲）, 105-106.

（43）Masako Yamashiro, *Bridge of Rainbow*（前掲）, 98.

（44）Ibid.

（45）Ibid.

（46）沖縄からボリビアへ計画移民については次の文献を参照のこと。Pedro Iacobelli, *Postwar Emigration to South America from Japan and the Ryukyu Islands*（London: Bloomsbury Academic, 2017）; Kozy Amemiya, "Population Pressure as a Euphemism: The Rhetoric to Push Okinawan Emigration," in *Social Process in Hawai'i*, Vol.42, Uchinaanchu Diaspora: Memories, Continuities, and Constructions, edited by Joice N. Chinen（2007）: 121-136.

（47）スタンフォード大学のラテンアメリカ史博士課程に在籍したジェームズ・L・ティグナーの調査に基づいて、ボリビアが移民地として選定された。ティグナーは、米国政府の要請により、全米研究評議会・太平洋学術部会（The Pacific Science Board）によって任命され、「南米諸国への琉球移民に関する調査」を行った。Iacobelli, *Postwar Emigration*（前掲）。

（48）Iacobelli, *Postwar Emigration to South America*（前掲）, 96-98.

（49）Amemiya, "Population Pressure as a Euphemism（前掲）," 128-129.

（50）地割制の廃止と移民の関係性については、佐々木嬉代三「移住民問題を通して見た沖縄と日本」『立命館言語文化研究』五巻三号、一九九四年一月、一―二七頁。

（51）沖縄における徴兵忌避と海外移民の関係については、『具志川市史 第四巻（移民・出稼ぎ）論考編』（具志川市教育委員会、二〇〇二年）、一五五―一五七頁、や李鎭榮「沖縄の移民論再考――近代の主体性論と徴兵忌避」『環太平洋地域文化研究』二号、二〇二一年、二九―四三頁を参照。

（52）当初、三〇名いたが、沖縄出発前とハワイ到着後の身体検査の結果四名が失格となった。

（53）琉球政府統計庁「琉球統計年鑑」沖縄県統計資料WEBサイト https://www.pref.okinawa.jp/toukeika/so/

topics/topics457.pdf （最終アクセス二〇二五年一月一五日）より引用。なお戦前のハワイにつぐ移住先はフィリピン（一六、四二六人）、ブラジル（一四、八二九人）、ペルー（一一、三一一人）、アルゼンチン（二、七五四人）、米国本土（八〇三人）、メキシコ（七六四人）、カナダ（四〇三人）となっていた。
（54）岡野宣勝「戦後ハワイにおける「沖縄問題」の展開――米国の沖縄統治政策と沖縄移民の関係について――」『移民研究』四号、二〇〇八年二月、一―三〇頁。
（55）同右、三頁。
（56）冨山一郎『近代日本社会と「沖縄人」――「日本人」になるということ――』日本経済評論社、一九九〇年。
（57）山里勇善編『布哇之沖縄縣人』実業之布哇社、一九一九年、六頁。
（58）同右、六―七頁。
（59）**U.S. Office of Strategic Services, ed., *The Okinawans of the Loo Choo Islands: A Japanese Minority Group* (Honolulu: Office of Strategic Services Research and Analysis Branch, June 1, 1944)**. 同文書は全三部で構成されている。第一部「日本の沖縄人」は、「琉球人」の習慣、言語、社会構造と歴史について詳述している。第二部「ハワイの沖縄人」では、ハワイの沖縄系移民の言語学的・人類学的観察を行い、特にプランテーションなどの環境における沖縄系移民への日系コミュニティからの差別の分析に焦点を当てている。これが第三部の「［人種的］分離の活用」の議論につながっている。結章では、「それぞれ独自の身体、歴史、統治者、風俗、視点を持つ二つの日本人の集団の間にある人種的不和は、心理戦の様々な面で活用しうるだろう。沖縄人自身、戦争遂行における我々の代理人として役立つかもしれない」とまとめられている。リサ・ヨネヤマはこの文書を、戦中の情報収集を起点とする冷戦期の地域研究という、より大きな文脈に位置づけて分析している（**(Yoneyama, *Cold War Ruins*, 64-65)**.
（60）***The Okinawans of the Loo Choo Islands: A Japanese Minority Group*** （前掲），6-7。こうした観察とともに、GHQ／SCAP（連合国軍最高司令官）マッカーサーの指示もあって、占領下沖縄では沖縄・琉球の歴史文化の固有性を強調することで日本から切り離そうとする「離日政策」がとられた。
（61）小川真知子「太平洋戦争中のハワイにおける日系人強制収用――消された過去を追って――」『立命館言語文化研究』二五巻一号、二〇一三年一〇月、一〇五―一一八頁。

（62）比嘉太郎『ある二世の轍——奇形児と称された帰米二世が太平洋戦を中心に辿った数奇の足取り』日賀出版社、一九八二年、三頁。
（63）同右、一四三頁。
（64）「金武村人の生活改善」『布哇報知』一九四五年一二月一二日（『新聞にみるハワイの沖縄人90年戦後編』比嘉武信、一九九四年より再引用、三一頁）。
（65）ハワイにおける救済運動について詳細は、比嘉太郎『移民は生きる』（日米時報社、一九七四年）、下嶋哲郎『海から豚がやってきた』（くもん出版、一九九五年）、下嶋哲郎「豚、太平洋を渡る」（『琉球新報』にて連載一九九四年五月九日〜一九九五年一月九日）。比嘉のライフヒストリーをまとめたものとして下嶋哲朗『比嘉トーマス太郎——沖縄の宝になった男』（水曜社、二〇二四年）が刊行されている。
（66）比嘉太郎『移民は生きる』（前掲）、六六頁。
（67）外間勝美「沖縄救援運動と忘れられた人！——戦後沖縄とのつながり——」『新・沖縄文学』四五号、一九八〇年、八九頁。
（68）南川文里「ポスト占領期における日米間の移民とその管理——人の移動の一九五二年体制と在米日系人社会——」『立命館国際研究』二八号一巻，二〇一五年六月、一四五—一六一頁。
（69）Takashi Fujitani, *Race for Empire: Koreans as Japanese and Japanese as Americans during World War II*, (University of California Press, 2011), 230-236.
（70）南川「ポスト占領期における日米間の移民とその管理」（前掲）、一五五頁。
（71）比嘉『ある二世の轍』（前掲）、九七頁。
（72）同右、七八—七九頁。
（73）木元はハワイに生まれ、日本で数年間教育を受けた「帰米二世」である。戦中はアメリカの戦時情報局で働き、対日心理作戦に従事した。
（74）その他、『ハワイスター』の歴史的背景、当時のハワイの思想状況については原山浩介「労働者向け新聞『ハワイスター』の時代——太平洋戦争後のハワイにおける思想状況の断面」朝日祥之・原山浩介編『アメリカ・ハワイ日系社会の歴史と言語文化』（東京堂出版、二〇一五年）、八九—一一六頁に詳しい。原山は、『ハワイスター』が凋落した理由として、当初、『ハワイスター』にも大きな広告をのせていたILWUが *The Honolulu Record* を創刊して以降、後者を言論機関とするようになったこと、また木元が *The Honolulu Record* に実質的には、引き抜かれたことで、経営的にも思想的にも、閉塞せざるをえなくなったと分析している。

（75）『ハワイスター』一九四七年三月六日号、一面。

（76）同右

（77）原山「労働者向け新聞『ハワイスター』の時代」（前掲）、九一頁。

（78）新城銀次郎について出生など詳しい経歴は不明だが、比屋根照夫によれば、今帰仁村出身で、一九二〇年代はハワイ島で耕地労働に従事、その後マウイ島に移住し日系新聞 *The Maui Record* の記者をつとめた「ハワイ無産派の代表的言論人」であった。本名は「新次郎」であり、どの論文でも「北山新次郎」の名を使っていたようだが、『ハワイスター』では「新城銀次郎」を使用している。比屋根照夫「伊波普猷と日系ハワイ移民—ウチナーンチュ・ネットワークの源流—」金城宏幸他『沖縄社会の越境的ネットワーク化とダイナミズムに関する研究（第一部）』琉球大学、二〇〇八年三月、二〇頁。

（79）原山「労働者向け新聞『ハワイスター』の時代」（前掲）、一二一頁。

（80）『日布時事』一九四八年五月二六日（『新聞にみるハワイの沖縄人90年戦後編』再録、六九頁）。

（81）上地聡子「「沖縄人」という一体感の構築：敗戦直後における沖縄「在外同胞」情報共有過程の分析から」、日本国際政治学会二〇二〇年研究大会国際交流分科会報告ペーパー。

（82）「自由沖縄論（一）」『ハワイスター』一九四七年三月一六日号、一面。

（83）「自由沖縄論（八）」『ハワイスター』一九四七年四月二四日号、三面。

（84）「主張　表面に現れたハワイ共産党」『ハワイスター』一九四八年一一月八日、一面。

（85）北山（新城銀次郎）「自由沖縄論（一五）」『ハワイスター』一九四七年六月一二日号。

（86）伊波普猷『沖縄歴史物語』（沖縄青年同盟中央事務局、一九四七年一一月二五日、『沖縄歴史物語』平凡社、一九九八年に再録、一九四頁）。

(87) 伊波が帰国後の一九三二年に発表した「布哇産業史の裏面」は、プランテーション糖業を中心としたハワイにおける資本主義の搾取構造を分析したものであり、文頭に「沖縄県出身の移民にして『マウイリコード』紙の記者なる新城北山氏」から聞かされた日本移民の官吏を材料にしたと明記されている。伊波普猷「布哇産業史の裏面」『伊波普猷全集　第一一巻』平凡社、一九七六年、三五七頁。

(88) 比屋根照夫「伊波普猷と日系ハワイ移民」（前掲）、二〇頁。

(89) 「沖縄はどこへゆく」『ハワイスター』一九四七年七月三一日号、一面。

(90) 山里勝己「大学の誕生——湧川清栄とハワイにおける大学設立運動」、湧川清栄ほか『アメリカと日本の架け橋・湧川清栄——ハワイに生きた異色のウチナーンチュ』湧川清栄寄稿・追悼文集刊行委員会、二〇〇〇年。

(91) 「主張　沖縄の名護町に米国の観光地？」『ハワイスター』一九五〇年五月二九日号、一面。

(92) 「主張　太平洋の楽園　沖縄の建設？」『ハワイスター』一九五一年一一月一二日号、一面。

(93) 『更生沖縄』創刊号（一九四七年一一月）、湧川清栄『アメリカと日本の架け橋』（前掲）に再録、一二八頁。

(94) 「沖縄の救済は先づ教育より」『ハワイタイムス』一九四七年八月一一日（前掲、山里勝己「大学の誕生」から再引用、二六五頁。）

(95) 琉球大学の設立背景について詳細は、山里勝己『琉大物語一九四七—一九七二』琉球新報社、二〇一〇年。

(96) "Development of Contacts between Hawaii and Okinawa," USCAR record No. 0000105545, 沖縄県公文書館。

(97) 岡野「占領者と被占領者のはざまを生きる移民」（前掲）、八頁。

(98) 岡野宣勝「戦後ハワイにおける「沖縄問題」の展開」（前掲）一〇—一一頁。

(99) Yuichiro Onishi, "Occupid Okinawa on the Edge On Being: Okinawan in Hawai'i and U.S. Colonialism toward Okinawa," *American Quarterly* 64-4 (December 2012), 742.

(100) Douglas MacArthur II, "Prospects Bright for Two Nations," *The Honolulu Advertiser*, March 19, 1961.

(101) この共同コミュニケの中で、岸は琉球列島と小笠原諸に対する施政権の日本への返還を日本国民が強く希望していることを強調した。アイゼンハワーは日本がこれらの諸島に対して潜在的主権を有するという米国の立場を再確認する一方で、極東に脅威と緊張が存在する限り、米国は現在の状態を維持する必要があると指摘した。「岸信介首相とアイゼンハワー米大統領との共同コミュニケ」（一九五七年六月二一日）、細谷千博ほか編『日米関係資料集一九四五―九七』（東京大学出版会、一九九九年）、四〇〇―四〇三頁。

（102）Douglas MacArthur II, "Prospects Bright for Two Nations"（前掲）。

（103）「二十日頃調印」『朝日新聞』一九六〇年三月一〇日。

（104）"Third-Country Training Program in Japan," compiled in *United States Treaties and Other International Agreements*, Volume 11, Part 2, 1960, 1387.

（105）内海愛子『戦後補償から考える日本とアジア』山川出版社、二〇〇二年。サオリ・カタダも日本の対外援助政策が、いかに経済的要請と米国の冷戦政策に応じて形成されたかについて詳細に分析している。Saori N. Katada, "Japan's Foreign Aid after the San Francisco Peace Treaty," *The Journal of American-East Asian Relations*, vol. 9, no. 3/4 (Fall/Winter 2000): 197-220.

（106）内海愛子「東アジア　歴史とその和解を考える」『東京外国語大学海外事情研究所講演記録集』東京外国語大学海外事情研究所、二〇二〇年、九頁。

（107）各国に行った戦後賠償の詳細については内海『戦後補償から考える日本とアジア』（前掲）を参照。

（108）Katada, "Japan's Foreign Aid after the San Francisco Peace Treaty," 213.

（109）鄭敬娥「岸内閣の「東南アジア開発基金」構想とアジア諸国の反応」『大分大学教育福祉科学部研究紀要』二〇〇四年一一月、一七―三二頁。日本は、一九五四年コロンボ・プランにも加盟する。コロンボ・プランは、共産圏に対抗して、アジア太平洋地域諸国の経済発展を援助することを目的に、イギリス連邦諸国によって組織された国際機関である。オーストラリアやイギリスなど加盟国の強い反対で、日本の加盟は当初認められなかった。カタダによれば、コロンボ・プランが非同盟運動の強力な提唱者であるインドへの支援を重視していたこと、また非軍事的であり、ほとんどの受給者がタイドローンや軍事支援を受けたがらなかったことから、米国は同プランに消極的だった（Katada, "Japan's Foreign Aid," 204）。

（110）Bruce Cumings, "The Origins and Development of the Northeast Asian Political Economy: Industrial Sectors, Product Cycles, and Political Consequences," *International Organization*, 38（1）（Winter 1984）: 1-40, 19. より

の三角構造は、一九四九年末の国家安全保障会議においてNSC 48/1 の採択に至る審議の中で初めて公的に明示された。

（111）中国農村復興連合委員会（以下、JCRR）は、一九四八年一〇月一日、国民党政府の経済的安定を図ることを目的とした中国援助法（Public Law 472, Title IV）の農村復興条項に基づいて設立された。国共内戦のさなか南京に設立されたが、国民党の敗北に伴い、一九四九年八月に台湾に移動した。六五年六月三〇日の対中経済援助終了に伴い、米国はJCRRの顧問としての地位から事実上撤退することになった。JCRRは、土地改良や農業技術の普及、漁獲高の向上、森林再生などさまざまな再建事業を主導する一方、研究・教育・普及事業も行った。また農村地域での保健サービスの向上や感染症撲滅と管理、効果的な家族計画システムの構築など、医療衛生改革にも取り組んだ。組織の沿革については、Joint Commission on Rural Reconstruction, ed., *Chinese-American Joint Commission on Rural Reconstruction*（*JCRR*）*: Its organization, policies and objectives, and contributions to the agricultural development of Taiwan*（Taipei: JCRR, 1977）を参照。JCRRもまた、米国の冷戦政策が、現地のテクノクラートと一体となってアジア太平洋地域での開発援助を推進した一例といえよう。JCRRの歴史について包括的に述べている研究として Joseph A.Yager, *Transforming Agriculture in Taiwan: The Experience of the Joint Commission on Rural Construction*（Ithaca and London: Cornell University Press, 1988）がある。山本真は、JCRRの中国大陸での初期の活動に焦点をあて、日中戦争から国共内戦に至る時期に、JCRRがいかに国民党政府が主導した農村復興のノウハウを引き継いでいったのか詳細に分析している。山本真「中国農村復興連合委員会の設立とその大陸での活動（一九四八―一九四九）」『中国』二一巻二号、一九九七、一三五―一六〇頁。

（112）East-West Center News, Volume II, No. 2, April, 1962, 6-7.

（113）East-West Center News, Volume I, No. 11, December 1961, 3.

（114）バロン・ゴトウの経歴、思想的背景や、東西センターにおける役割について詳細は、Koikari, *Cold War Encounters*（前掲）, 115-124を参照。

（115）Koikari, *Cold War Encounters*, 115.

（116）Wade Davis, "Cornell's Field Seminar in Applied Anthropology: Social Scientists and American Indians in the

Postwar Southwest," *Journal of the Southwest,* Vol.43, No. 3（Autumn, 2001）: 317-341, 317-318.

（117）Nils Gilman, *Mandarins of the Future: Modernization Theory in Cold War America*（Maryland: the Johns Hopkins University Press, 2003）, 3.

（118）Koikari, *Cold War Encounters,* 121.

（119）Baron Goto, "The Center's Challenge in Technical Interchange," *East-West Center News,* Vol.2, No. 6, 1962, 4.

（120）Ibid., 5.

（121）"In my garden/ Side by side/ Native plants, foreign plants/ Growing together." 原歌は不明。Japanese Garden, East-West Center　公式サイト https://www.eastwestcenter.org/about-ewc/campus-maps/japanese-garden［最終アクセス二〇二四年六月一二日］.

（122）USCAR record, "Medical Assistance Training（Third Country Training）," USCAR02940［Box 29- Folder 1］, 国立国会図書館。

（123）琉球政府資料「第三国研修計画」R00002177B, 沖縄県公文書館。

（124）八尾祥平「戦後における台湾から「琉球」への技術者・労働者派遣事業について」『日本台湾学会報』一二号、二〇一〇年五月、二三九―二五三頁。

（125）East-West Center, Quarterly Report, January to March, 1964, Box 5, Folder 11 of East-West Center Institute of Technical Interchange, UHUAMC.

（126）Michael, "Delivering Health Cater to the Pacific," 9.

（127）病院建設は必要資材の不足、利用可能な機材設置の遅れ、施工不良などにより工事が遅延した。最終的に完成したのは一九六六年年四月だった。

（128）"Fact Sheet: Medical Training Program for the Ryukyu Islands," by Director of Civil Affairs, Compiled in USCAR record no. 0000000880, 沖縄県公文書館。

（129）High Commissioner of the Ryukyu Islands, ed. 1969. *Civil Administration of the Ryukyu Islands Vol. 17, High Commissioner Report, 1968-69*, 150.

(130) Windsor C. Cutting, "Medical Education in the Pacific," the report read at the 11th Congress of the Pan-Pacific Surgical Association, Honolulu, October 26, 1969. President's Office Records A1987:001 Box 56 Fld. 5., UHUAMC.

(131) Report of Consultation Visit to the University of Hawaii Medical School, 6, Presidential Records, Box 18, UHUAMC.

(132) Ibid.

(133) Windsor Cutting, *Honolulu Advertiser*, June 8, 1972

(134) Larry Fleece, *The John A. Burns School of Medicine: 50 Years of Healing in Hawai'i* (Honolulu: Legacy Isle Publishing 2015), 20より再引用。

(135) Thomas D' Agnes, *Dr. V: An Extraordinary Journey* (Bloomington: iUniverse, Inc, 2012). Retrieved from Amazon.com, Chapter 7, the section starting with "Having several attractive jobs."

(136) East West Center News, Vol. 3, No.4, December 1963, 4.

(137) Ibid.

(138) Masao Maeshiro, Satoru Izutsu, and Kathleen Kihmm Connolly, "Medical School Hotline: A History of the University of Hawai'i Postgraduate Medical Educaion Program at Okinawa Chubu Hospital, 1966-2012," *Hawai'i Journal of Medicine & Public Health,* Vol.73, No 6 (June 2014): 191-194, 192.

(139) Ibid.

(140) Message of Lt. Gen. Albert Watson, II, U.S. High commissioner, to Legislature, Government of the Ryukyu Islands (Twenty-eighth Session, 1 February 1965), 19, USCAR records, 0000000866, 沖縄県公文書館。

(141) Ibid.

(142) 真栄城優夫「沖縄県立中部病院における卒後臨床研修――その20年間」『医学教育』一八号六巻（一九八七）：四七一－四七三頁。

(143) Staff Study 17 Feb 1966, by M. J. Larsen, Special Assistant to DCA, USCAR record no. 0000000880, 沖縄県公文書館。

（144）An Interim Report by the Preparing Committee for the Establishment of A Medical School in the University of the Ryukyus, June 8, 1967, 琉大保健学部設置研究委員会『琉大保健学部設置保健委員会関係資料』（沖縄県立図書館所蔵）。

（145）『日医ニュース』一九六六年八月号、二〇頁。英訳されたものがUSCAR文書として保管されている。"Medical Assistance Training Program_Postgraduate Medical Training" (NARA 189 of HCRI-HEW 2), U8080993B, 沖縄県公文書館。

（146）『琉球政府立中部病院創立25周年記念誌』琉球政府立中部病院卒後臨床研修二五周年記念実行委員会、一九七一年、二八頁。

（147）『沖縄県立中部病院卒後医学臨床研修25周年記念誌一九六七—一九九二年』沖縄県立中部病院卒後臨床研修二五周年記念実行委員会、一九九二年、五四頁。

（148）『守礼の光』第一〇一号（一九六七年一月号）、四頁。

（149）「日米協力で一致」『毎日新聞』一九六六年九月九日。

（150）ミネソタ・プロジェクトが韓国医学の発展に与えた影響及び評価については、Ock-Joo Kim, "The Minnesota Project: The Influence of American Medicine on the Development of Medical Education and Medical Research," *Korean Journal of Medical History* vol. 9 (June 2000): 112-123.

（151）Ibid., 116-117.

（152）Interview with Neal L. Gault Junior, by Associate Dean Ann M. Pflaum, University of Minnesota, January 18 and 19, 1999, University of Minnesota Libraries Digital Conservancy https://conservancy.umn.edu/handle/11299/5842［最終アクセス二〇二四年一二月二七日］。

（153）ミネソタ・プロジェクトで研修を受けた七七名のうち七三名がソウル大学に戻り、韓国医療の発展に貢献した。しかし、韓国の医学界は一九八〇年代に入ってから、このプロジェクトについて、韓国の医療関係者がアメリカ医学を無批判に受け入れてしまったのではないか、本当に韓国の医師不足解消に貢献したのかどうか、批判的検討がされるようになった。米国式の医学教育を受けた韓国の医師は、韓国にとどまって韓国社会に尽くすよりも、米国に行ってしまう傾向が強かったことも指摘されている（Ock-Joo Kim 2000, 120）。

(154) ロックフェラー財団の資金援助を受けて一九一四年に設立されたものであり、米国式の医療看護教育を中国やアジア各地に伝播することを目的にしていた。その活動の大きな成果の一つとして、同じくロックフェラー財団によって一九二一年に中国に設立された北京協和医院（The Peking Medical College）がある。

(155) Interview with Gault（前掲）, 16-17

(156) ゴールトは後に、沖縄の医学向上に貢献したとして、一九六九年に日本医師会から最高優功賞を受賞した。また、一九九二年には天皇から旭日小綬章を授与された。Maeshiro et al., "A History of Hawai'i Postgraduate Medical Education Program"（前掲）, 192.

(157) 安次嶺馨『良医の水脈——沖縄県中部病院の群像』ボーダーインク、二〇一六年、一二四—一二五頁。

(158) Cutting, Windsor C., "Medical Education in the Pacific," the report read at the 11th Congress of the Pan-Pacific Surgical Association, Honolulu, October 26, 1969. University of Hawaii, Hamilton Library, Presidents' Office Records A1987:001 Box 56 Fld. 5, UHUAMC.

(159) Ibid.

(160) Letter from Jensen to Gault, October 22, 1969, U80800023B [Box No. 43 of HCRI-HEW, Folder No. 7, Gault, Neal L., Jr. M.D.]，沖縄県公文書館。

(161) Simeon Man. *Soldiering through Empire: Race and the Making of the Decolonizing Pacific*（Oakland, California: University of California Press, 2018）.

(162) Catherine Ceniza Choy, *Empire of Care: Nursing and Migration in Filipino American History*（Durham: Duke University Press, 2003）, 5.

(163) 安次嶺『良医の水脈』（前掲）、八三頁。

(164) 「10周年記念座談会」『中部病院医学雑誌』二巻二号、三巻一号合併号、一九七六年一二月。

(165) Maeshiro et. al., "A History of Hawai'i Postgraduate Medical Education Program," 191.

(166) Letter from Neal Gault to John P. Fairchild, July 3, 1968. University of Hawaii; Colonel Fairchild's File（189 of

HCRI-HEW 5), U80800993B, 沖縄県公文書館。

(167) 安次嶺『良医の水脈』(前掲)、一七七頁。

(168) 沖本八重美「ルポルタージュ　県立中部病院」『沖縄思潮』六号、一九七五年一月、二四―二七頁。

(169) 同右、二七頁。

(170) Chōko Takayama "Background of Obuchi Okinawa Education & Research Program," in *Bridge of Rainbow*, 129-130.

(171) Bill Clinton's Address at the Peace Memorial Park, Itoman City, Okinawa. July 21, 2000. The Ryukyu-Okinawa History and Culture Website, http://ryukyu-okinawa.net/pages/archive/itoman.html (last accessed November 18, 2018).

(172) 湧川清栄「沖縄の将来展望――軍事基地の追放、琉球大学について」これは一九八九年一二月八日に琉球大学で行われた講演のために準備された原稿である。湧川清栄『アメリカと日本の架け橋』(前掲)に再録。

(173) 山里勝巳「大学の誕生――湧川清栄とハワイにおける大学設立運動」湧川『アメリカと日本の架け橋』(前掲)、二五九頁。

第四章

「命」を乞う
――土地闘争と「救済の法」――

原住民にとっての最も具体的であるがゆえに最も本質的な価値とは、まず大地である。パンを保証し、そして言うまでもなく尊厳を保障する大地である。

――フランツ・ファノン[1]

親ぬゆじるぬ畑山や　いかに黄金ぬ土地やしが　うりん知らんさアメリカや
(親ゆずりの畑は黄金にもまさった土地ですが　それを知らないアメリカは)

――陳情口説[2]

はじめに

冨山一郎は、近代以降、現在に至るまで沖縄に対して適用され続けている救済、復興、振興、開発といった「市場を介さない財の投下」によって特徴づけられる法的措置を「救済の法」として問題化している。冨山によれば、沖縄は「救済の法」の対象となることと引き換えに、軍事基地を引き受けることを強要されてきた。この制度において、軍事基地はその負荷の査定額をめぐって計算可能な欲望の対象、すなわち「商品」となり、法的救済を求める申請者と申請を査定・承認する者は同じ「商談のテーブル」につくことを余儀なくされる。[3]これは、アンマリア・シマブクが「混血児」をめぐる議論において、いかに沖縄の人びとが「申請する主体（petitioning subject）」とされてきたか理論化していることにも通じる。シマブクによれば、戦後日本では、「日本人」が米軍に対して「抵抗する主体」となり、主権国家としての主体性を回復していったが、「徹底的に敗北させられた沖縄は、権力に身を投げ出し、「申請する主体」になる以外なかった」という。[4]つまり、沖縄の人びとは申請し、商談に参加するという行為を通して（のみ）主体化され、その結果、否応なく植民地主義的な権力構造を内面化することを余儀なくされたのである。冨山がいうように、「救済の法」は、軍事基地ネットワークや冷戦下での地域研究を通した知の集積と絡み合って、冷戦期の米国の覇権拡大の重要な駆動力となった。[5]

「救済の法」は、人びとを生まれ育った土地から切り離し商談のテーブルにつかせることで、そもそもそうした状況を生み出した統治者に対して、救済を乞わざるをえない状況に追い込み、結果として、暴力構造そのものを覆い隠してしまう。「救済の法」をめぐるこのような議論は、ランドール・ウィリアムズがフランツ・ファノンを援用しながら自由主義的な制度全般に対して繰り広げた次の指摘にもつながる。

「承認やリドレスを申請するあらゆる法的制度は、人種主義的・植民地主義的な資本主義が円滑に機能するために不可欠な国家権力と文化的・経済的機構を再生産させることになる」[6]。すなわち、暴力の補償を求める法制度そのものが、被支配者を「抵抗する主体」ではなく「申請する主体」として法的・経済的な支配構造により一層深く組み込み、人種主義・植民地主義を永続させる装置として機能するのである。

このことを念頭に入れて、「救済の法」という観点から、近代以降の沖縄の歴史を考えてみたい。沖縄が最初に「救済の法」の対象となったのは、一九二〇年代から三〇年代にかけて、資本主義の危機の時代においてであった。第一次大戦期の束の間の特需に引き続いて訪れた世界恐慌を契機とする糖価の暴落に、製糖業モノカルチャーを基盤とする脆弱な県内経済は大打撃を受け、いわゆる「ソテツ地獄」と呼ばれる状況に陥った。日本資本主義の危機が、国家の周辺として編入された沖縄において顕在化したといえる。この危機の結果、多くの人びとが生活の場を求めて、県外・海外へ流出し、沖縄にとどまったものは国の救済措置の対象となった。冨山はこのモーメントを「戦後沖縄」の始まり、すなわち「救済の法」の対象となる一方で、土地を離れた者は否応なく世界的な資本主義経済に組み込まれていく状況の始まりとして見ている[7]。

資本主義の危機への対応としての「救済の法」の登場は、日本に限らず世界史的な転換点だった。山之内靖の言葉を借りれば、それは総力戦体制が促した社会の機能主義的再編成＝「現代化」のモーメントであった[8]。米国では「ニューディール体制」としてあらわれ、他地域では、ファシスト国家や社会主義国家の出現を促した。冨山はこの転換点について、「一九二〇年代の資本主義の危機（＝革命への予感）の中で登場しはじめる危機管理政策にこそ戦後を取り仕切る新しい帝国の経営の出発点があるのである。冷戦は戦後の二つの国家間の睨み合いではなく、この革命への予感をめぐる危機管理の問題として、基本的には立てられなければならない」と論じている[9]。二〇年代の危機の時代に出現した「救済の法」という、人びとの生活・生存の領域に国家が介入する新たな統治のあり方が、「戦後」であり「冷戦」の出発点であったとすれば、それは具体的に、どのように継続されていったのだろうか。また、日本・米国という二つの帝国の狭間であり、結節点に置かれた沖縄において、それはどのようなものとして現れたのだろうか。本章では、「救済の法」が冷戦を背景に、米軍統治下に置かれた沖縄でどのように形を変え、軍事基地を中心とした社会を下支えする論理として機能したのか検討する。本章の結論を先取りすれば、沖縄では二〇年代に資本主義の危機への対応として登場した「救済の法」が、五〇年代末期に米軍統治の危機への対応策として再び前景化された。具体的にいえば、日米政府の対沖縄援助増大によって住民福祉政策が拡充し、沖縄住民が、国家による生権力体制に包摂されていった。この米軍統治の「危機」は、基地建設のための土地の強制接収から始まった。

一九五三年に土地収用令が公布されると、「銃剣とブルドーザー」による米軍の土地接収が始まった。土地を奪われた農民は、抗議行動を展開する。なかでも、戦後沖縄の「反戦平和運動の父」と呼ばれる阿波根昌鴻は、土地を追われた人びとを引き連れて、民衆に窮状を訴える「乞食行進」[10]を行った。乞食行進は、沖縄北部の本部半島にある伊江島の小さな農村から始まり、沖縄島を北から南へと縦断した。女性や子どもたちも参加したこの行進はやがて、「島ぐるみ闘争」として知られる戦後沖縄で初めての、米軍支配に対する島ぐるみの抵抗運動へと発展した。島ぐるみ闘争は、琉球列島の施政権の日本への返還を求める復帰運動の源流とされることも多いが、乞食行進を詳細に分析すると、それは何よりもまず、生き延びるため、飢餓のない生存を求めるための抗いであったことがわかる。

戦前の沖縄では、人口のほとんどが農業に従事しており、食糧作物であるサツマイモを中心に、換金作物として甘蔗の栽培と砂糖の製造、さらに豚や牛の飼育によって生計が立てられていた。また、沖縄の土地は先祖からの財産として位牌（トートーメ）に付随して移動するものであると考えられていた。このため、本土では、農地は「家産」として長男による単独相続が一般的であったのに対し、沖縄では、近代初期に至るまで土地の共同体所有が基本であり、直接、生存・労働の条件として所有されていたことも特徴的である。[11] 土地と人びととの関係を如実にあらわしているのが、土地闘争で掲げられた「金は一年、土地は万年」という標語である。[12] こうした土地の認識の仕方は、ミシュアナ・ゴーマンが「物語が刻まれた土地」（storied land）と呼ぶ概念にも通じる。太平洋諸島の先住民の土地闘争を分析する中でゴーマンは、土地にはそこで生き延びた人々の「物語」が刻まれており、それを次世代へと伝えていく行為が、土地を私有財産化しようとする権力に抗い、政治的闘争を繰り広げるために不可欠な基盤となると論じている。[13]

しかし、ここで注意しなければいけないのは、歴史的に移動を繰り返してきた沖縄の人びとの多くにとって、土地に関わる「物語」は、太平洋諸島の先住民とはまた別の形をとったということである。例えば伊江島は、阿波根を含め、明治以降の入植者が大半を占めており、土地との関係性は所与のものではなかった。その上、地上戦の舞台となった沖縄では、戦前からの土地と人びととの関係は寸断され、それが回復されることのないまま、多くの農地が「軍用地」として奪われていった。移住者や新たな土地を「割り当て」られた人びとは、耕作し、生活し、そして本章が示すように、軍事暴力へ抵抗し続ける中で、土地との関係を結び直していった。本章ではまず、土地接収から「乞食行進」に至るまでの過程を再検討し、米軍・住民双方において「土地」がどのようなものとして認識され、語られていたのか、また人びとにとっていかにそれが「物語が刻まれた土地」となり、島ぐるみ闘争の基盤となったのか明らかにする。

本章後半では、土地を追われた農民たちによって突きつけられた危機への対応として対住民福祉政策が拡充していった過程を分析する。沖縄戦後史を概観すると、島ぐるみ闘争は確かに、米国政府に沖縄統治転換を迫った。表面的には、住民の抵抗運動は、軍による排外的でしばしば暴力を伴う統治から経済発展と住民福祉に重きを置いた統治への転換をもたらした[14]。実際、経済的に見れば、一九五八年のドルへの切り替えは米国と日本の資本流入を加速させ、沖縄経済に好況をもたらした。さらに、六〇年のプライス法によって米国政府の対沖縄援助が法制化された結果、住民の生活は安定し、医療や公衆衛生は改善し、社会保障体制がようやく本格化したといえる[15]。しかし本章では、このような転換を単に肯定的変化として見るのではなく、沖縄の人びとが選別されながら日米共同の生政治体制に組み入れられていく過程として捉える。五〇年代後半から六〇年代にかけて、さまざまな社会政策が拡充していく一方で、八重山や日本本土、南米への計画移民が実施されていたことに注意したい。内側に向けた社会保障制度の確立と、沖縄外への（官主導の）人口移動は表裏一体の政策だった。人口が選別的・排外的に統治体制に包摂されていく――宮里政玄が「統治の正常化の試み」と表現する、島ぐるみ闘争後の数年間は、まさに、軍事占領状態が恒常化・統治化（governmentalize）されていく過程だったといえる[16]。そこでは、人びとは馴致、規律化、脱政治化され、二度と「乞食」――潜在的な反逆者――が道にあふれないことが目指された。

この状況は、タカシ・フジタニが総力戦体制下の日米両帝国における人種主義について分析する中で、「粗野なレイシズム」から「丁寧なレイシズム」と理論化した転換とも重ねて理解することができる。それまで差別の対象であった集団を国家共同体に包摂することで、日本と米国、二つの帝国は自らの人種主義を否認することが可能となった[17]。本章では、日米両政府が、占領下沖縄における住民の健康と福祉の増進に積極的に関与するようになった過程、そして、その後の沖縄への「復帰」を、「排外的な包摂」（exclusionary inclusion）として再検討している。「排外的な包摂」は、日米双方にとって、戦後も継続した人種主義、帝国主義、軍事主義を否認することを可能にした。フーコーの統治性の議論を援用すれば、この転換は「殺す権力」を基盤とする絶対的主権権力が退き、近代的統治権力としての司牧的権力、すなわち「ケアし、生かす権力＝生権力」が前景化していく過程として捉えることもできる。だが、ここで重要なのは、フーコーが指摘するように、「生権力」の登場により、主権権力による「殺す権力」が抹消されたわけではないということである。むしろ、それはかつてないほど先鋭化され、規律権力と統治的管理と連動しながら、「誰が生かされ、誰が死ぬべきか」を裁定するようになる。[18]

本章ではさらに、この米軍統治の「正常化＝統治化」の過程を、沖縄の人びとの生存を求める闘争と関連づけながら分析する。そこで問われるのは、復帰運動の中で「国民統合」が支配的言説になるにつれ、「本土並み」の「普通」の生活を求める人びとの要求がどのように周辺化されていったのかという点である。復帰運動では、沖縄は常に祖国日本に再び迎え入れられることを待つ「孤児」として描き出された。最もよく使われたスローガンである「沖縄を返せ」というフレーズが如実に示すように、復帰運動の言説はしばしばナショナリスティックで、家父長主義的な情動を帯びたものだった。「沖縄を返せ」は、一九五〇年代半ばに福岡高等裁判所の労働組合によって作られた歌に由来するが、「返せ」という命令形の動詞が示すように、この発話行為は本土の視点からなされており、日本が所有するはずの沖縄が米国によって「奪われた」と表象する。これまで指摘されてきたように、沖縄の本土復帰は、日本が主権を完全に回復し戦後ナショナリズムを強化する一方で、自らの帝国としての過去を忘却する過程として理解する必要がある。沖縄側からすれば「沖縄を返せ」という標語は、たとえ同じ言葉であっても、沖縄と日本が置かれた立場性の決定的な違いを表出させるものだった。すでに沖縄にいるのに、何を、どこに「返せ」というのか。米軍統治の正常化の延長線上にあった本土復帰は、沖縄の人びとにとって、どういうものとして予感されていたのかを述べて本章をしめくくる。

一・「土地問題」の始まり

一九四五年四月の沖縄島上陸後、米軍は沖縄の全ての土地を直接支配下に置くとともに、管理下に入った民間人を漸次、収容所に移送していった。同年一〇月二三日に発令された米国海軍政府指令第二九号「旧居住地移住の計画と方針」（一九四五年一〇月二三日）は、民間人収容所からの帰郷を許すものであったが、米軍は依然として基地建設のために広大な土地を占拠したままであり、多くの住民が戦前の居住地に帰ることができなかった。[19]この状態を解消するために米軍がとった措置が「割当土地制度」や「割当耕作制度」であり、市町村長や米軍地区隊長の権限で、所有権とは無関係に必要な土地を割り当て、使用する権限を与えるというものであった。一方で、米軍は土地所有権委員会を設置（米国海軍政府指令第一二一号）し、土地所有権の調査・確認を図る。一九五一年四月には土地所有権証明書が交付されたが、仲地宗俊がまとめているように、米軍による一連の土地調査は「所有権を優先した秩序の回復」であったうえに、その「所有権の確認が極めて不正確であった」点に問題が残された。[20]

米軍側の当初の認識としては、「沖縄の土地は戦争行為の一環として取得されたものであるから、陸戦法規に基づき、補償の必要はない」というものだった。[21]しかし一九四〇年代末に、東アジアの地政学が大きく変化する中で、沖縄占領の恒久化が決定されると、土地接収と補償に関わる方針も明文化されるようになる。前章までに詳述したように、五〇年一二月五日には極東軍司令（「琉球列島米国民政府に関する指令」、以下FEC指令）によってUSCARが設立されるが、FEC指令では、土地使用に関しては次のように定められた。

［民政］副長官は、合衆国政府が永久的に必要とするその他の財産若しくは施設を、所有者が琉球人たると、日本人たると又はその国籍の如何を問わず購入により又は収用（condemnation）して、その所有権を獲得する。この財産は、出来るだけ談合による購入によって獲得するものとする。若し、適当な条件で購入出来ない場合又は所有者が商議することを拒んだ場合は収用手続をとる。[22]（強調、引用者）

FEC指令を受けて、USCARは沖縄地区工兵隊（the Okinawa Engineer District、以下OED）を設置、土地の所有者を確認し、地代・あるいは購入価格を決定し、必要に応じて接収手続きを開始するよう指示した。[23]

一九五二年に対日講和条約が発効されると、米軍は既存の軍用地を継続使用すべく、地主との賃貸借契約に着手する。しかし米軍当局が提案したのは二〇ヵ年という長期契約であるうえに、OEDの算出した年間賃貸料は一坪あたり平均一・〇八B円（当時、コカ・コーラ一本とタバコ一箱が約一〇B円）というあまりに低額だったために、ほとんどの地主は契約に応じなかった。[24]

そこでUSCARは一九五三年三月に「土地収用令」（布令一〇九号）を公布し、土地接収と補償に関する手続きを定めた。この布令では、土地所有者は接収された土地に対する補償額については民政副長官に訴願できるとされているが、土地収用に対する拒否権は一切認められなかった。布令一〇九号に基づき、米軍はただちに真和志村（現・那覇市）の安謝・銘苅、小禄村具志に乗り込み、「銃剣とブルドーザー」による強制的な土地接収を開始する。さらに同年一二月五日には、「軍用地域内に於ける不動産の使用に対する補償」（布告二六号）が公布された。同布告の前文によると、米軍は「ハーグ会議によって定められた陸戦法規及び陸上戦闘の規則、慣習に関する規定」に基づき、一九五二年四月二八日以降は「対日講和条約第二章第三条によって合衆国に与えられた土地収用権」によって、「占領軍が必要とする不動産」を収用、占有したと改めて明記されている。そして、土地所有者との契約の有無にかかわらず、これらの土地に対する米国の権利が「黙契」として確認され、今後も占有・使用する権利を保有するとされた。[25]

収容所から元の居住地に戻り、ようやく再定住し始めたばかりの住民たちにとって、土地の接収は復興への希望を奪うものだった。しかし、暴力的な土地接収に対する住民の抵抗を、米軍当局は共産主義者による扇動とみなした。例えば、琉球米軍と第二〇空軍が共同で発行していた、米軍関係者向けの定期刊行物 *The Ryukyu Review* は、沖縄の人びとの抗議活動を「共産主義者に扇動されたデモ隊の一群」や、「共産主義者の口約束に騙された村人」といった言葉で報じている。[26] 第一章でも言及したアメリカ・メソジスト派のオーティス・W・ベル牧師は、こうした状況を憂いて、『クリスチャン・センチュリー』に次のような米軍に対する批判を寄せている。「一九五三年一二月五日、沖縄に駐留していた米国陸軍の部隊が、「共産主義者の反乱」と名指した事態を鎮圧するために召集された。「トラブル・メーカー」とされたのは、武器を持たない沖縄の住民たちで、彼らは、占領軍が何の合意も代償もなく、自分たちの土地を使用していることに抗議しているにすぎない」。[27] このように、土地の権利を主張する住民を鎮圧するために反共のレトリックが用いられたことは、当時の東アジアをとりまいていた冷戦状況の文脈において改めて考える必要があるだろう。[28]

住民の抵抗運動を冷戦イデオロギー対立に回収しようとしていた米軍当局とは対照的に、阿波根昌鴻は、強制的土地接収に始まる一連の出来事は、米軍が農民に対して仕掛けた「戦争」であるという明確な認識を持っていた。こうした認識は、彼の戦前・戦中体験に基づくものだった。一九〇三年上本部村（現・本部町）の貧しいながらも教育熱心な旧士族の家に生まれた阿波根は、幼少期から学問に対する憧れを抱いていた[29]。鹿野政直は阿波根の前半生を導いた書物として、聖書、西田天香の『懺悔の生活』、そしてデンマークの哲学者ニコライ・フレデリク・セヴェリン・グルントヴィの伝記の三冊を挙げる[30]。

小学校時代に教員を通してキリスト教と出会い、別府の牧師宅で一年過ごしたのち、一七歳で洗礼を受けた。その後、経済的な理由で進学が叶わず、一九二五年から三四年まで出稼ぎ労働者としてキューバとペルーで過ごしていた時期に西田やグルントヴィの思想に出会った。西田が創設した農業共同体の一燈園は、キリスト教と禅宗に基づき、人びとが托鉢をしながら農業に従事していた。グルントヴィの構想によるデンマークの民衆高等学校は、高等教育を通して小農の自己啓発を促すものであり、無教会派の内村鑑三によって一九一一年に日本に導入されて以来、戦前の日本で広まった。農業を生活基盤とした共同生活や農民学校という構想に深く感銘を受けた阿波根は、自ら農業共同体を築くことを夢見て伊江島の土地を少しずつ購入していった。

思想的背景に加えて、息子の戦死と、その戦争に反対できなかったという後悔が、阿波根の抵抗運動を貫く「非暴力」の精神に結びついたと鹿野は考察している[31]。伊江島で土地接収が始まった当時のことを阿波根は次のように記している。「真謝の復興と生活の安定は、これからというところでありました。もう戦争はわすれよう、平和でありさえすればいい、と思っていました。そこへ、戦争にも劣らない、いや戦争よりも大きな不幸が真謝の農民にのしかかってきたのであります[32]」

伊江島では、一九四五年四月沖縄戦で最も激しい地上戦が繰り広げられたことを思い起こす必要があるだろう。日本軍の飛行場が建設され、守備隊が配備されていたため、米軍の主要な攻撃目標となったためである。四月一六日から六日間続いた戦闘で、当時の伊江島住民のほぼ半数にあたる約一五〇〇名が犠牲になった。「集団自決（強制集団死）」による犠牲も多く、伊江村では二〇〇名以上の命が奪われた。土地接収のために島にやってきた米軍は、伊江島住民の心身に深く刻まれた、未だ語ることのできない記憶を呼び起こしたに違いない。五五年三月一一日に三隻の米軍大型上陸用船艇が伊江島東海岸に姿を現し、約三〇〇名もの完全武装した米兵がカービン銃を両手に抱えて続々に上陸して来ると、あまりのものものしさに住民は「第三次世界大戦でも始まったのか」と思ったという。[33]

沖縄戦の記憶が未だ生々しいものであったはずの阿波根や伊江島住民にとって、「戦争よりも大きな不幸」とは一体何だったのだろうか。阿波根は、伊江島における土地闘争の展開について、写真や日記を使って詳細な記録を残していた。こうした記録が、米軍当局との闘いにおいて決定的な証拠になると考えていたからであり、土地の返還を求める住民と米軍士官との交渉の様子や、住民に行使されたあらゆる暴力が記録として残された。一方で、阿波根は、座り込みやデモ、住民同士の話し合いといった場面だけではなく、住民の日常生活の様子も写真におさめていた。例えば、ある写真は、子どもと遊ぼうとする米兵を映し出している。前方にいる少年は、米兵が近づいてくるのに気付いていないようで、カメラに笑顔を向けているが、他の子どもたちは、兵士から距離をとり、疑い深い目で見つめている[34]［写真4・1］。また別の写真では、民家のそばの道端に、爆撃でで

「遊びにきた兵隊」（阿波根昌鴻『人間の住んでいる島』、122頁）
［写真4．1］　写真提供：わびあいの里

きた大きな穴が映される。穴の中に立ち、こちらを見据える四人の少年は、この穴の大きさを示しているだけではなく、彼らの生活がいかに墓穴＝死と隣り合わせであるかを表しているかのようである[35]［写真4・2］。このように、阿波根の写真は力強く、日常生活を引き裂く軍事暴力の実相を炙り出す。伊江島の闘争を記録したこの記録写真集には『人間の住んでいる島』というタイトルが付けられており、伊江島が決して戦場や訓練場ではなく、まして米軍が自由に利用可能な無主地（テラ・ヌリウス）でもなく、一人ひとりの「人間」が生活を営む場所であることが強調されている。

　阿波根の記録でもう一つ際立つのは、土地接収がもたらした、人々の飢餓への差し迫った恐怖である。真謝の村に到着した米兵は、家々に火を放ち、耕作中の畑から作物をもぎ取り、金網で土地を囲い込み、ブルドーザーと絶え間ない爆撃によって、すべてまっさらな状態にした。米兵は「海岸につながれている漁民の生命の綱とも頼るクリ舟に銃弾をうち込み、農家に乏しい薪をトラックでかり集め米兵歩哨が冷えこむ夜を過すため大きな焚火をしている火の粉が夜空をこがしていました。牧場に離され

「人家近くの道わきに投下された爆弾穴」（阿波根昌鴻『人間の住んでいる島』、123頁）
［写真4．2］　写真提供：わびあいの里

た山羊五〇頭余は米兵の狩猟する的となり、次々と銃弾で倒されどこに持ち去られたのか、行方さえ知られず残ったのはわずかに十六頭を数えたのみでした[36]」。こうして、伊江島住民は、土地だけはなく、生計を立てるための術と生活する場所を奪われたのである。家を失った家族は、雨が降るたびに泥水があふれるテント小屋での共同生活を強いられ[37]、苛酷な生活に住民は疲弊していった。阿波根の記録の中で、ある農民はこうした状況を次のように綴っている。「われわれはいま死ぬか生きるかの境に立たされている、土地から離れたら魚が水から離れるのと同じで、もう死があるだけだ[38]」。

二．補償、援助、救済

前述の通り、伊江島住民たちは単に土地を奪われただけではない。米軍統治下沖縄における土地接収の根本的な問題の一つは、その土地が生活手段としてではなく、私有財産としてのみ査定されたことにあった。軍事占領に伴うこうした強制的な土地接収を、米国の入国者植民地主義の文脈に位置づけて考えてみたい。ケースー・パクは先住民の土地を商品として計算する慣習の起源を、植民地時代に遡って検証している。初期の植民者による土地取引について、先住民との財産に対する価値観や認識のずれを意図的に利用した「コンタクト・エコノミー」という概念を参照しながら、パクは次のように述べている。

抵当権が設定されたことで、土地と金銭の間には新たな等式が生まれたが、この場合、金銭は負債を意味した。植民地期に行われた、しばしば略奪的な性質をもつ融資の慣習によって、先住民は負債を負うことになり、その結果、先住民の土地の差し押さえが可能となった。したがって、土地は、（先住民側からの）積極的な売却によってではなく、負債と損失によって貨幣に相当するものとなったのである。[39]

植民地時代初期のアメリカで、植民者が「抵当権実行」という手法によって、先住民の土地を商品化し、巧妙に取り上げていったように、米軍は沖縄の土地を住民側からの積極的な売却によって得たのではなく、補償や援助、救済を通して換金可能な商品に変えていった。土地所有者は土地と引き換えに少額の補償金を得たが、その額は、耕作ができないことに伴う収入減を補うには到底足りないものだった。阿波根の記録に書き込まれた次の一例は、米軍から土地所有者への「補償」が、いかに強制的かつ一方的なものだったかを象徴的に示している。

そして同日午后三時頃、逃げまわる立退家主達をピストルを持った米兵がジープを乗り廻してかき集め「この金は君達の家を破壊した賠償金だから受け取れ」と言い、一人一人の腕をとられ指をつかまえられ、金を渡され捺印させられました。その一人である島袋三助（67）さんは恐怖の余り押しだまっていたら、米兵が三助爺さんの両手をつかまえて「チョウダイ」の形をさせ垂れた頭を上げさせて写真をとり不在家主の金も無理にうけとらされました。[40]［強調引用者］

強制された「チョウダイ」という行為によって、米軍と土地所有者との関係は転倒させられ、強制的土地接収という暴力の被害者から救済の対象となったのである。また、阿波根の記録によれば、米軍は家を再建するための「援助物資」として、「白蟻の食ったわずかばかりの古材と、さびついた針金、セメント三〇〇袋」を村に支給したという。誰も手もつけずに放置していると、ある米兵が「このセメントをかつげ、写真をとろう」と言ってきたが、住民たちは援助物資を見ようともせずに拒否したので、その兵士は「やむなくその使えそうもない資材だけを撮影しなければならなかった」[41]。いずれの例からも土地所有者が補償や援助を受け取った証拠を米軍当局が目に見えるかたちで残そうと躍起になっていたことがうかがえるが、阿波根の記録は、そのような偽りの契約がもっていた暴力性を見事に暴き出している。

土地接収を表現する際しばしば用いられる「銃剣とブルドーザー」という言葉に象徴されるように、一九五〇年代初頭において、米軍が住民に対して、より直接的に暴力を行使していたのは、米軍の沖縄統治における「救済の法」がまだ形成の途上にあったことの裏返しとも言えるかもしれない。米軍当局は表向きには「補償」や「援助」といったレトリックを用いたが、実際には住民救済に関わる法整備が大幅に遅れていたため、人びとを「交渉のテーブル」に着かせるためには暴力に訴える他なかった。

前章までに見てきたように、連合国軍による日本占領では、民主化・非軍事化が最優先された結果、包括的な公衆衛生・医療福祉の改革が行われたが、沖縄では軍事主義が優先されたため、住民の福祉向上は二の次とされ、暫定的な措置が多かった[42]。一九五四年に、それまでの沖縄占領を概観して書かれた政治学者ラルフ・ブライバンディの論考によれば、占領初期は、戦争で荒廃した環境の回復という目前の課題に関心が置かれ、長期的政策が立てられることがなかった。公衆衛生と福祉の分野に関しても、米兵の安全確保のために、全体の目的を考慮することなく、感染症対策・公衆衛生対策が独自の方針でなされていたという[43]。

しかし、土地収用令が発令された一九五三年、公衆衛生や福祉分野でも大きな転換点を迎えた。同年、琉球政府は、四七年までに日本で制定されていた労働法及び福祉三法（生活保護法、児童福祉法、身体障害者福祉法）に準拠した、社会保障制度の構築に着手したのである。しかし、米軍統治下に置かれた沖縄は、国民の基本的人権を保障するところの日本国憲法の適用外に置かれていたため、本土の法律を一方的に沖縄に適用するには、様々な矛盾や障壁があった。

琉球政府関係者や社会事業の専門家をとりわけ困惑させたのは、日本国憲法第二五条第二項で規定された「生存権」の概念である。[44]「健康で文化的な最低限度の生活を営む権利」を保障する生存権は、生活保護法の法的根拠として五〇年代半ば以降、日本本土で急速に注目を集めるようになるが、そのきっかけとなったのは五七年、朝日茂が厚生省を相手取って起こした行政訴訟、いわゆる「朝日訴訟」である。原告の朝日は結核患者であり、生活保護による生活扶助と医療扶助を受領しながら国立岡山療養所で生活していたが、生活保護法による支給額では、憲法が規定する「健康で文化的な最低限度の生活」を送ることはできず、日本国憲法違反にあたると主張した。「人間にふさわしい生活」をめぐる基準の再定義を求めたこの訴訟は「人間裁判」と呼ばれた。朝日訴訟を受けて沖縄の指導者は、沖縄には社会保障制度の基盤となるべき「生存権」の概念がなく、人びとが生活保護を当然の権利として受け取るのではなく、感謝と恩義をもって受け取るべき慈恵としてとらえていると嘆いた。このような意識を「前近代的」であり「奴隷根性」と糾弾するケースワーカーもおり、近代的な社会保障制度の確立のために払拭しなくてはいけないと考えていた。[45]例えば兼本武は、「沖縄人は「慶長の役」以来、ギブミー民族として作り上げた」とし、「「ギブミー」とねだりながら次第に屈辱を忘れていき、ますます彼らの劣等感を深め、結果は批判の眼を失い、自主性を無くしていった」と憤る。慈恵としてではなく、当然の権利として「ギブミー社会保障」と叫ぶとき、「我々の主体性」も回復されていくと、兼本は考えていた。[46]社会政策の不備（それゆえ、「慈恵」として与えられる救済や援助）と「主体性の不在」が関連づけて論じられていることに注意したい。

しかし、神里弘武が指摘するように、「生存権」の不在は、米軍統治下に置かれている沖縄の状況そのものに由来していたともいえる。[47]国民の「生存権」を保障するのが主権国家の責務であるとすれば、法的に施政権の外部にとどめ置かれた米軍統治下沖縄の人びとの生存は何によって保障されるのだろうか。結局のところ、沖縄における生活保護法は琉球政府を擬似的政府とみなして、住民の生活保障の責任主体としたが、そのことによって、日米両政府の法的・財政的な責任は曖昧になった。[48]この結果、琉球政府は十分な財源を確保することができず、公的扶助は機能不全に陥った。

財政上の制限があったにもかかわらず、琉球政府は一九五五年三月に生活保障を求める真謝の住民からの訴えに対し、生活保護法を適用しようとした。[49]このことは、琉球政府内で、土地を接収された者が生活保護対象となりうるかどうかという議論をまきおこした。実際どの程度、生活保護が適用されたかについてはさらなる調査が必要だが、社会保障の分野で自律性を確保しようとした琉球政府と、強制的な補償でもって土地問題を解決しようとした米軍との間で奇妙に利害が一致していたことがわかる。琉球政府は最低限の食糧補償を支給したが、その金額は、留置所に収監された者が一日あたり三〇B円を支給されていた当時、一日たった二一B円にすぎなかった。[50]住民は補償額の値上げを琉球政府に求めたが、USCARが介入し、農民たちは代替地を与えられているのだから、十分な食糧を自給できるはずであるという理由から、この要求を退けた。しかし、この代替地は耕作には適していなかったため、阿波根らは那覇の琉球政府の前で座り込みを開始した。また、すでに米軍が爆撃訓練を開始していた接収地での農作業の再開を求めて、琉球政府に次のような陳情書を提出した。「仕方なく我々は生きるために恒久的生活補償法ができるまでは柵内の農耕を開始致したいと思いますから、その罪が我々にないことをお認め下さるようお願い致します」[51]。

だが地主たちの期待に反して、米軍は琉球政府に対し、伊江島住民への生活保障は土地闘争への支援となるとの理由から、これを全面的に停止するよう命じたのである。一九五五年五月一日、米軍当局の命令を受けて、ついに生活保障と飲料水の軍輸送費の支給が停止された[52]。真謝の住民は、餓死の淵に追い込まれたのである。この翌月、保健所の二人の医師と看護婦が島を訪ね、健康診断を行った結果、真謝住民の八〇%が栄養失調、皮膚病その他の異常ありと診断された[53]。この年、二人の女性が、栄養失調のため子どもを残して亡くなった[54]。

伊江島の状況は米軍統治下に置かれた沖縄の極めて脆弱な地位を如実に示している。そこでは、人びとの生命は、法の庇護の外部にとどめ置かれ、主権権力の剥き出しの暴力にさらされていた。ジュディス・バトラーがグアンタナモ湾収容キャンプにおける「無期限の勾留」に関わって論じているように、主権権力は統治者が法を停止させる、まさにその行為において再び立ち上がる。そして「蘇った主権権力は、無法で特権的な権力であり、著しく「荒々しい」権力」なのである[55]。

例外状態にとどめおかれた人びとが生き延びるためには、弾丸を避けながら耕作し続けるしかなかった。しかし、この命を賭した生存戦略も、やがて禁止されることになる。一九五五年六月一三日、鉄条網に覆われた演習地柵内で農作業をしていた住民八〇名が逮捕され、うち三二名が嘉手納基地に連行された[56]。彼らは即刻、軍事裁判にかけられ有罪判決を受けた[57]。こうした状況を背景に、阿波根は真謝の住民とともに、伊江島の窮状を広く知らしめるため、そして何よりも、生きのびるために行動を開始したのである。

三．「乞食」する

当初、阿波根をはじめとする伊江島住民は「乞食」することを躊躇した。座り込みを始めた時、米軍からそれまで補償金として受け取ったすべての金を集めて返した。また、座り込みをしている時は、通行人からの金銭も受け取らなかった。「他人から金を貰うのは乞食だと思った」からであり、「わしらはちゃんと補償する金持ちがおるんだから、わしらはとる権利があるし、向こうは出す義務がある」と考えたからである。[58] こうした思いを抱えながら、なお「乞食」することへ踏み切った住民たちの決意は、乞食行進を開始する前日の一九五五年七月二〇日に真謝区民に送られた「お詫とお願い」と題された次の文章に明確に書き込まれている。

私達の生活の道は一切閉ざされてしまいました。そこで私達区民は色々と考えました。そして私達は恥も外聞もなく決心しました。全区民の日々の生活を、沖縄全住民の御同情と御支援により生活を続けながらも、私達の土地を返して貰ふ正しい要求を通すため、斗い抜く決意をして居ります。又その事は全住民の生活の問題とも強く結びついているものと思って居ります。何卒今後共尚一層の御同情と御支援をお願い申し上げます。

土地は取り上げられ、多くの子供等を抱へ食糧はない。泥棒すれば子供達は刑務所に収容させない。全区民が生きるには、乞食以外にない、併し乞食も法にふれると云ふ。武力にはかてない。願ひは通されない。乞食するのは恥であるが、武力で土地を取り上げ、乞食させるのは、尚恥です。泥棒された人も責任があるが、泥棒した人程には恥でない。前住民皆様のご理解を乞ふ。[59]〔強調引用者〕

乞食することを、法に触れる恥ずべき行為としながら、それ以上に、武力でもって土地を取り上げ「乞食させる」ことこそが恥であると、米軍の暴力を糾弾している。土地から追い出され、生活基盤を奪われた人々にとって、「法にふれる」乞食こそが、生き延びるための戦略となった。逆説的にいえば、「乞食する」という行為の、その無法性（lawlessness）ゆえに、米軍が行使し続けている主権権力に抗い、異議申し立てをする発話行為となりえた。すなわち、米軍によって強制された補償を受け入れて、「救済の法」の対象となるかわりに、自ら「乞食する」ことを選びとることで、強いられた「チョウダイ」という行為を、生への意思を表明する政治的・主体的行為へと転倒させたのである。

真謝地区住民は、旗やプラカードを掲げて街頭に立ち、島中を行進した。一九六〇年代以降の本土復帰運動がしばしば「沖縄を返せ」や「我々は日本人である」といったナショナリスティックなスローガンを用いたのとは対照的に、乞食行進の訴えは、米軍がいかに住民との合意に違反しているかを詳細に綴った文章だった。街頭に立った人びとが掲げていた白い布にはたとえば次のような言葉が書かれていた。「[米軍は]日曜日と土曜日の半日は農耕させると約束したが、日曜日も午後六時まで爆弾を落し、農耕中の人の側にも人家の方にも落とすので農耕が危険である。／住家を造ってやると言ったが、三ヶ月になる今日、何ら造ってくれようともしない。／医療費もやると言ったのが、これも三ヶ月になるのに何一つできない」[60]。このように、人びとの要求は極めて具体的であり、生活補償に集中していた。これは、「生活を守る」ことを最重要視する阿波根の闘争のあり方を反映したものでもあった。「全区民が、餓死寸前におかれていました。そういう状態ですから、生活が第一で、たたかいが二番目と決めていました。同時に、生活を守るためにも、たたかいが一番目でありました」[61]。闘いと生活を守る活動は、伊江島の土地闘争において一体だった。

「乞食行進」は一九五六年二月まで半年以上続き、夏休みには小中学生も参加した[62]。行進に参加した人びとはその都度二〇～三〇人とそう多くはなかったが、公共の場で行進を続ける「乞食」の姿は、伊江島の苦境を知らしめる上で、間違いなく大きな衝撃を与えたであろう。その様子を記録した写真からは行進する伊江島住民が、群衆の注目をひきつけている様子がうかがえる［写真4・3］。この写真では、「乞食」は異質な他者ではなく、群衆は彼ら／彼女らの傍らで一緒に行進しているかのように、両者の境界があいまいである。

実際、森宣雄が指摘するように、飢餓に瀕していたのは伊江島住民だけではなかった。沖縄のあちこちで、人びとは飢えや貧困、米軍による圧政に苦しんでい

「乞食行進　那覇・平和通り」（阿波根昌鴻『人間の住んでいる島』、75頁）
［写真４．３］　写真提供：わびあいの里

た。[63]一九五七年当時、日本本土では人口の一・七八%が生活保護を受給していた時に、沖縄では人口の三・〇四%が生活保護の対象となっていた。[64]沖縄では、保護基準額が極めて低かったにも関わらず、本土の二倍近い割合の被保護者がいたことから、数字にはあらわれない潜在的な窮乏者層も相当数存在していたと推測される。[65]加えて、この時期、米兵による住民暴行事件が立て続けに起きていた。とりわけ、五五年九月に石川で起きた六歳の少女の強姦殺人事件(「由美子ちゃん事件」)は、米軍政に対する住民の怒りに火をつけ、各地で抗議集会が開かれた。暴力や貧困と隣り合わせの日常を人びとが送っていたことを考えれば、米軍統治下沖縄はアシル・ムベンベが「死の世界」と呼ぶ「膨大な数の人々が、生ける屍(living dead)とならざるをえないような生活条件にさらされている」状況にあったといえる。[66]

真謝地区住民は座り込みを始める前に、琉球政府と米軍当局からの伊江島住民への立退き条件に関する調整案を拒否し、「立ち退かぬ」ことを公的に宣言した。[67]住民たちがこの提案を拒否したのは、耕作不能な代替地への移動を命じられたからである。宣言文は、「われわれの回答文は死を決したものである」という一文で終わっている。岡本直美は、真謝住民の土地接収と生活保障をめぐる折衝過程を丹念に分析する中で、ここで用いられる「死」という用語を、「生への渇望」として読み解く。「いつ軍事力によって殺されるかわからない状況」を前にした伊江島の人びとにとって、「決死の斗い」とは、「嘆願(請願)という形で支配層に委ねていた自らの生を、まずは自らのものとして所有する意志表示でもあるだろう。それは圧倒的な暴力の受動性を強いられる人びとが、それを自ら能動性へと転換する地点である」。[68]すなわち、人びとの「死を決した思い」とは、字義通りの死への意思ではなく、生き延びるための意思、あるいは岡本が鋭く表現しているように、「殺されないため」の発話行為として理解すべきであろう。統治者の絶対的な「殺す権力」を前にして、「乞食」として自らの身体をさらけだし、人びとに訴えかけることは、飢えと暴力に支配される中で、政治的領域を確保し、人びとと連帯するための唯一の手段だった。差し迫った飢餓や死への恐怖の中で、「生への渇望」が各地で、人びとの連帯を醸成し、島ぐるみ闘争へとつながる大きなうねりを生み出したのである。

四.「島ぐるみ闘争」の封じ込め

一九五五年五月、琉球政府の比嘉秀平行政主席ら六人の折衝団が渡米し、米下院軍事委員会で、軍用地問題の早期解決を求め、前年四月三〇日に琉球政府立法院で全会一致で採択された「軍用地問題に関する四原則」を直訴した。この四原則は第一に、土地の買い上げ又は永久使用料の一括払いは絶対に行わないこと、第二に、土地使用料の適正かつ完全な補償を行い、評価及び支払いは一年毎とすること、第三に、米軍が加えた損害について適正な賠償額を速やかに支払うこと、第四に、不要な土地の早期開放及び新規接収は行わないこと、であった。折衝団との合意によって、下院軍事委員会は、メルビン・プライス軍事委員長を団長とする「米下院軍事委員会軍用地調査団」（以下、プライス調査団）を同年一〇月に沖縄に派遣し、軍用地問題について調査を行うことになった。解決に向けて期待が寄せられた調査であったが、翌年提出された調査報告書（「プライス勧告」）は、四原則を全く考慮に入れていないものであり、沖縄住民を大きく失望させた。それどころか「土地の適正なる価格」を「一括で支払う」ことが、地主たちにとって、「他の地域に移動するか、他の生計手段に慣れつつ生計を維持しもしくは数年前実施された移民計画を続行して海外へ移住するに足りる完全且つ十分な金額を受け得る唯一の方法[69]」として、一括払いの妥当性を強調した。琉球政府が提案した使用料の一年ごとの支払いについては、「土地の査定のたびに、使用料について合意に至ることはできないため、不安と不和が続くだけだ」と退けられた。つまり、同勧告は、人びとと土地との関係を全く無視して、農民をさらに土地から引き離すような解決策を提示したのである。

プライス勧告には、なぜ米軍が沖縄の土地を使用できるかについても明記された。

琉球諸島においては、我々が政治的にコントロールを行なっている事情、好戦的民族主義的運動が存しないため、勿論我が国策に従ってであるが、極東、太平洋地域の海上連鎖諸島嶼における前進軍事基地の長期間使用に対する計画を立案することができる。ここではわが原子兵器の貯蔵ないし使用の権限に対し外国政府による制限が存在しない。[70]

プライス調査団は沖縄滞在中に、乞食行進をはじめとする土地接収に対する抵抗運動を目の当たりにしていたはずである。それにもかかわらず、乞食行進を「好戦的民族主義運動」とはみなしていなかったようであるが、このプライス勧告こそが、住民の怒りに火をつけ、沖縄全域に広がる「島ぐるみ闘争」のきっかけとなった。その概略を読んだ琉球政府首脳をはじめ、立法院、市長会議、土地連をはじめとする関係組織の役員は、総辞職の決意表明をもって同勧告に反対する共同声明を採択した。指導者層だけではなく、あらゆる階層・職業の人びとが、教員組合、婦人会、青年団、労働組合、学校や傷痍軍人会といった組織を通して、「四原則」を堅持するための運動に賛同していった。[71] 同年六月二六日には、沖縄各所で反対集会が開かれ、のべ一五万人もの住民が参加した。

鳥山淳はこの沖縄全体を巻き込んだ大きなうねりを、米軍統治下沖縄社会を分断してきた「「現実」の壁」

が打ち砕かれた瞬間と表現している。[72] 多くの住民が基地から収入を得ている地域であっても、土地接収に対し明確に否を表明するようになった。例えば、鳥山が言及する嘉手納のある農夫は、戦後、収容所から帰村すると土地のほとんどを基地建設のために奪われており、一家の収入を支えるのは、軍用地内にある「黙認耕作地」での耕作と、息子たちが米軍作業で得る収入だった。それでも男性は次のように述べている。「なるほどいまは息子たちが軍作業に働いている。軍の仕事がなくなったら息の根が止るくらいのことも知っている。だけどそれとこれとは話が違う。土地はイノチ以上のものだ[73]」。

土地闘争のもう一つの主要舞台であった伊佐浜では、土地接収を一旦承諾したものの、これに反対する女性の農業労働者や主婦が闘いを再構築した。女性率いる土地闘争は、新聞でも報道され、ついに立法院において、伊佐浜における土地接収反対の嘆願書が採択されるに至る。嘆願書とともに、立法院、行政主席、各政党に届けられた「婦人の訴え」には次のような文章がある。

私達の中には頼る夫を戦争で失い、残された子供の成長をたのしみに歯をくいしばって子供を学校に進学させているひとも二人あります。これもこの立派な土地があればこそやってゆけるのです。この土地を失えば伸びる私の子供も中途でつみとる外ありません。[74]

また、伊佐浜の立法院軍用地特別委員会では「私たちは自分の子供をうんだ以上育てねばなりません。この子供たちのために、わたしたちは死んでも土地を守ります[75]」と訴えられた。こうした言葉から、とりわけ戦争未亡人の女性たちは、土地を自分たちの生活・生存の条件としてだけではなく、子どもを守り育てる基盤として捉えていたことがわかる。死を決した土地闘争は、土地との関係を改めて（あるいは初めて）

言語化する場となり、戦前から沖縄戦を経て土地から切り離されていった人びとが、「所有権」という概念に抗うように土地との関係を結び直していった。それは、土地にそれぞれの「物語」を読み込んでいく作業でもあり、そうして「物語が刻まれた土地」を命を賭しても闘い抜いて守ろうとした。

しかし、島ぐるみ闘争が、生存の場としての土地を守ろうとする人びとの思いを紐帯として強力、かつ広範に組織されたことは確かであるが、「土地」が守るべき共通の目標となったとたんに運動の方向性も限定されていった。鳥山が論じているように、土地を賃貸ではなく一括払いしようとするプライス勧告は、日本の領土権への脅威として認識された。結果として、「国土防衛」が前景化し、日本でも沖縄でも復帰への呼び声を高めるきっかけとなった。[76] 実際、プライス勧告に先立ち、朝日新聞に掲載された土地問題に関する一連の記事によって、戦後初めて沖縄に対する日本国民の関心が集まった。最初に掲載された「米軍の沖縄民政を衝く」（一九五五年一月一三日）という記事は、沖縄の人びとの窮状を訴えるものだったが、これは、アメリカ自由人権協会の事務局長、ロジャー・ナッシュ・ボールドウィンの要請を受けて沖縄で調査を行った自由人権協会の報告に基づくものだった。ボールドウィンが沖縄に関心を寄せるきっかけとなったのは、一九五四年一月二〇日の『クリスチャン・センチュリー』に寄せられたメソジスト系の宣教師オーティス・W・ベルの記事だった。[77] 朝日新聞は、それ以降、一ヶ月にわたって沖縄問題を報じ続けた。そこで沖縄の人びとは本土から取り残された「我々の同胞」として描かれ、土地問題や軍作業の賃金差別、言論の自由の制限、沖縄へ／からの渡航の制限といった米国が強いている様々な不具合や差別的状況が書き並べられた。一連の記事は、反米感情をかきたてたり、米軍統治下に置かれた沖縄に内政干渉するつもりはないと前置きしつつも、米軍や米国政府は人権と民主主義の原則にのっとって行動すべきであると主張した。

島ぐるみ闘争が沖縄を越えて広く注目を集めたもう一つの理由は、当時、本土で進行中だった反基地闘争からの共感を得たからであった。とりわけ、在日米軍立川飛行場の拡張に反対して、東京の砂川町（現・立川市）において一九五五年から六〇年代まで続いた住民運動（「砂川闘争」）では、反米・反基地感情が噴出していた。こうした動きは、日本における戦後ナショナリズムの再興と軌を一つにするものでもあった。沖縄の島ぐるみ闘争との連帯を示すために、五六年七月に開かれた「都民大会」では、次のような文言が決議文に書き込まれた。「沖縄と砂川町の土地強制取り上げ反対の闘いは直接には生活と権利を守る地元民の闘いであるが、その性格は日本の独立と平和を勝ち取る全国民的共闘として認識されなければならない」[78]。しかし、新崎盛輝が指摘するように、「平和と日本の独立」を目指すという共通目標を掲げながらも、日本国憲法の保護下に置かれた日本本土と、平和条約第三条下にとどめ置かれた沖縄との根本的な地位の差を正しく認識している日本人は多くなかった[79]。

米軍は最終的には砂川を放棄する。一九五七年六月に行われた岸信介首相とアイゼンハワー大統領の会談で、米国は全ての地上戦闘部隊を日本から撤退させることを約束した。これは、第三章でも述べた極東軍司令部のハワイ太平洋軍への統合を目指すアジア太平洋地域全体の米軍再編の一環でもあった。こうして日本における反米感情の抑え込みを図る一方で、富士の海兵隊の沖縄への移設が決定された。この結果、六〇年の日米安保条約改定までに日本本土の米軍基地は四分の一に減少したが、沖縄では約二倍に増えた。こうして、沖縄に不均衡な基地負担を強いる米軍再編が進行する中で、「沖縄問題」が解決すべき「国家的」問題として戦後日本の言説空間に登場したのである。次節で述べるように、「沖縄問題」のなかでもとりわけ大きな注目を集めたのが医療・社会福祉の不整備だった。

土地闘争が沖縄内外で大きく広がりを見せる中で、ＵＳＣＡＲは抵抗運動に対して強硬な措置を講じた。立法院と行政主席が総辞職したならば、沖縄住民を直接支配することになると脅して、琉球政府に圧力をかけたのである。比嘉行政主席は、沖縄経済が基地に依存していることは「誰も否定ができない現実」とし、「「基地反対、復帰要求、対米非協力」などの「行き過ぎ」を反省してほしい」と住民に呼びかけた。[80]さらに決定的なことに、USCARは一九五六年八月八日、沖縄中部のキャンプタウンに「オフ・リミッツ」を発令し、米兵とその家族の立ち入りを禁止した。すでに第二章で述べたように、米兵を顧客とするバーやナイトクラブ、レストランの経営者や従業員にとって、「オフ・リミッツ」は、死活問題だったため、この指令は、住民間の連帯に楔を打つものだった。コザ歓楽街の商工会は、学生に向けて街で反米活動を行わないように警告を発した。コザ市長も、「オフ・リミッツ」令によって、コザ住民が迷惑を被っていると遺憾の意を示し、この街で一切の反米デモを許可しないと宣言した。こうして強制的な土地接収に対する島ぐるみ闘争は軍事中心社会の「現実」によってその連帯が分断され、封じ込められていった。[81]

しかし、一旦は抵抗運動を抑え込むのに成功したかのように見えたUSCARも、すぐに別の危機を迎えることになった。瀬長亀次郎が那覇市長に選出されたのである。瀬長は一九五四年に人民党の他の党員とともに、土地闘争を指揮し米軍への非協力を呼びかけた「共産主義扇動者」として逮捕・投獄された（「人民党事件」）が五六年四月の出獄後、一二月に行われた那覇市長選で当選する。公然と反米を掲げる瀬長が市長となったことはUSCARと米政府を震撼させ、[82]瀬長を辞任に追い込むために、ジェームス・E・ムーア琉球列島高等弁官が、布令によって市町村長選挙法と市町村自治法を改正し（USCAR布令第一四三号）、瀬長を公職から追放した。ムーアはワシントンに諮ることなくこれらの強硬措置をとったために、米国国務省内で強い反発を招いた。沖縄における抑圧的な対住民政策はその他の政府高官やメディアにおいても、数々の批判を引き起こすことになる。例えば、『ニューヨーク・タイムス』は、「太平洋におけるアメリカの「キプロス」か？」と題した記事の中で、米国の沖縄の扱い方は、キプロスの脱植民地闘争を抑圧するイギリスのそれと変わらないと非難した。「我々が沖縄に実質的に残るにしろ、法的にとどまるにしろ、我々の存在は、これまでさんざん植民地主義だと他を糾弾してきたものと同じである」[83]。米国の批評家や国務省の政府高官は、「沖縄問題」が、民主主義の指導者を喧伝し、植民地を維持することに（少なくとも表向きは）批判的な米国の世界的な評判を損ないかねないと考えていた。

国防総省と陸軍省が共産主義の脅威を理由に琉球列島の絶対的な支配権を恒久的に維持することに固執する一方、ジョン・フォスター・ダレス国務長官は、軍政に対する人びとの怒りを鎮めるために、沖縄の早期日本復帰や文民統治といった選択肢を検討することを提案した。さもなければ、「沖縄問題」はいずれ日米間の対立の火種になるとダレスは考えていたのである。[84] 結局、一九五七年六月五日の大統領行政命令第一〇七一三号「琉球列島の管理に関する行政命令」により、高等弁務官制が施行された。高等弁務官は、国防長官が国務長官に諮り、大統領の承認を得て現役軍人から選任され、法令の制定・改廃・琉球政府予算の拒否から、裁判の移送の決定、行政主席の任命権、琉球政府職員の罷免権にいたるまで、住民統治に関するあらゆる分野で絶大な権力を握ることになった。「合衆国の安全、財産又は利害に影響を及ぼすと認める事件」の際には、琉球政府の裁判所からUSCARの裁判所に移送する決定も下すことができた。[85]

この行政命令は、沖縄住民の自治への希求をないがしろにしたまま、高等弁務官を絶対的な統治者とする沖縄の米軍統治を正常化・恒常化する法的根拠となった。この大統領命令によって、米国国防長官には「琉球列島住民の福祉及び安寧の増進のために全力を尽し、住民の経済的及び文化的向上を絶えず促進する」責任があると明記された。

しかしこの統治転換おいて、新たに焦点化された福祉の増進と経済の向上は、当時同時に進行していた、より根本的・恒久的な沖縄の軍事基地化と表裏一体をなしていた。土地接収によって伊佐浜から追われた人びとを分析した屋嘉比によれば、伊佐浜住民は「インヌミ屋取（いんぬみやーどぅい）」と呼ばれる占領初期の民間人収容所に居住することになった。そのうち一〇世帯五九名が一九五七年に行われた琉球政府による農業計画移民としてブラジルへ渡っていった。五〇年代後半から六〇年代にかけて沖縄は高度経済成長をとげたという一般的な歴史認識と、こうして土地を追われて沖縄を離れていった人びとの「生活の物語」を重ねあわせることで、屋嘉比は、戦後沖縄の経済成長は、強制的な土地接収や軍事基地建設の結果であると論じている。

沖縄の米軍統治、とりわけ六〇年代の沖縄住民のなかには、構造的暴力としての米軍基地に反対する復帰運動と、経済成長によってもたらされた資本主義のアメリカ的生活様式への欲望と需要と言う二つのアメリカが共存していた。そして、復帰運動を中心的に担っていた人びとは、沖縄教職員組合に所属していた教員や公務員層が中心であり、彼らは高度経済成長の恩恵を受けた沖縄の中産階級を代表する人びとである。[86]

ここで屋嘉比が明らかにしているのは、単に、人びとが米国に対して抱いていた両義的な感情だけではなく、沖縄の軍事化と高度経済成長、そして復帰運動との隠れた共犯関係である。統治転換は、経済的な転換も伴った。B円からドルへの通貨切替が行われ、日本政府の対沖縄援助も始まったことで、沖縄に米国と日本の資本が大量に流入するようになる。経済史研究者の松田賀孝が論じているように、五〇年代末の政治的・経済的な転換は、米国政府が日本政府の援助を得ながら沖縄を直接支配することで、米軍と現地住民との直接対立を回避することを可能にした[87]。次節では、六〇年代の医療福祉分野の状況を概観しながら、統治転換を、沖縄住民が日本の生権力体制に「選択的」に包摂されていく起点として再検討する。この大きな転換によって、日米双方において、帝国主義・軍事主義・人種主義の過去と現在が巧妙に隠されていった。

五．占領下沖縄福祉への日本政府の介入

日本政府の占領下沖縄における医療・公衆衛生に対する公的かつ直接的な関与は、一九六〇年の無医村への医師派遣事業の開始とともに始まった。この事業は、直接的には同年七月に米国大統領の署名を得た米国政府の対沖縄援助を法制化した「琉球列島における経済的・社会的発展の促進に関する法律（通称・プライス法）」に基づくものだった。さらに、沖縄住民統治への日本政府関与に対する軍部からの強い反対にもかかわらず、六一年六月二二日に発表されたジョン・F・ケネディ大統領と池田勇人首相の共同声明では、日本が琉球及び小笠原諸島に対して「潜在主権」を保有することが追認され、米国が琉球住民の福祉と安寧増進のために一層の努力を払うこと、さらに「この努力に対する日本の協力を歓迎する」旨が述べられた。翌年三月一九日に発表されたケネディ大統領声明では初めて、琉球諸島が日本の施政権下に漸次復帰することを求めると明言された。ケネディ政権は同時に、沖縄への援助額を増額するよう指示した。こうして、日米政府の財政的・技術的援助が始まったことで、琉球政府はようやく本格的な社会保障制度の確立に着手した。

これに先立ち、一九五六年に財団法人・南方同胞援護会（以下、南援）が設立された。[88] 直接的には、島ぐるみ闘争と朝日新聞の一連の報道を受けて設立された南援は、日本政府に代わって「沖縄・小笠原問題の解決」を図るために設立され、初代会長は日本銀行総裁と大蔵大臣を歴任した渋沢敬三がつとめた。南援は、北方領土の問題解決および住民の福祉向上も当初の活動課題としており、沖縄・小笠原とあわせて、日本の領土的境界の外部にあり、政府が法的には介入できない地域の民政に関与するための窓口機関であった。政府代替機関として、南援はこうした地域における領事館的な役割も担った。その活動は、米国への陳情団派遣や、日本と沖縄の青年交流の促進、調査の実施、季刊『沖縄と小笠原』（一九六二年に『南と北』に改題）の発行から、公開講義・講演会・展示会の開催、ドキュメンタリーの製作、学校行事の参加に至るまで多岐にわたった。

南援の沖縄援助活動の中でも最も重視されていたのが、援護事業だった。例えば、一九五八年には医療問題解決のために、ハンセン病患者や障害者治療、フィラリア予防の状況調査を含む医療調査事業が行われた。また、五〇年代後半から六〇年代初期にかけて、医療専門家が次々に沖縄を訪れ、医療・福祉の問題を「診断」していった。例えば、全日本国立医療労働組合の岩崎清作は、沖縄官公労の要請を受けて、医療状況調査のために一九六二年一月に来沖している。報告書の中で岩崎は、沖縄の人びとの自由と民主主義、人権を侵害している米国を激しく糾弾し、医療福祉サービスの不備について「社会保障制度のかけらも、破壊する医療すらない」と嘆いている。[89] 多くの人びとが生活保護に頼って生活する中で、沖縄では児童福祉や障害者福祉、災害復興援助など他の福祉事業に割く予算が常に不足しており、こうした領域に南援の費用が充当されるとともに、多くの予算が戦争遺族援護にあてられた。例えば、一九五七年には戦争未亡人や孤児を対象とした職業訓練施設が設置された。[90]

日本本土の福祉関連法の中で、最も早く米軍統治下沖縄に適用されたのが「戦傷病者戦没者遺族等援護法」（以下、援護法）であった。一九五二年に制定された援護法は、戦前に施行され連合軍占領下で停止されていた「恩給法」に代わるものだった。同年に琉球遺族会が創設されたことを受けて翌年には沖縄でも援護法が施行され、那覇日本政府南方連絡事務所（南連）が戦傷病者戦没者遺族への障害年金・遺族年金等の支給事業を開始した。南連は、サンフランシスコ平和条約発効にともなう「日本独立」の直後、沖縄における戸籍管理を主目的として創設された。戸籍管理が日本の沖縄における「潜在主権」を対外的に示す具体的な方策となったのである。[91]沖縄地上戦は全住民を巻き込んだことから、五八年には、日本政府は、援護法の適用を民間人の犠牲者や負傷者まで拡大した。援護法は遺族を金銭的に援助することで社会保障制度に欠かせない役割を果たしただけではなく、戦後沖縄経済の復興に大きく貢献した。施行から一〇年後の六三年までの支給額は総額六、三〇〇万ドルに達した。[92]

しかし、石原昌家が指摘するように、援護法は、個人の戦争経験を国家の要求する物語に沿うように「語り直させる」暴力性をはらんでいた。[93]「戦闘参加者」として同法の適用を受けるためには、申請者は自分や家族がいかに日本軍に「自ら進んで」協力して、負傷したり犠牲になったのか、詳細に記述した書面を提出する必要があった。厚生省がその申請書を厳しく審査し、申請者が援護金を受けるに足るほど日本軍に「協力」していたかどうかが判定された。[94]

この制度の政治的意味を考える上で、日系二世志願兵に関するタカシ・フジタニの分析が有効である。日米戦争開戦後、収容所に強制収容された日系二世には、米国への忠誠心を問う調査が課せられたが、フジタニはこの制度は、二世が「自発的」に、しかし暗黙のうちに強制された選択（＝米国への忠誠心を誓う）をするように仕向けるものであり、新たな統治様式となったと分析している。[95]忠誠テストの過程で、

「合理的な判断」をした収容者は、「自由市民」として米国という国家に受け入れられる一方、徴兵忌避者は、国家共同体から永久に追放される運命にあった。[96] 同様に、援護法は現在だけではなく過去における人びとの「自由意志」を統制する装置として機能した。戦中、天皇への忠誠心を常に尋問され続けた沖縄の人びとは、援護法によって再び、その「犠牲」が日本の国家福祉の対象になるほど十分だったかを、精査されることになった。このようなプロセスが、土地問題が「解決」されるとともに、「沖縄祖国復帰協議会」の設立によって復帰運動が公式化・本格化する中で進行していたのである。

六.「人口問題」とその解決としての移民政策

一九五〇年代後半から六〇年代にかけて、沖縄の社会科学者や医療従事者もまた、競って「沖縄問題」を「発見」し、「診断」しようとしていた。なかでも、政治家や研究者が、緊急の課題ととらえていたのが「人口問題」である。一九五五年、琉球政府はこの問題を調査するための特別委員会を設置、翌年には琉球政府主導の人口問題諮問機関となる。調査をもとに五七年に提出された報告書が「琉球の人口問題」だった。報告書には当時の行政主席である当間重剛によるメッセージが寄せられ、琉球列島は土地と資源が限られているために、人口問題は「われわれ住民大衆の死活問題」であり、「住民経済発展の重荷となり、生活水準の向上を圧迫し、住民生活のゆがみをますます大きくするおそれがある」と述べられた。[97] 実際、占領初期の引揚者と復員兵の大量流入に加え、急速な死亡率の低下と出生率の上昇によって、五〇年代初頭の沖縄では、人口が急激に増加していた。五五年時点の琉球の人口密度は一平方キロメートルあたり三五五人であり、オランダの三二四人を超え、世界的にみても、もっとも高い地域の一つであった。[98] しかし沖縄の人口集中を引き起こすもう一つの重要な要因について、報告書はあえて触れていないようにもみえる。つまり、米軍の強制接収により土地を追われた住民の存在である。逆に報告書では、基地依存経済による「恩恵」を「正常」な産業構造を構築するための基盤として有効活用することを提案している。

人口収容力拡大のための二つの柱として工業化と国土の開発（資源の高度利用）のルートを健全に歩むべきであることを強調した。しかしながら、琉球の現実の歩みはこの本筋の幹線道路をはなれ、不安定な基地経済にある所得増によって当面のバランスを維持している。ひとたびオフリミッツを食わされれば死の街と化し、音をあげてしまうのが琉球経済の実態である。われわれは、基地経済の恩恵のつづく期間を準備期間として、あくまでも本筋の道にかえる努力を忘れてはならない。[99]

沖縄の「人口問題」への懸念は、二〇世紀中盤に米国の社会学者を中心に展開されていた開発途上国における人口過剰の「危険性」を指摘する新マルサス主義の潮流に影響を受けたものでもあった。コルソン・シュロッサーが論じているように、戦後の米国の開発主義と冷戦封じ込め政策が形成される過程で、国内外における生権力的な介入を正当化するために、「人口増加、食糧不足、紛争の間の自然な関係図式」が作られた。[100] また、プエルトリコの生殖とセクシュアリティに関するローラ・ブリッグスの分析は、「人口過剰」という概念が、米国の植民地主義者や地元の政治家、リベラルな専門家たちの懸念に対する都合の良い解答となっていたことを明らかにしている。[101] この地域の貧困を、「異常に繁殖力の強い」プエルトリコの女性のせいにすることで、人口過剰という概念は女性の身体を病理化・人種化して、当地における植民地主義を正当化するような「差異」を再生産するのである。
同様に、占領下沖縄における「人口問題」は、土地を追われた「手に負えない」農民に対する対応策として、農民こそが「社会問題」の原因であるとして、規律化の対象とした。この時、沖縄社会が病的なものとされる一方で、日本は沖縄が従うべき規範＝正常とされた。「人口過剰」という概念は、日本と沖縄の人種的・植民地主義的関係性をよみがえらせるとともに、戦後沖縄における人口と資源の不均衡の最大要因である米軍の存在を隠蔽するのである。
琉球政府の報告書を詳細に分析すると、沖縄の専門家が人口問題に対処することで、何を達成しようとしていたか読みとくことができる。報告書では、過剰人口がもたらす四つの大きな問題が指摘される。第一に食料不足、第二に農村人口の過剰と生産性の低下、第三に不均衡な所得分配と不安定な経済構造、第四に労働力人口の増加と失業問題である。[102] また、日本と沖縄の小中学生の体格を比較して、「人口資質」を向上させることの重要性にも言及している。[103] 続けて報告書は、人口問題への解決策として五つの原則を提案している。第一に、職業機会を増やし、経済計画を策定し、産業構造の再編成を行うこと、第二に、生産年齢人口のための特別な雇用対策を確立すること、第三に、移民事業を促進すること、第四に家族計画を普及すること、第五に社会保障政策を拡充することである。総じて、報告書では、人口問題は単なる数の問題ではなく、産児制限のような単純な対策だけでは解決できないことが強調された。むしろ、問題の解決には、「経済の自立をめざして長期的な観点に立脚した経済振興の後ろ盾」が絶対に必要であるとされた。[104] この目標達成のために、「住民各自の自主独立の精神と社会連帯の思想」を強化しなくてはいけない、と報告書は提言している。[105]
「自立経済」は、一九五〇年代初頭には沖縄の政治的議論に関わるキーワードになっていた。桜澤誠が論じているように、五〇年代にはこの言葉は基本的には、米国援助や軍事施設からの収入に依存しない経済体制を意味した。[106] 五五年六月、琉球政府が「経済振興第一次五カ年計画書」を策定し、軍事中心の基地経済から自立経済への転換を目指したことで、初めて具体化した。沖縄における過剰人口の問題化は、少なくともその初期段階において、このような地元の為政者たちの自治を希求する声と密接に連動していたのである。

ＵＳＣＡＲは、人口過剰が米軍統治を脅かしうる反米感情の源泉であるとともに、沖縄の人びとを自分たちの陣営に引き入れようとする共産主義者を利するものであると考えていた。[107] 琉球政府は、産児制限を普及させ違法な堕胎を防ぐために、優生保護法を導入しようとしたが、ＵＳＣＡＲはこれを拒否し、過剰人口への解決策として移民政策を推進した。澤田佳世によれば、ＵＳＣＡＲが琉球政府の提案した優生保護法を拒否したのは、表向きには、沖縄の人びとの生命と福祉を守るためとされたが、実際には、人口調整に関与することで、宗教的・倫理的・政治的な議論を巻き起こすことを危惧したためであった。ＵＳＣＡＲは、沖縄において長期的な占領を円滑にすすめるためにも「軍事的中立主義」を採ったという。[108]

一方で、ＵＳＣＡＲは移民推進には積極的だった。第三章で見たように、ＵＳＣＡＲと米国政府の要請によって、スタンフォード大学のラテンアメリカ史の博士課程の学生だったジェームズ・ティグナーが全米研究評議会・太平洋学術部会監修のもと、一九五一年にラテンアメリカにおける沖縄移民の活動状況や将来的な移住の可能性について調査しており、その結果、ボリビアが計画移民の新たな移住先に選ばれた。[109]

沖縄の指導者層も、ＵＳＣＡＲが推し進めようとした移民事業に対して、決して消極的だったわけではなく、早くも一九四八年には、海外移民を再開するよう求める運動を展開していた。この流れの中で同年、戦前に創設されながら戦中に自然消滅していた沖縄海外協会が再建される。同協会は、世界各地の沖縄海外移民と密接に連携し、沖縄救済運動と連動しつつ、海外移民、特に呼び寄せ移民を促進することを目的とした。[110] 一九五一年に沖縄群島政府（琉球政府の前身）によって行われた調査では当時の人口の二〇％にあたる一七一、八六五名が移民を希望していた。[111] 五三年に行われた別の調査でも、南洋群島からの引揚者の九〇％以上が南洋に戻ることを希望していた。この高い数値は、日本の施政権から切り離され米軍による急速で強制的な土地接収が進行するという不安定な社会状況に生きる人びとの不安を反映したものでもあった。加えて、沖縄の知識人や政治家には海外移民が差し迫った人口問題への解決策であるのみならず、琉球人が長い歴史の中で経済的に不利な条件を克服してきた「伝統」に基づくものであると考える者もいた。例えば一九五五年に発刊された市町村議会の記念誌であり、経済白書でもある『地方自治七周年記念誌』では、移民の伝統を、近世の貿易中心経済にまで遡って紹介するとともに、フィリピンでの道路建設やダバオでの大麻栽培、南洋群島の開発など、琉球の祖先たちが「拓士（開拓移民）」として世界の経済発展に貢献した例が列挙されている。[112]

興味深いことに、この白書では、土地接収の結果、基地関係の仕事に就かざるをえなくなった軍作業員についても「島内移民」として言及しており、こうした人びとが得る収入は、戦前の海外移民が仕送りによって沖縄を支えたのと同様に、戦後沖縄経済に大きく貢献していると賞賛されている。[113] このように、同白書は、移民を生存戦略として捉えることで、近代以降、土地から立ち退きを余儀なくされ続けてきた人びとの経験を脱文脈化・脱政治化している。

さて、琉球政府がボリビアへの移民を募集すると、四〇〇名の定員に三、五九一人もが応募した。最初の計画移民が出発したのは一九五四年のことだった。ボリビアに加えて、一九五七年から六二年にかけて、毎年一、〇〇〇人以上が沖縄から南アメリカの各地域に移民した。戦後、一九九三年までに沖縄を離れた合計一七、七二六名の移民のうち、最大の移民地はブラジル（九、四九四名）で、以下アルゼンチン（三、八九七名）、ボリビア（三、三三八名）、ペルー（七三三名）と続く。[114] 前述の屋嘉比の分析でも明らかなように、一九五〇年代後半に移民が急増したことは、土地接収及び沖縄の軍事化と関連付けて理解する必要がある。土地から追われ、生活保障を求めて「乞食」することを余儀なくされた農民はやがて、移民労働者となって沖縄から離れていった。

移民事業に加えて、琉球政府は労働省・南援・沖縄県人会の協力のもと、一九五七年から中学高校卒業生を集団で本土企業に送り出す「集団就職」事業を始めた。日本の「集団就職」は、戦時経済で労働力供給を統制することを目的に導入され、一九三九年には秋田の新卒者たちを東京に送り出す特別列車が運行開始した。その後、戦争を経て、五四年には、高度経済成長を背景に、地方の過剰人口と都市部の労働力不足を解消するために集団就職が再開された。琉球政府関係者は、多額の資金を必要とする海外移住よりも、日本での集団就職の方が、費用対効果の高い人口問題の解決策になると期待していた。[115] また、日本に送り出された若者たちは、日本と沖縄の文化的差異を埋め、復帰運動に欠かせない存在になると考えていた。さらに、一九五〇年代後期、沖縄では青少年の「非行」が社会問題化していたため、本土の厳しい環境で生活し、労働することで「矯正」させようとする目論みもあった。

しかし、琉球政府関係者や教育者の期待とは裏腹に、沖縄の若者たちは日本での生活に適応するのに大きな苦労を強いられた。過酷な労働環境や差別、ホームシックに悩まされ、職場から逃げ出して沖縄に帰るものや、「不良」グループを作るものもいた。[116] 琉球政府は、日本企業の労働条件に原因を求めるのではなく、若者たちの「非行」は日本と沖縄との社会的・文化的差異に起因すると考えていた。そこで、沖縄教職員組合では、新卒者に日本本土での生活や仕事に備えさせるべく研修合宿を実施した。合宿を通して、研修生は日本では何が受け入れられ、何が受け入れられないかを学び、日本の労働市場において「価値」ある労働者となるべく、「沖縄人」としての身体的・言語的な標識を捨て去る術を学んでいった。しかし、沖縄の若い労働者が「日本人」になろうと努力すればするほど、彼ら・彼女らは、その身体や言語、ふるまいに、拭いきれない差異を見つけることになった。そうした差異は、絶え間なく監視され矯正の対象となったのである。[117]

集団就職をめぐる状況は、戦前の「ソテツ地獄」を背景とした沖縄農村から本土への出稼ぎと労働市場への包摂の再来のようにもみえる。冨山一郎の研究が明らかにしているように、沖縄の指導者層は生活改善運動を通して、日本に居住する沖縄の出稼ぎ労働者に、良識ある従順な労働者として認められるよう、厳しい行動基準を課していた。何よりも注意が払われたのは、「沖縄人」を示すいかなる標識をも、慎重に消し去ることだった。沖縄の出稼ぎ労働者にとって、「日本人になること」は日本の資本主義経済に適合すべく標準化された「人的資源」として包摂されることを意味した。[118]「労働力化」はすなわち「日本人化」であり、同時に、同化のプロセスを通じて逆説的に創出される「沖縄人」という人種化でもあった。このような事態は、二〇世紀初頭のサンフランシスコで中国系移民が置かれていた状況にも類似している。ナヤ・シャによれば、中産階級の中国系アメリカ人は、アメリカ国家に真の「市民＝主体」として包摂されるために、家父長主義的異性愛規範とブルジョアとしてのリスペクタビリティ［模範的な態度］を内面化していく一方、より下層の中国系移民労働者に対して、厳しい習慣の改善・自己規律化を求めた。[119]集団就職もまた、復帰を最終地点とした「排外的な包摂」の一環として再考する必要があるだろう。それは、誰が生かされ、誰が死んでよいとされるかを選別する「人種化」のプロセスでもあった。

「生きるべき者と死ぬべき者」――この生権力の境界線の存在をとりわけ強く意識せざるをえなかった

のが、日本での治療を待ち侘びていた結核患者だった。厚生省は、ＵＳＣＡＲと琉球政府からの要請に基づき、一九六三年から毎年、国立結核療養所に毎年、沖縄の結核患者を受け入れ、無料で入院・治療を行うようになり、患者の医療費・旅費・生活費も日本政府が負担した。これは前述の、琉球列島の住民の福祉向上を目指す一九六一年のケネディ池田会談の合意の結果によるものである。[120]本土へ送り出す患者は、保健所や病院、結核療養所や公衆衛生看護婦による推薦のもと、日本政府と琉球政府の協議により決定された。選考にあたっては、長時間の移動による疲労に耐えられる患者（そのため若い患者が優先された）、重篤な合併症を持たない患者、自宅療養では回復が見込めない患者、そして外科手術が必要な患者が優先された。[121]こうした身体的条件に加えて、沖縄の医師たちは、日本に送られる患者は、療養所での生活に耐えうる精神的な強さを持つ者にすべきであると主張し、自分を律して病気を克服するためあらゆる努力をするよう求めた。[122]

一九六七年までに、のべ一、二二八人の結核患者が本土の療養所に送り出され、そのうち五二八人が退院した。[123]沖縄の医療関係者は、結核患者の本土送り出し事業を、沖縄における恒常的な病床不足を解決する「特効薬」と考えていた。実は、日本政府と琉球政府がこの事業に着手するのに先行して、民間での取り組みはすでに始まっていた。先導したのは、患者組織である沖縄療友会であり、結核患者の日本への送り出しと、日本の医師の招聘を独自に行なっていた。療友会は一九五六年、医師である照屋寛善によって組織された。照屋は自ら結核の回復者でもあり、琉球結核研究所の所長をつとめた。第二章で詳述した琉球結核予防会が予防事業に重点を置いてたのに比べ、療友会は琉球政府、ＵＳＣＡＲ、日本政府との協議を通して、患者の置かれた環境を改善することに活動の主軸を置いていた。さらに、抗生物質や外科手術によって結核が回復可能な病気となって以降は、療友会は回復者に向けて、社会復帰に備える「アフターケア」やリハビリに力を入れるようになった。

一九六一年二月、兵庫県の国立結核療養所「春霞園」が五〇名の結核患者を受け入れる用意のあることが療友会に知らされた。旅費や生活費に関しては生活保護をもとにした自己負担になるものの、治療に関しては無料となる計画であった。このニュースは、自宅療養を余儀なくされていた沖縄の結核患者に、大きな希望をもたらしたが、厚生省は当初、このような事業は米国政府との慎重な外交交渉が必要となると考えて承認しなかった。さらにＵＳＣＡＲは日本政府以上に、本土送り出し事業に強い懸念を示した。一九五八年には、ＵＳＣＡＲのアーヴィン・マーシャル公衆衛生局長が、琉球政府に対して、日本の胸部外科医を招聘したり、沖縄の結核患者を本土に送り出すことをやめるよう命じている。沖縄にはこうした手術を行うことができる外科医が十分にいるというのが表向きの理由だった[124]。しかし、ＵＳＣＡＲが、沖縄の慢性的な医師不足を十分認識していたことを考えれば、この命令は、琉球列島の住民福祉への日本政府の介入拡大を危惧してのことだったと推測される。送り出し事業は日本と沖縄との感情的な紐帯を強め、復帰を求める呼び声をさらに勢いづけてしまうと考えられた。

ＵＳＣＡＲの反対を受けた療友会は東京の沖縄県人会の協力を得て、結核患者の送り出し事業の実現に向けて、厚生省およびＵＳＣＡＲとの交渉に奔走した。一九六一年四月二五日、沖縄から一一人の結核患者が兵庫県の春霞園に到着したのを皮切りに、日本政府、琉球政府、ＵＳＣＡＲの合意に基づいて、本土送り出し事業が正式に開始されることになった。療友会の幹部は、この事業が、復帰運動に貢献することを期待していた。会の記念誌は、春霞園が沖縄の結核患者を受け入れるというニュースが、結核患者だけではなく、沖縄社会全体にとって、大きな喜びをもたらしたと記している。

政府施設に入院したくてもどうしても入院できない数多くの療友の悲惨さをみるにしのびず、或いは貧しい重症患者が世間から見放されて、生きる望みを失っているとの悲嘆さをみるにつけ、祖国日本への復帰の道は、この結核ベット［原文ママ］を求めていくのが一番の近道でありまた、祖国の同胞も暖かくそれを迎えてくれるであろうと、早速送り出しに必要な諸準備に取りかかったのである。[125]

復帰運動では国民統合を求める声が支配的だったが、右の言葉をそうしたナラティブとして回収してしまうのではなく、自宅療養を余儀なくされ、本土で適切な治療を受けることが、回復の唯一の方法であった多くの重症結核患者の叫びとして聞き取る必要があるだろう。差し迫った餓死の恐怖におびえていた伊江島の農民と同じように、結核患者たちは、死に瀕したその地点から、殺されないために、生き延びるために、日本復帰を要求するという政治的行動をとっていたのである。

しかし現実には、日本に送り込まれた結核患者は、自分たちが「生きるべき者と死ぬべき者」という境界線に立たされていることをまざまざと見せつけられることになる。本土療養所結核治療委託制度第一回生だった辺土名朝裕は、福岡の療養所に送られる道中、鹿児島の港でパスポートを見せるよう求められた。この経験を、辺土名は「やはり、沖縄は外国であるのかと、いまさらながら実態をみせられ、パスポートを持たなければ、祖国へも上陸できないという沖縄の現実を痛感した。私達も、結核治療という祖国の恩恵としてしか本土治療ができない厳しい現実を知らしめられた」と述懐している。[126] 辺土名は、沖縄の結核患者が置かれた例外的な状況を鋭くとらえていた。結核患者が復帰に向けて日本との架け橋となるだろうという療友会幹部の期待に反して、患者の日本での治療は、市民の生きる権利としてではなく、日本政府による「恩恵」として与えられたにすぎなかったのである。日米双方の国家福祉の外部にとどめ置かれた沖縄の人びとの生存は、「死に至らしめる」剥き出しの主権権力に晒されていた。彼ら・彼女らの命が救われるとすれば、それは、自分たちの土地から立ち退き、「祖国」である日本への忠誠を誓うことと引き換えであった。このことに関連して、辺土名が、結核患者を鹿児島港から療養所に移送した列車の様子について、「戦時中の軍用列車を思い出す」と書いていることに注意したい。

引率者の指示により、寝台車のプラットホーム側のシャッターを全部おろし、プラットホームから中が見えないようにと注意がなされる。マスクをつけた集団が、一斉に汽車に乗り込んでいるから、プラットホームにいる一般乗客からは異様な集団に見えたと思う。第一回の本土療養所への送り出しにあたって、琉球政府当局者が如何に気をつかったかが窺える。まるで戦時中の軍用列車を思い出す。軍隊の移動を住民の目から少しでもさけようとした軍行動であったが、結核患者の集団送り出しで、当時まだ住民の中で結核に対し理解の弱い時代であり、マスクをつけた集団の行動によって本土住民を刺激しないようにとの配慮の結果であっただろう。[127]

この回想からは、結核患者が日本社会の目から隠されながら、沖縄とはまた別の、療養所というもう一つの隔離空間に移送された過程が窺える。土地を追われた「乞食」や手に負えない「非行青年」と同様に、結核患者もまた、自己規律と同化を強いられ、「治療」が終わるまでは日本社会の外部にとどめ置かれたのである。

小括

本章では、沖縄の人びとの生存をめぐる日米政府、琉球政府、米軍当局、そして住民間の交渉・抗争の視点から、一九五〇年代後半に起きた米軍の統治転換と、それが住民福祉にもたらした影響について考察した。一九五三年に始まった大規模な土地接収は、人びとにとって、単なる私有財産ではなく、生活の基盤であり手段でもあった土地を奪った。土地を強制的に奪う軍事的な暴力に抗う闘いを通して、人びとは土地との関係を結び直し、言語化することで、ゴーマンの言うところの「物語が刻まれた土地」を作り出していった。その土地を礎として、死の淵に立たされた地点から、人びとは「殺されない」ために、生き延びるために、命を乞うた。

島ぐるみ闘争への対応としての統治転換は、琉球列島住民の「福祉の向上と経済の発展」に重心を置いたものであり、実際、人びとの生活に大きな変化をもたらした。日米の財政的・技術的援助の流入によって、琉球政府はようやく、本格的な社会保障制度の確立に着手することができた。しかし、このことは、すべての沖縄の人びとが等しく福祉の対象となることを意味しなかった。土地から立ち退きを迫られ、「過剰人口」とされた人びとは計画移民として沖縄を離れ、残された人びとも、国家福祉の対象となるためには、自己規律し、戦中の経験を国家への忠誠を証明するための犠牲の経験として語り直す必要があった。

復帰の日が近づくにつれ、沖縄の思想家たちの文章は、国民統合の瞬間を祝うのではなく、むしろ死への恐怖に満ちたものになっていった。復帰後も米軍基地をとりまく状況は何ら改善されることのないことは明らかであり、平和で安心して暮らせるという希望がすでに裏切られたことを知っていたからである。例えば詩人の川満信一は、一九七〇年に発表した論考の中で、「死亡者台帳」という言葉を使って、沖縄の人びとが置かれた危機的状況について次のように述べている。

こうした日・米支配者の発想からすれば、沖縄にはこれから後も核基地があるだけで、そこに居住する百万人の人間は、あとにも先にも生きたままで死亡者台帳の中の頭数とみなされているに過ぎない。日・米両国から「死者」として位置づけられている沖縄は、同時に中国、ソ連をはじめ、世界の核保有国からも死者として位置づけられているのであり、沖縄ではその「死者」としての位相からすべてを発想するほかないのである。[128]

川満がここで感知している、差し迫った死への恐怖は、序章でも引用した冨山一郎の「暴力の予感」という言葉とも共鳴する。[129] 冨山によれば、「予感する」という行為は、暴力に晒された過去の経験を想起することで可能になる。川満のような思想家が、復帰の瞬間に感知していたのは、核兵器のために沖縄に住む人びとの生活が脅かされ続けるということだけではなく、日本の帝国主義的な暴力の再来だった。友利雅人もまた、復帰を、沖縄戦で起きた集団強制死と重ねて捉えていた。ガマに隠れた住民は、米軍に降伏することの恐怖や、日本兵からの暗黙の命令によって、自らと家族の命を絶った。友利はこの強制された自死を「あまりに沖縄的な〈死〉」と表現して、離島の小さな共同体で、帝国/国家の意思を救いようもなく受け入れ内面化した人びとと国家権力との間の「軋み」によってもたらされたと述べている。復帰によって、よりよい生活が保証されるどころか、「国家の回復によって、われわれにもたらされるのはまたしても国民としての死ではないのか」と友利は警句を発している。[130]

一九五〇年代後半、米国の対沖縄統治転換とともに前景化した「救済の法」は、本土復帰後には「沖縄振興開発計画」に形を変え、現在に至るまで基地依存社会を維持する原理として機能している。頻発する米兵による暴行・レイプ事件や、軍用機の墜落、騒音、そして現在進行中の新基地建設は、復帰によって「健康で文化的な最低限度の生活を営む権利」＝「生存権」が決して保障されたわけではないことを物語っている。むしろ国家に包摂され、表面的には「平等な」社会政策の対象となったことで、暴力に抗う動きがあらかじめ封じ込められるようになったと言える。こうした中、「救済の法」に抗い続けた人びと、あるいは、そこに生存の可能性を求めざるをえなかった人びとの言葉を丹念に汲みとり、つないでいく作業が今、必要とされている。

註

（1）フランツ・ファノン／鈴木道彦・浦野衣子訳『地に呪われたる者〈新装版〉』みすず書房、二〇一五年、四四頁。
（2）阿波根昌鴻『米軍と農民――沖縄県伊江島――』岩波書店、一九七三年、一二九頁。
（3）冨山一郎『暴力の予感――伊波普猷における危機の問題』岩波書店、二〇〇二年、二六三―二六四頁。
（4）Annmaria Shimabuku, "Petitioning Subject: miscegenation in Okinawa from 1945 to 1952 and the crisis of sovereignty," *Inter-Asia Cultural Studies*, Vol. 11, No. 3 (2010): 355-374, 359.
（5）冨山『暴力の予感』（前掲）、二五五―二五六頁。
（6）Randall Williams, *The Divided World: Human Rights and Its Violence* (Minneapolis: University of Minnesota Press, 2010), 100.
（7）冨山一郎『流着の思想――「沖縄問題」の系譜学――』インパクト出版会、二〇一三年、特に序章と終章を参照。
（8）山之内靖『システム社会の現代的位相』岩波書店、二〇一一年。

（9）冨山一郎『暴力の予感』（前掲）、二五八頁。

（10）本書の元となった英語論文では、「乞食行進」に通常の "the beggars' march" という訳語をあてるかわりに、「乞食する」という行為のもつ「パフォーマティヴ」な撹乱の可能性（ジュディス・バトラー）を強調するために、動詞進行形を用いた "the begging march" と訳した。主体は行為遂行的に構築されるものであり、「命令の正当性に鋭く疑問を投げかけるようなパロディ的な適合の仕方で、法に対する拒絶が生み出されるかもしれないし、反復されることで法が誇張されたり、それを行使する権威に対する法が再構成されるかもしれない」（Judith Butler, *Bodies that Matter: On the Discursive Limits of Sex*, New York: Routledge, 1993, 82）のである。実際、阿波根をはじめとする真謝の地主は「乞食」を名詞、あるいは主語としては使わず、「乞食する」という動詞系で自分たちの行動を説明するために用いていることが多かった。

（11）仲地宗俊「沖縄における農地の所有と利用の構造に関する研究」『琉球大学農学部学術報告』四一号、一九九四年、一―一二六頁。

（12）阿波根昌鴻『人間の住んでいる島――沖縄・伊江島土地闘争の記録』阿波根昌鴻、一九八二年、四二頁。

（13）Mishuana Goeman, "From Place to Territories and Back Again: Centering Storied Land," *International Journal of Critical Indigenous Studies*, vol. 1, no. 1 (2008): 23-34, 23.

（14）新崎盛暉『戦後沖縄史』日本評論社、一九七六年、二頁、宮里政玄『日米関係と沖縄 一九四五―一九七二』岩波書店、二〇〇〇年、六―七頁。

（15）松田賀孝『戦後沖縄社会経済史研究』東京大学出版会、一九八一年、第十章。

（16）宮里『日米関係と沖縄』（前掲）、七頁。

（17）Takashi Fujitani, . *Race for Empire: Koreans as Japanese and Japanese as Americans During World War II*. (Berkeley: University of California Press, 2011).

（18）ミシェル・フーコー／高桑和巳訳『安全・領土・人口：コレージュ・ド・フランス講義 1977―1978年度』筑摩書房、二〇〇七年、一三二頁。

（19）鳥山淳によれば、一九四六年一月の時点で、戦前の居住地である軍政地区への帰還を果たせないでいた住民は一二万人以上にのぼっていた。鳥山淳『沖縄／基地社会の起源と相克　一九四五―一九五六』勁草書房、二〇一三年、二九頁。

（20）仲地「沖縄における農地の所有と利用の構造に関する研究」（前掲）、七八頁。

（21）Arnold G. Fisch, *Military Government in the Ryukyu Islands, 1945-1950* (Honolulu: University Press of the Pacific, 2005), 173.

（22）南方同胞援護会編『沖縄問題基本資料集』南方同胞援護会、一九六八年、二〇七頁。

（23）L. Eve Armentrout Ma, "The Explosive Nature of Okinawa's 'Land Issue' or 'Base Issue,' 1945-1977: A Dilemma of United States Military Policy," *The Journal of American-East Asian Relations*, vol. 1, No. 4（Winter 1992）: 435-463, 442.

（24）Kensei Yoshida, *Democracy Betrayed: Okinawa Under U.S. Occupation* (Center for East Asian Studies, Western Washington University, 2001), 62. 土地収用法前後の米軍当局と、住民代表である「沖縄土地諮問委員会」、「市町村軍用土地委員会連合会」（通称、土地連）との交渉過程について詳細は平良好利『戦後沖縄と米軍基地――「受容」と「拒絶」のはざまで一九四五―一九七二年』法政大学出版局、二〇一二年、第四章を参照のこと。

（25）『沖縄問題資料集』（前掲）、三五九―三六〇頁。

（26）Ralph Braibanti, "The Ryukyu Islands: Pawn of the Pacific," *The American Political Science Review*, vol. 48, No. 4（December 1954）: 972-998, 995.

（27）Otis W. Bell, "Play Fair with Okinawans!", *The Christian Century*, January 20, 1954, 76-77.

（28）とりわけ土地闘争が始まる数年前に、済州島四・三事件（一九四八―一九四九年）と台湾二・二八事件（一九四七年）という、「共産主義者による暴動を鎮圧する」という名目のもと国家権力と米軍によって行われた民間人虐殺が沖縄のすぐそばで起きていたことをもう一度思い起こす必要があるだろう。米軍の銃剣は住民に向けられており、その暴力はいつでも発動しうるものだった。済州島四・三事件の「過去精算」をめぐる議論を沖縄戦・台湾二・二八事件と関連づけて考察した研究として高誠晩『〈犠牲者〉のポリティクス―済州四・三／沖縄／台湾二・二八　歴史精算をめぐる苦悩』京都大学学術出版会、二〇一七年。

（29）阿波根『米軍と農民』（前掲）、七頁。

（30）鹿野政直「阿波根昌鴻――「命どぅ宝」への闘い」、テッサ・モリス=スズキ編『ひとびとの精神史第二巻』岩波書店、二〇一五年、一〇五頁。

（31）鹿野「「阿波根昌鴻――「命どぅ宝」への闘い」（前掲）、一〇六頁。阿波根は、沖縄における反軍闘争が「非暴力」の原則を掲げるようになるきっかけを作った人物であることから、「沖縄のガンジー」と称されることもある。実際に阿波根がどれだけガンジーの思想や活動に影響を受けていたかはさらなる調査が必要であるが、ガンジーと阿波根をつなげて考えることは、第二次大戦後の各地域における植民地解放闘争において、軍事暴力に抗するものとして「非暴力」の原則が立ち上がっていったことの重要性について改めて考える視座を与えてくれるだろう。Faisal Davji がガンジーに関する分析で簡潔に述べているように、非暴力とは、「暴力に代わる何かを持ち出すのではなく、マハトマ自身がよく言っていたように、暴力を利用し、昇華させることである」。Faisal Devji, ***The Impossible Indian: Gandhi and the temptation of violence*** (Cambridge: Harvard University Press, 2012), 7. 阿波根とガンジーを関連づける視座については、アーロン・ピーターズより多くの示唆を得た。

（32）阿波根『米軍と農民』（前掲）、一七頁。

（33）同右、八六頁。

（34）阿波根『人間の住んでいる島』（前掲）、一二四頁。

（35）同右、一二五頁。

（36）同右、一二二頁。

（37）同右、五八頁

（38）阿波根『米軍と農民』（前掲）、三三頁。

（39）K-Sue Park, "Money, Mortgages, and the Conquest of America," *Law & Social Inquiry*, vol. 41, issue 4 (Fall 2016): 1006-1035, 1009.

（40）阿波根『人間の住んでいる島』（前掲）、九頁。

（41）阿波根『米軍と農民』（前掲）、九三―九四頁。

（42）占領下日本における医療福祉改革については、杉山章子『占領期の医療改革』勁草書房、一九九五年、C・F・サムス／竹前栄治編訳『GHQサムス准将改革：戦後日本の医療福祉政策の原点』桐書房、二〇〇七年を参照。
（43）Ralph Braibanti, "The Ryukyu Islands: Pawn of the Pacific"（前掲）なお、ブライバンティはイスラム研究を専門とする政治学者であり、この時、沖縄を研究対象とした理由については、「政治学的な意味で重要なのは、沖縄が小笠原諸島をのぞいて、米軍の完全な支配下に置かれている世界で最後の地域」であり、「持続的な軍事政権下での文化的統合に関心をもつ人々にとって、格好の研究材料となるだろう」としている。
（44）我喜屋良一「琉球と公的扶助」、我喜屋良一『沖縄における社会福祉の形成と展開——我喜屋良一論集』（沖縄県社会福祉協議会、一九九四年）に再録、琉球政府社会局編『琉球政府厚生白書一九六〇年度』琉球政府社会局、一九六一年、一三四—一三五頁。
（45）照屋富雄、与儀久子「被保護世帯の権利意識について」『季刊・沖縄の福祉』（一九六四年一二月）、二一—二四頁。
（46）兼本武「ギブ・ミー民族の主体性」『季刊・沖縄の福祉』創刊号（一九六四年一二月）、三四頁。
（47）神里弘武「米国統治下の沖縄の社会保障と社会福祉協議会活動」（修士論文）日本福祉大学、一九八六年、特に第二章。
（48）『沖縄の社会福祉二五年』沖縄社会福祉協議会、一九七一年、四二頁。
（49）岡本直美「占領期沖縄における土地接収と生活保障をめぐる折衝過程」『沖縄文化研究』四五号（二〇一八年三月）、三五一頁。
（50）阿波根『米軍と農民』（前掲）、九三頁。
（51）『琉球新報』一九五五年四月二三日。
（52）阿波根『人間の住んでいる島』（前掲）、二二一頁。
（53）同右、二三頁。
（54）阿波根『米軍と農民』（前掲）、一二二頁。
（55）**Judith Butler, *Precarious Life: The Power of Mourning and Violence*** (London, New York : Verso, 2004), 56.
（56）阿波根『人間の住んでいる島』（前掲）、二三頁。連行され裁判に至るまでの米兵と住民の詳細なやりとりの記録は、阿波根『米軍と農民』（前掲）に収録されている。

（57）米軍統治下沖縄では、一九四五年四月一日に米軍が沖縄島に上陸した直後から軍事裁判制度が確立された。その後、一九四九年六月に軍政府が発令した条例によって、法制度が正式に制定され、民事裁判と軍事裁判が一体となった二重の裁判制度が確立された。軍事裁判では、米軍関係者が関与したり、米国の財産、安全、利益に影響を与えると判断された事件が扱われたのに対し、民事裁判では、それ以外の、通常は沖縄住民間による小さな事件を扱うことになった。この二つの裁判制度は、対等ではなく、軍事裁判所により強い権限が与えられていた。民政副長官が必要と判断すれば、事件は民事裁判所から軍事裁判所に移送された。中野育男「米国統治下沖縄の軍政から民政への移行」『専修商学論集』九二号、二〇一一年一月、八〇頁。

（58）阿波根『人間の住んでいる島』（前掲）、一六三頁。

（59）「お詫びとお願い」阿波根『人間の住んでいる島』（前掲）、七〇―七一頁。

（60）阿波根『米軍と農民』（前掲）、一三一頁。

（61）同右、一二二頁。こうした、阿波根の生活を守ることへの思いは、後に伊江島初の生活共同組合の設立（一九六九年）として結実する。鹿野「阿波根昌鴻――「命どぅ宝」への闘い」（前掲）、一一九頁。

（62）阿波根『人間の住んでいる島』（前掲）、六八頁。

（63）森宣雄『沖縄戦後民衆史――ガマから辺野古まで――』岩波書店、二〇一六年、一三三頁。

（64）我喜屋『沖縄における社会福祉の形成と展開』（前掲）、三一頁。

（65）同右、四二頁。

（66）Achille Mbembe, "Necropolitics," (trans. Libby Meintjes), *Public Culture* vol 15, no. 1 (Winter 2003): 11-40, 40.

（67）「立退く訳にはいかん…きのう伊江島村長から回答」『沖縄タイムス』一九五五年一月二七日、岡本「占領期沖縄における土地接収と生活保障をめぐる折衝過程」（前掲）、三四八頁より再引用。

（68）同右、三五四頁。生活保障を求めた伊江島の人びとの闘いに関する岡本の分析は、主体性と生死に関するヘーゲルの議論へのムベンベの批評と重なりながら、対抗的な読みを提示している。ムベンベによれば、ヘーゲルの枠組みでは、「人間は、死（否定的な暴力として理解される）に立ち向かう闘争と営みを通して、真に主体となる。そして、そのことこそが人間を動物ではないものにならしめているのである。このように死と対峙することで、人は歴史の絶え間ない動きに投げ込まれているのである」(Mbembe, "Necropolitics," 14)。ムベンベの議論はここから、身一つで敵に肉薄し巻きこんで死んでいく(=殺していく)「自爆テロ」へと展開する。一方で、岡本の議論に従えば、伊江島の人びとを動かしているのは生への希求であり、「殺されないため」の行動である。生き延びるため、殺されないため、統治者から提示された補償や援助を拒否し、沖縄の人びとに向かって命を乞う=「乞食する」のである。

(69) United States Congress House Committee on Armed Services. "Report of a Special Subcommittee of the Armed Services Committee House of Representatives, Following an Inspection Tour October 14 to November 23, 1955." Washington, DC: Government Printing Office, 1956. 和訳は南方同胞援護会編『沖縄問題基本資料集』(前掲)、四八〇頁。

(70) 同右、四七八頁。

(71) 「島ぐるみ闘争」の展開について詳細は、森宣雄『沖縄戦後民衆史』(前掲)、森宣雄・鳥山淳『「島ぐるみ闘争」はどう準備されたか』(不二出版、二〇一三年)を参照。森の研究は沖縄における非合法の共産党員地下組織と奄美からの移民労働者が協力しあい、各地で、米軍統治に対する抵抗の基盤を準備していった様子を明らかにしている。

(72) Atsushi Toriyama, "Okinawa's 'postwar': some observations on the formation of American military bases in the aftermath of terrestrial warfare," *Inter-Asia Cultural Studies*, Volume 4, Number 3, 2003.

(73) 「土地はイノチだ!-空しい半生の努力——ある農夫の場合——」『朝日新聞』一九五六年七月二三日。Toriyama Atsushi, "Okinawa's 'postwar'"(前掲)より再引用。

(74) 「婦人の訴え」『戦後初期沖縄解放運動資料集』第二巻、森宣雄・鳥山淳『「島ぐるみ闘争」はどう準備されたか』(前掲)に再録、一七二頁。

(75) 『戦後初期沖縄解放運動資料集』第二巻、『「島ぐるみ闘争」はどう準備されたか』(前掲)に再録、六三頁。

(76) Toriyama, "Okinawa's 'postwar'"(前掲)、408.

(77) ベルの記事について詳細は、本書第一章を参照。

(78)「沖縄と砂川守る都民大会決議文」中野好夫編『戦後資料沖縄』（日本評論社、一九六九年）に再録、二二四頁。

(79) 新崎盛暉『沖縄現代史』岩波書店、二〇〇五年、二一一頁。

(80)『琉球新報』一九五六年八月九日、Toriyama, "Okinawa's 'postwar'", 409.

(81) 同右。

(82) 宮里『日米関係と沖縄』（前掲）、一二九頁。

(83) Sulzberger, "An American 'Cyprus' in the Pacific?" *New York Times*, January 18, 1958.

(84) 宮里『日米関係と沖縄』（前掲）、一四一頁。

(85) Executive Order 10713, "Providing for Administration of the Ryukyu Islands," June 5, 1957. Gekkan Okinawa Sha, *Laws and Regulations During the U.S. Administration of Okinawa 1945~1972, Vol.1*, (Gekkan Okinawasha, 1983), 1-7.

(86) 屋嘉比収『沖縄戦、米軍占領史を学びなおす』世織書房、二〇〇九年、二八一頁。

(87) 松田『戦後沖縄社会経済史研究』（前掲）、第十章

(88) 南援の公式な英語名は "Assistance Association for Okinawa and the Ogasawara Islands" である。南援側は、当初 "Relief Association for Okinawa and the Ogasawara Islands" とする予定だったが、日本の米国大使館に反対された。沖縄への「援助」を行う主たる責任は米国にあり、日本はただ米国を「補佐（assistant）」するにすぎない、というのがその理由だった。沖縄協会編『南方同胞援護会17年のあゆみ』（沖縄協会、一九七三年）、一〇—一一頁。このエピソードからは、沖縄「援助」や「救済」がいかに、日米両政府にとって、沖縄という境界領域で生活する住民管理に対する覇権を得る上で重要な場になっていたかが窺える。

(89) 全日本国立医療労働組合、「見てきた沖縄の現実～島ぐるみ軍事基地、破壊する医療もない」（一九六二年三月）、法政大学沖縄研究所、中野好夫コレクション。

(90)『南方同胞援護会17年のあゆみ』（前掲）、七七—七八頁。

(91) 象徴的なことに、南連は、米軍に禁止されていたにもかかわらず、「日の丸」を事務所に掲げ続けた。石原昌家「援護法によって捏造された沖縄戦認識」『沖縄国際大学社会文化研究』十巻一号（二〇〇七年三月）、三七頁。浅野・

平良の研究はさらに、南連の島ぐるみ闘争への関与を明らかにしている。闘争の拡がりと展開について逐次、日本政府に報告していただけではなく、米軍と沖縄の人びととの対立の解決を探る沖縄の指導者たちに対して、提言を与えていたという。朝野豊美・平良好利「アメリカ施政下沖縄への日本政府関与拡大に関する基本資料―島ぐるみ闘争と那覇日本政府南方連絡事務所文書」『文化科学研究』一六巻一号、二〇〇四年、七―一二一頁。

(92) 琉球政府厚生局編『厚生白書一九六三』琉球政府厚生局、一九六四年、一九七。

(93) 石原昌家「「援護法」によって捏造された「沖縄戦認識」」（前掲）、四四頁。

(94) このことは、一般的には「集団自決」という言葉で語られている「集団強制死」に関わる議論において問題となった。ガマに隠れていた住民が米軍への投降を恐れて集団で自死したという、沖縄各地で起きたこの事件について、日本軍による直接的な命令があったかどうか、すなわち、「集団死」が強制であったかどうかが、二〇〇五年の集団自決の記述をめぐる「大江健三郎・岩波書店沖縄裁判」において争点となった。この問い自体、特に「自発性の有無」については、沖縄における植民地主義、人種主義、軍事主義の長期的な歴史的視野において慎重に検討されるべきである。しかし、援護法の性質を考慮に入れれば、沖縄戦の生存者が、援護法の適用資格を得るために、日本国家への忠誠を誓うべく行動したと証言した可能性も多いに考えうる。つまり、「自発性」自体が、援護法の制度を通して、後付けされた可能性も考える必要があるだろう。

(95) Fujitani, *Race for Empire*（前掲）, 126-127.

(96) 同様にして、Michael Lujan Bevacquah は、グアムの先住民であるチャモロが「忠誠なアメリカ人」としての主体性を確立するために、米軍に志願しようとする欲望について分析しており、特に「チャモロ兵の戦死」が、米国に対する愛国心を維持する上で、決定的な役割を果たしていると論じている。Bevacqua, "The Exceptional Life and Death of a Chamorro Soldier," in Shigematsu and Camacho, eds. *Militarized Currents*, 40

(97) 琉球政府経済企画室『琉球の人口問題』琉球政府経済企画室、一九五七年、はしがき。

(98) 同右、一頁。

(99) 同右、四四頁。

(100) Kolson Schlosser, "Malthus at mid-century: neo-Malthusianism as bio-political governance in the post- WWII

United States," *cultural geographies* 16 (2009): 465-484.

(101) Laura Briggs, *Reproducing Empire: Race, Sex, Science, and U.S. Imperialism in Puerto Rico* (Berkeley: University of California Press, 2003), 87.

(102)『琉球の人口問題』(前掲)、一五―二九頁。

(103)「人口資質」への着目は、当時の日本本土での人口政策の転換を反映したものでもある。一九五〇年代には、「新生活運動協会」をはじめとする様々な活動主体が、家族計画に関する知識の普及を図っていた。この全国的な家族計画運動の展開と、一九四八年の優生保護法の制定により、日本の出生率は一九五〇年代を通じて劇的に低下した。Kayo Sawada, "Cold War Geopolitics of Population and Reproduction in Okinawa under U.S. Military Occupation, 1945-1972," *East Asian Science, Technology and Society: An International Journal*, vol. 10 (2016): 401-422, 402-403、井内智子「職場での新生活運動」大門正克編『新生活運動と日本の戦後――敗戦から一九七〇年代――』(日本経済評論社、二〇一二年)を参照のこと。一九五九年の『人口白書』は、「雇用問題」「家族計画の普及」「人口資質の向上」を目標として掲げていた。杉田菜穂「日本における人口資質概念の展開と社会政策:戦前から戦後へ」大阪市立大学『経済学雑誌』一一六巻二号、二〇一五年九月、五九―八一頁を参照。

(104)『琉球の人口問題』(前掲)、三〇頁。

(105) 同右。

(106) 桜澤誠「沖縄復帰前後の経済構造」同志社大学人文科学研究所『社会科学』四四巻三、二〇一四年、三五頁。

(107) Sawada, "Cold War Geopolitics of Population and Reproduction in Okinawa," 419.

(108) 同右、410.

(109) Pedro Iacobelli, *Postwar Emigration to South America from Japan and the Ryukyu Islands* (London: Bloomsbury Academic, 2019); Kozy Amemiya, "Population Pressure as a Euphemism: The Rhetoric to Push Okinawan Emigration." *Social Process in Hawai'i*, Vol.42, Uchinaanchu Diaspora: Memories, Continuities, and Constructions, edited by Joice N. Chinen (2007): 121-136.

(110) このことは、海外移民によって行われた「救済運動」と、沖縄からの移民事業が複雑に連携していたことを示している。救済運動について詳細は本書第三章を参照。

（111）しかし南洋群島への帰還を求める引揚者の希望は結局、叶えられることはなかった。第二次大戦後、信託統治下におかれたこれら島々を統治することになった米国は、沖縄移民の流入が人口過密を悪化させることを懸念したためである。浅野豊美『南洋群島と帝国・国際秩序』慈学社出版、二〇〇七年を参照のこと。

（112）沖縄市町村長会編『地方自治七周年記念誌』沖縄市町村会、一九五五年。「拓士」という言葉は、一般的には満州における日本人開拓者を指した。開拓植民者への／としての情動が込められたこの言葉が、この文脈で沖縄の移民労働者を表現するために使われたことは大変興味深い。

（113）USCARが、土地接収によって土地を奪われた農民を、アジア・太平洋の日本の旧植民地・占領地域からの引揚者とともに、軍事基地の建設や維持に必要な労働力とみなしていたことは、戦前から戦後への、帝国日本から米国軍事ネットワークへの継続を考える上で、極めて重要である。波平勇夫『「軍作業」の原郷——旧コザ市を中心に——」『KOZA BUNKA BOX』六号（二〇一〇年）。その意味では、こうした人々は確かに「県内移民」なのである。沖縄にとどまっていても、自分たちの土地からは常に、すでに引き離されている。

（114）石川友紀「戦後沖縄県における海外移民の歴史と実態」『移民研究』六巻（二〇一〇年三月）、五三頁。

（115）岸政彦『同化と他者化——戦後沖縄の本土就職者たち——』ナカニシヤ出版、二〇一三年、三二二頁。

（116）山口覚「海外移住としての「本土」就職」『人文地理』五六巻一号、二〇〇四年、二一—四二頁を参照。

（117）なお、日本本土で新卒者の大量採用が始まっていたのと同時期に、沖縄でもさまざまな社会改良運動が起きていた。その一つが「新生活運動」である。新生活運動は、日本の生活改善運動をモデルに、「人々の生活を向上させ、不合理な習慣を根絶し、健康で明るい生活を普及させ、生産性を向上させ、経済を安定させる」ことを目的とした「心身の訓練」とされた。『福祉新聞』一九五六年七月一日。この生活改良運動の普及と、沖縄から本土への集団就職は「人的資源」の養成という観点から、関連付けて考えてみる必要があるだろう。

（118）冨山一郎『近代日本社会と「沖縄人」——「日本人」になるということ』日本経済評論社、一九九〇年、二八〇頁。

（119）Nayan Shah, *Contagious Divided: Epidemics and Race in San Francisco's Chinatown* (Berkeley, University of California Press, 2001), 12.

(120) "Understanding Concerning Acceptance of Ryukyuan Tuberculosis Patients and Others in Japan." In "Ryukyuan TB Patients in Japan, 1963（Folder 1）. USCAR record, No. U81100353B, 沖縄県公文書館。

(121) 同右。例えば、本土送り出しを行う結核患者の推薦を行なっていた公衆衛生看護婦は、アルコール依存症の結核患者を優先的に送り出していた。与那原『沖縄の保健婦』（前掲）、五五―五六頁。

(122) 山城永盛「本土委託治療患者の援護について」『療友新聞』一九六四年三月三〇日、山城永盛『断層地帯――沖縄療友会小史（上）』沖縄県厚生事業協会、一九八六年に再録、一四五頁。

(123) 沖縄療友会『沖縄療友会十周年記念誌』琉球政府厚生局、一九六七年。

(124) 同右。

(125) 山城永盛「沖縄療友会小史」『断層地帯（上）』（前掲）、三七―三八頁。

(126) 与那原節子『沖縄の保健婦』、六三頁。

(127) 同右、六四頁。

(128) 川満信一「わが沖縄・悔恨二十四年：死亡者台帳からの異議申し立て」『沖縄・自立と共生の思想：「未来の縄文」へ架ける橋』海風社、一九八七年に再録、一三七頁。

(129) 冨山一郎『暴力の予感』（前掲）、三八―四一頁。

(130) 友利雅人「あまりに沖縄的な〈死〉」『現代の眼』一二巻八号、一九七一年八月、一六五頁。

終章

神話的暴力が法を措定すれば、神的暴力は法を破壊する。前者が境界を設定すれば、後者は限界を認めない。前者が罪をつくり、あがなわせるなら、後者は罪を取り去る。前者が脅迫的なら、後者は衝撃的で。前者が血の匂いがすれば、後者は血の匂いがなく、しかも致命的である。

――ウォルター・ベンヤミン[1]

一・境界空間における「暴力」

一九七〇年一二月二〇日未明、嘉手納基地に隣接する基地歓楽街コザで、酒気帯び運転の米軍車両が民間人歩行者をはね、負傷させる事件が発生した。MPと琉球警察が捜査を始めると、群衆が集まり、加害者の車を取り囲んだ。「アメリカ車が通るぞ」「くるせ!」「わっしょい!わっしょい!」など叫びながら、外国人運転手を引きずり出そうとして、車を揺さぶった。MPの威嚇発砲で、かえって怒りを増幅させた人びとは、石や火炎瓶などを投げ付け、米兵の所有する黄色いナンバーの車を次々にひっくりかえし火を放った。その頃には群衆は約五、〇〇〇人にまでふくれあがっていた。琉球警察が非常招集され、米軍はカービン銃で武装したMP約三〇〇人を出動させて事態の鎮圧に当たらせた。住民、警官ら二〇人が負傷し、一九人が逮捕され、七〇台以上の外国人車両と嘉手納基地内の建物が燃やされた。[2]

「コザ騒動」あるいは「コザ暴動」として知られるこの出来事は、米軍の圧政に対する人びとの鬱積した不満や怒りが一挙に爆発した瞬間だった。一九六八年には嘉手納飛行場でB-52爆撃機炎上事故が起こり、翌六九年には知花弾薬庫に毒ガス兵器が貯蔵されていることが発覚し、撤去を求める住民の抗議行動が激化していた。七〇年五月には女子高生が米兵に殺害され、八月には兵站部隊で強姦未遂事件が、九月には糸満で主婦が飲酒運転の米兵軍曹にはねられ死亡した。糸満の事件では、地元住民が十分な現場検証と捜査を求め、事故車両の引き渡しを阻止しようとしたが、米軍事裁判はただちに被告人の無罪を言い渡した。米軍の存在によって次から次に引き起こされるこうした重大事件・事故と、それが正しく裁かれない現実、さらに「核抜き、本土並み」という、沖縄住民の最低限の要求が反故にされたまま迎えようとする本土復帰を前に、人びとの怒りと憤りが渦巻いていた。

「コザ暴動」は、米軍支配に対する沖縄住民の、実際の暴力を伴った数少ない「事件」として記憶されてきた。一方で、ここで起きたことは、無分別な暴力などではなく、アジアにおける米国の帝国主義と、継続する日本の植民地主義に対する組織的な抗議行動として理解されるべきであると主張する研究者もいる。例えば、ウェスリー・上運天は、暴動の参加者が意識的に黒人兵やその所有物に危害を与えないようにしていたことを指摘し、沖縄人と黒人兵はいずれも人種主義と帝国主義の暴力の被害者であり、両者の間には連帯意識が生まれていたと論じている。[3] 米国当局にとっては沖縄住民による「突然の暴力行為」であったこの事件が、本土復帰直前に、米軍と沖縄住民が最も親密な関係を切り結んでいたともいえるコザという空間で起きたことの意味を、どのように理解すればよいのだろうか。

田仲康博は、高校生の時に目撃したコザ暴動を振り返って、暴動によって生まれた一夜かぎりの「解放区」であり、コザの日常につかの間開いた〈裂け目〉だったと表現する。その〈裂け目〉の向こうには、「生存権をかけた闘いが引き寄せる別の風景が見えていたのかもしれない」[4]。一九五〇年代から六〇年代にコザで幼少期を過ごした花城郁子も、コザ暴動を「沖縄の人たちも怒れるのだ、ついにアメリカ人に対して直接怒りを表現できるようになったのだ、と大きな安堵を感じた経験」と言い表す。[5] またたく間に鎮圧され、表面上は「正常化」されたとしても、コザ暴動はサイディヤ・ハートマンがいうところの「負債」としての解放ではなく、人びとの力によって生み出された真の解放の一瞬だったのではないか。この解放の瞬間は、ウォルター・ベンヤミンが「神話的暴力」と対比して「神的暴力」として理論化したものを想起させる。神的暴力は、生活者のために、法を措定し、民衆に犠牲を要求する「神話的暴力」に抵抗する。「(神的暴力は)神自身が直接にそれを奇蹟として行使することによってではなく、血の匂いのない、衝撃的な、罪を取り去る暴力の執行、という諸要因によって——究極的には、あらゆる法措定の不在によって——定義される」[6]。すなわち、神的暴力は、法を措定するのでも、維持するのでもなく、法そのものを廃棄し、そのことによって新たな歴史的時間を作り出すのである。岩本剛の解釈に従えば、神話的暴力が、法を通して、人間の存在を「たんなる生命」の次元に縮減しようとするならば、神的暴力は、そのような法をそもそも成立ならしめる（＝法と暴力が結合する）「法措定」の契機を未然に阻止することで、法を凋落から救出する。[7] このような観点から「コザ暴動」を考えれば、生ける者の魂までも毀損する「軍」という法的暴力に対して、住民は（兵士の肉体を攻撃するのではなく）車両や建物を燃やすことで、不服従の意志を示したともいえる。

本書で見てきた通り、占領下沖縄は法的には日米の施政権の外部にとどめ置かれながら、実質的には、米軍の直接統治下に置かれたという意味で、「境界空間」にあり、「法の外部」あるいはアンマリア・シマブクの言葉を借りれば、国家の生政治的保護にとって認識不能な「無―法」(alegal) 状態にあった。[8] そこは、米軍の剥き出しの暴力がいつでも行使されうるのと同時に、身体を管理しようとする国家の束縛を免れた場所でもあった。復帰直前のコザが、「神的暴力」の発露の場となったのは、基地歓楽街として発展したこの街が、占領状態がもたらすこうした両義性を凝縮させたような空間でもあったからであろう。

第二章では、性病管理によってキャンプタウンには多層な人種的・ジェンダー規範的な境界線がひかれたことを示したが、逆説的にいえば、そのように厳しい境界管理が要請されたのは、それだけ、キャンプタウンは、米軍と住民が共存せざるをえない境界空間（ボーダーランド）であり、その境界線は常に揺らいでいたからともいえる。境界線の向こう側――キャンプタウンの喧騒と繁栄のすぐ背後には、戦場での暴力と夥しい死があり、キャンプタウンに生きる人びとはその死の気配を敏感に察知していた。

二.「救済」の系譜

本書で展開された議論に通底するのが沖縄に向けられた「救済」言説である。一九二〇年代から三〇年代にかけて、日本資本主義の危機が、近代国家の周辺として編入された沖縄において顕在化した結果、多くの人びとが生活の場を求め、出稼ぎや移民として流出し、沖縄にとどまったものは国の救済措置の対象となった。救済・援助の対象となること――すなわち、市場を介さない財の投下を受けることで、沖縄は、ハートマンやヨネヤマの言葉を借りれば「救済された」という拭い難い「負債」を負うだけではなく、「リハビリテーション」＝生政治的な介入の対象となった。

沖縄が「救済」の対象となったのは、資本主義の危機が促した社会の機能主義的再編成が世界的に進む状況においてであった。さらに、総力戦体制に突入すると、社会政策の拡充を通した被植民者を含む人口管理は戦力維持のための必須事項となっていった。タカシ・フジタニは、この時期の、日本と米国という二つの帝国における朝鮮人と日系アメリカ人の徴兵過程を詳細に分析することで、両帝国における生政治が、生物学的な選別を根拠とする排除を目的としたものから、包摂を目的としたものへと移行したと論じている。[9] 総力戦体制下にあった二つの帝国にとって、人的資源（とりわけ健康的で武装可能な身体）の安定的な供給は急務であり、帝国を維持し、その存在を対外的に正当化するためにも人種化された被植民者に、一般市民と（名目上）同等の福利厚生の権利を与える必要があった。ここで重要なのは、従軍によって生権力の統治体制に組み入れられることは、生きる権利（あるいは「生存の義務」[10]）と同時に、帝国／国家のために自発的に「死ぬ権利」を強制的に付与されることを意味したということである。沖縄に向けられた「救済」は、こうした「死の政治」と不可分であったことは、全住民が問答無用に戦闘に巻き込まれていった沖縄戦の状況が如実に物語っている。

救済の対象として、市場の外部へと追いやられた沖縄は戦場となり、戦後は米軍の要塞となっていった。本書では、沖縄が「救済」の対象とされた系譜を戦前から戦後へと辿ることによって、日本の植民地主義の延長線上に米軍占領を位置づけている。沖縄の占領政策がハワイで準備されたことからもうかがえるように、沖縄占領という時空間は、日本と米国の人種主義・帝国主義を根底に抱えた総力戦体制の、戦後への継続としてあるのではないか。こうした観点から分析を行ったのが第一章のキリスト教宣教師によるミッショナリー・フィクションである。

キリスト教団体やロックフェラー財団のような民間慈善財団、赤十字社による福祉事業のトランスナショナルな拡がりは、米国の帝国主義的拡大と密接に連関してきた[11]。単に、宣教師が物流・人的交流の拠点を各地に作っていったというだけではなく、キリスト教の福音思想自体が米国の他国における様々な救済事業の道徳的基盤となってきた。沖縄へも一九五〇年前後から次々に、様々な教派のキリスト教団体から派遣された宣教師が、病院や孤児院の設立・運営を通して伝道活動を活発に行っていた。こうした宣教師によって、占領開始当初は米軍内で「ゴミ捨て場」とまで揶揄された沖縄は、冷戦の進行に伴って米軍の戦略上その有用性が高まる中で、「救済されるべき」場所として再認識されていった。キリスト教聖書を典拠とする米国の「救済」思想は、しかし、暴力的な土地接収と基地建設が進行する沖縄においては、綻びを見せる。軍事主義と相反するものではなく、むしろ冷戦体制においては共犯関係を結ぶものであることが顕わにされるのであった。平良修牧師が新高等弁務官につきつけた「自分が送り込まれた人びとの尊厳を前に深く頭を下げさせ、彼を汝に従わせてください」という祈りの言葉は、「救済」思想の欺瞞性を鋭く暴き出している。

第四章で示したように、「救済」思想は、強制的土地接収の論理に、そして一九六〇年代以降に沖縄で急速に拡充していった社会政策にも深く織り込まれていた。土地を奪われた農民は生活補償を求めて「乞食」するが、彼ら／彼女らの行動は、社会政策の対象となることで脱政治化され、軍事資本主義システムに組み込まれていった。また、そこからはみ出すものは「過剰人口」とされ、一九二〇年代に起きたことと同じように、計画移民として南米へ渡ったり、「集団就職」や「出稼ぎ」で本土へと流出していった。こうした「排外的包摂」が、復帰運動と同時に進行していた。

しかし「救済」は、郷土から遠く離れた人びとにとってはまた別の意味合いを持っていた。例えば、第三章に登場したハワイの沖縄移民にとっては、郷土沖縄の救済は、米国社会における「沖縄系アメリカ人」としての社会的地位を確立するとともに、領土的境界を越えた「沖縄人」としての帰属意識、集団的・民族的アイデンティティを強化するものだった。救済運動は、米軍・米国との協力体制を必要とし、沖縄の占領政府も、円滑な統治のために、沖縄移民の存在を有効活用しようとした。それでも、沖縄移民によって築かれた救済の回路は、社会政策が不十分であった沖縄社会のセーフティネットとして機能していただけではなく、「あるべき沖縄」を構想する場ともなっていた。

三．戦争(ウォーフェア)と福祉(ウェルフェア)——共犯関係とその綻び——

本書のもう一つの論点は、より良い生活・より良い生命を求める人びとの営みが、なぜ、しばしば沖縄の軍事化と相反することなく、むしろその過程の一部として取り込まれていったのか、という点である。国家による生政治の外部に放擲された占領下沖縄では、人びとの生活・生命は絶えず軍の存在がもたらす剥き出しの暴力にさらされていた。その結果、生きのびるために米軍との共存や住民からの自主的な協力を余儀なくされた[12]。

一方で、占領下沖縄が日米両国の主権の外部にとどめおかれていたからこそ生じていた空間（space to maneuver）[13]もあり、沖縄の医療・福祉にたずさわったものたちは、この空間を最大限に利用することで、あるいは沖縄内外に生じた隙間をつないでいくことで、生きのびるための空間を死守しようとしていた。

生命・身体の維持・管理（＝選別と排除）を駆動力とする統治権力に取り込まれつつも、統治の網をかいくぐり、揺り動かし、越えていこうとする人びとの「生への意志（will for life）」の痕跡を書き留めることもまた、本書の重要なテーマであった。

　この点で、常に手がかりとしてきたのは、第二章の主人公、公看によって書かれた証言・記録である。米軍からは当初、性病管理の担い手となることを期待された公看だが、医療従事者が慢性的に不足する中で、彼女たちの任務は、治療行為の一部を代替するなど、多岐にわたるものであった。青年会や婦人会、警察と密に連携をとりながら行われた衛生教育や病人の監視・管理は、単なる医療行為をこえて、地域共同体の（再）編成でもあった。

　業務内容が多種多様であっただけではなく、公衆衛生看護婦の経験からは、占領下沖縄内外を結び、沖縄もその一部として機能していた様々なネットワークの存在をうかがい知ることができる。ハワイの東西センターを中核に行われていた様々な技術移転や研修プログラムは、アジアを近代化・教化の対象として自由主義圏に包摂しようとする米国の冷戦文化政策の一環であり、沖縄の占領政府にとっては、技術者・医療者の外部委託であると同時に、米軍政に対する住民感情を宥める宣撫工作でもあった。そのような軍と政府の思惑を孕みながら実施されていた東西センターの研修プログラムではあるが、公看の記録からは、彼女たちが沖縄―ハワイの単線的なつながりとは別のつながり――太平洋に拡がる沖縄移民との出会い――を見つけていたことがうかがえた。

　沖縄から太平洋の島々、そして北南米へと拡がる想像力と、実際にそれらの地域をつなげていく流動性（mobility）を持っていた一方で、公看は、とどまらざるをえなくされた者、隔離された患者と常にともにあった。例えばそれは、保健所での定期的な性病検査が義務付けられていた売春婦や、慢性的な病床不足のために在宅治療を余儀なくされていた結核患者である。地域の各家庭を定期的に訪問し、患者の身体を見る／診る／触る／診断する（そして看取る）という日常的実践を通して、公看は、患者の（そして彼女たち自身の）心身に刻み込まれた戦争や占領の経験、軍事暴力の傷跡と徴候に触れ、それを記録していった。

公看の言葉から読み取れるのは、何よりも、より多くの患者（ケース）について、より良く生き延びさせようとする強い意志であり、そして、それを阻んでいる現状に対しての苛立ちである。冨山一郎によるフランツ・ファノンの議論を援用すれば、それぞれの公看が記した、それぞれの「臨床」は、支配／抵抗／協力といった図式そのものが崩壊していく、まさに「傍らで起きていることに巻き込まれ続け、そして引き受け続ける場[14]」だった。

四．「復帰」がもたらしたもの

本書ではさらに、キース・カマチョ、セツ・シゲマツの「軍事化される潮流」という概念に着想を得て、米軍統治下沖縄を、軍事化ネットワークを通じてハワイを筆頭とするアジア太平洋諸地域と緊密に結び付けられていた場所として描きだした。軍事だけではなく、人・技術・資本の流動によって、太平洋を横断するように張り巡らせた複数の回路は、沖縄を軍事要塞化する一方で、統治側も予期しない人と人との出会いや連帯をもたらしうる余剰の空間をも生み出していた。
復帰——すなわち沖縄の日本国家への再編入は、このように占領期にアジア太平洋地域に向けて開かれていた回路が、閉じられていく過程でもあった。そうであったからこそ、沖縄の公看は、日本の医療制度に統合されることで彼女たちが培ってきた職務上の自由裁量の範囲が制限され、それまで地域のニーズを理解し、とりわけ離島やへき地の住民ケアに尽力してきた長年の努力が水の泡となることを懸念したのである。ハワイの沖縄移民もまた、復帰によって、沖縄との間に築かれていた架橋を維持するのが難しくなることを憂慮していた。沖縄に対する施政権の日本への返還は、沖縄とハワイ間の連関が日米の国家間関係に従属するようになることを意味しており、沖縄移民がそれまでと同じように国家の枠組みをこえて郷土と直接関わりをもつ余地は必然的に限られることになった。

そのように余剰の空間が閉じられ、トランスパシフィックな連関が断ち切られる一方で、一九七二年の本土復帰は沖縄をめぐる新たな統治の始まりでもあった。よく言われるように、沖縄の本土復帰は「異民族支配からの解放」などではなく、沖縄の人びとにとっては「アメリカ世」から「大和世」へ、すなわち統治者が変わったにすぎなかった。しかし、ただ単に、一九四五年に（少なくとも公的には）一旦途切れた日本の沖縄に対する植民地主義的な権力関係が復帰によって再びたち現れただけではない。第四章で示したように、一九五〇年代後半には、復帰後にも継続するような新たな支配形態が生まれていた。簡単にいえばそれは、占領初期の直接的かつ強権的な軍事支配にかわって、沖縄の人びとを選別的に、日本の生政治体制の中に組み入れることであり、そうすることで米国は軍事的に沖縄を利用し続けることが可能になった。それゆえ、本土復帰は沖縄を「救済」し、「剥き出しの生」の状態から回復させたわけではない。むしろ国家に包摂され、表面的には「平等」な社会政策の対象となったことで、構造的な問題が解決されないままに、暴力に抗う動きがあらかじめ封じ込められるようになったといえる。だからこそ、第四章で触れた川満信一や友利雅人が復帰を前に表明した「死の予感」が特に注目に値するのである。二人の思想家が端的に述べているように、戦前・戦中に沖縄の人びとが帝国日本に対する「忠誠心」を証明することを常に求められたように、日常生活の中で基地を負担し命を危険にさらすという「代償」を払い続けることが、日本国民として正当に認められるための条件となったのである。この点において、復帰は解放とは程遠く、かえって沖縄の人びとの命を包囲網の中に閉じ込めたという意味で、新たな「琉球処分」に他ならなかった。

本土復帰後、「沖縄振興開発」の名目で、巨額の日本政府予算が沖縄に投下されるようになった。しかし実際には、この国家資本は基幹産業を振興するというよりも、むしろ基地中心の社会を維持するためのものとして機能していった。このような状況下、「救済の法」は、米軍基地の存在によって「利益を得ている」とみなされる者と、基地に反対する者との間に、無数の亀裂を走らせてきた。この亀裂は、アカデミアにも反映されており、戦後沖縄に関する学術研究はこれまで、協力と抵抗、支配と被支配の二元論に回収されてしまうか、あるいはそのいずれかの立ち位置に重心を置く傾向にあった。このような枠組みは、ある人びとがなぜ「基地との共存」のように見える道を「選択」したのか、そもそもなぜ「基地による経済発展」か「抵抗」か、いずれかを選択するように仕向けられているのか、といった問いの立て方を阻んでいく。

本書は、福祉と軍事主義の連携を分析するとともに、こうした状況でも、住民をケアし、命を守ろうとした人びとの日常的な抗い――「生への意志」――に焦点をあてたが、こうした視座が、これまでの二項対立的な枠組みをずらすことに少しでも寄与できればと願っている。基地のない、「普通」で「安全」な生活を求める人びとの要求が、米軍や日米両政府によって著しく侵害されている現在の沖縄をめぐる切迫した状況を考えれば、戦争と福祉、生活と軍事主義がどのように複雑に絡み合ってきたのか慎重に検討することは、より一層、重要なことであると思われる。

註

（1）ウォルター・ベンヤミン 野村修編訳『暴力批判論 他十篇』岩波書店、一九九四年、五九頁。

（2）Wesley Iwao Ueunten, "Rising Up from a Sea of Discontent: The 1970 Koza Uprising in U.S.-Occupied Okinawa" In Setsu Shigematsu and Keith Camacho, eds., *Militarized Currents, Toward a Decolorized Futuve in Asia and the Pacific* (Minneapolis:University of Minnesota Press,2010) 96. 沖縄市平和文化振興課編『米国が見たコザ暴動』ゆい出版、一九九九年、二四―二八頁。

（3）Ueunten, "Rising Up From a Sea of Discontent," 91.

（4）田仲康博「解放区の夢」『Koza Bunka Box』第七号、二〇一一年、四四頁。

（5）花城郁子氏へのインタビューより（二〇一七年九月一三日、於花城氏ご自宅）。

（6）ベンヤミン『暴力批判論』（前掲）、六〇頁。

（7）岩本剛「ヴァルター・ベンヤミンとアナーキズム――暴力批判論と1920／1921年頃の断章群をめぐって――」『人文研紀要』八七号（二〇一七年）、二三五―二五三頁。

（8）Annmaria Shimabuku, *Alegal: Biopolitics and the Unintelligibility of Okinawan Life* (New York: Fordham University Press, 2019).

（9）Takashi Fujitani, *Race for Empire: Koreans as Japanese and Japanese as Americans during World War II* (Berkeley: University of California Press, 2011).

（10）冨江直子は、戦前日本の救貧政策の分析を通して、「救貧」という概念が個人の権利や、国家による恩恵ではなく、全体に奉仕する「市民」としての義務＝生存の義務として形成されていったと論じている。冨江直子『救貧のなかの日本近代――生存の義務』ミネルヴァ書房、二〇〇七年。

(11) 例えばイアン・ティレルは、米国のプロテスタント宣教師によって一九世紀後半から二〇世紀初頭にかけて、世界各地で行われた道徳改革運動の中で築かれていったキリスト教福音のネットワークが、いかにその後形成される公的なアメリカ帝国の基盤となったのか検討している。Ian Tyrrell, *Reforming the World: The Creation of America's Moral Empire* (Princeton: Princeton University Press, 2010).

(12) 謝花直美は、一九五〇年一月一四日の初の全島的「オフ・リミッツ」解除が、米兵の消費によって経済的安定を得たい沖縄の人びとが米軍の求める衛生基準を内面化し、積極的に「境界の美化」に協力する生政治体制を生み出したと論じている。さらに、「オフ・リミッツ」解除と同時に生み出された「米琉親善」の言説と関連付け、両者がいかに、「沖縄の人々の心身の境界を取り払おうとしたのか」詳細に分析を行っている。謝花直美『戦後沖縄と復興の「異音」――米軍占領下復興を求めた人々の生存と希望』有志舎、二〇二一年、第五章。

(13) "maneuver"(たくらむ、駆け引きする)という動詞は、ミシェル・ド・セルトーが展開している strategies(戦術)と tactics(戦略・策略)をめぐる議論に関わっている。第二章を参照のこと。統治権力によって押し付けられた、そこを抜け出すことのできない、そこで生きるしか他にないような規律空間においても、策略をはりめぐらすという日常的実践にもとづいて、人々は敵の戦術をかいくぐるような「反規律の網の目」を形成する。ミシェル・ド・セルトー、山田登世子訳『日常的実践のポイエティーク』千曲書房、二〇二一年。

(14) 冨山一郎『始まりの知』(前掲)七八頁。

あとがき

本書は、二〇一九年にトロント大学大学院東アジア研究学部に提出した博士学位論文 *Life Under Siege: Militarized Welfare in U.S.-Occupied Okinawa* を全訳し、大幅に加筆修正したものである。翻訳作業を行ったのは、二〇二〇年から二四年にかけて、沖縄の状況や、日本社会、世界の情勢が激動する時期にあった。二〇二〇年に始まった新型コロナウィルス感染症の世界的流行は、国家による人口と境界の管理体制を強化し、相互監視を通じた自己規律化を促した。沖縄では、名護市辺野古沖の新基地建設に向けた地盤改良工事をめぐり、反対する沖縄県に代わって国が工事を承認する「代執行」を行い、二四年から工事が始まった。また、南西諸島への自衛隊配備が急速に進み、「有事」に向けた住民の避難訓練が行われるなど、軍事化が日常生活を侵食しつつある。「軍事化される福祉」は、今も、むしろこれまで以上の勢いで、世界各地で進行している。博士論文の骨子は保ちつつも、そうした切迫した状況を感じながらの翻訳であり、現実に進行する事態と本書の議論を何とか接合させようと迷いながら、言葉を探しあぐねながら、本書が出来上がった。人びとをより良く生きさせようとする「福祉（ウェルフェア）」と「戦争（ウォーフェア）」との不幸な共犯関係に関する議論は、今まさに必要なことと思われる。本書が、こうした議論の一助となることを願っている。

各章のもととなった論考の初出は次のとおりである。

第一章 「「神に見捨てられた島」で——キリスト教宣教師と米軍統治下沖縄で——」『同志社グローバル・スタディーズ』一二巻(二〇二一年)、九九—一一八頁。第二章 "Nursing U.S. Nursing the U. S. Occupation: Okinawan Public Health Nurses in U.S.-Occupied Okinawa" in Pedro Lacobelli and Hiroko Matsuda eds. *Rethinking Postwar Okinawa: Beyond American Occupation* (Lexington Books, 2017). "Stamping Out the 'Nation-Ruining Disease': Anti-Tuberculosis Campaigns in US-Occupied Okinawa", *Social History of Medicine*, volume. 34, issue 4 (November 2021), pp. 1116-1137.「公衆衛生看護婦の経験から考える沖縄の戦争と占領」『社会事業史研究』六一巻(二〇二二年)、二五—三八頁。

これらの研究は、日本学術振興会科学研究費補助金(19J01080、20K13187、24K16153)による研究成果の一部である。記して感謝申し上げる。

＊＊＊

本書は、歴史史料を通して出会った人びとを含め、日本、アメリカ、カナダと三カ国にわたった私のこれまでの長い探求の旅を導き、支えてくださった数え切れない方々との出会いと対話の痕跡としてである。すべての方のお名前を挙げることはできないが、まず、トロント大学東アジア研究学部で博士論文指導をしてくださった米山リサ先生に心から感謝したい。まだ学部生の頃、大学の図書館で『暴力・

戦争・リドレス』（岩波書店、二〇〇三年）に出会って以来、米山先生の論考は、私の研究者としての道しるべとしてあり続けている。指導教員として、私の研究の地平を常に拡げてくださり、沖縄をめぐる状況が、いかに世界の他の場所で起きている問題とつながっているのか、理論の言葉を手がかりに思考をめぐらせ、他者と出会う喜びを教えていただいた。博士課程卒業後も今に至るまで、公私ともに悩み多き私に寄り添い、一緒に悩んでくださり、米山先生とのとりとめもないおしゃべりは、常に私のインスピレーションの源になっている。

タカシ・フジタニ先生からは、博士論文執筆の過程で丁寧で示唆に富むご助言を数多くいただいた。とりわけ、日米両帝国の総力戦体制の折り重なりの、冷戦期への継続として沖縄占領を捉える視点は、フジタニ先生の議論に負うところが大きい。フジタニ先生が主催された博士論文ワークショップは、北米では珍しく、他の院生と執筆中の論文を共有する場であり、参加者から多くの刺激を得ただけではなく、孤独に陥りがちな院生にとって大切な交流の時間であった。あの場を共に過ごした大切な友人たち、特に、博士論文の大半を読み英文校正を手伝ってくれたマイケル・ローリンホフさんと、クィア／レイシズム研究の観点からいつも刺激的な助言をくれたリン・リーさんに感謝したい。また、博士論文の査読を引き受けてくださったレイチェル・シルヴィ先生、ケン・カワシマ先生、キース・カマチョ先生（カリフォルニア大学ロサンゼルス校）からも、重要な批評を得た。

東京外国語大学で修士論文指導を引き受けてくださって以来、中野敏男先生、李孝徳先生には大変お世話になった。東アジアにおける日本の植民地主義の戦後への継続を思想史・社会史的に捉える中野先生の認識枠組みは、本研究の出発点になっている。中野先生は、留学中も苦戦する私を、常にあたたかく見守ってくださり、励ましてくださった。李先生には、文化研究・レイシズム研究の基礎を教えていただくとともに、留学から就職まで、厳しくもあたたかいご助言をたくさんいただいた。また、田仲康博先生（当時、国際基督教大学）との対話は、沖縄占領を、人びとの生きた経験として捉えるきっかけとなり、沖縄について思考する道筋を示してくださった。同志社大学政策学部の教員や学生からも大いに刺激を受けるとともに、研究活動への支援もいただいた。特に、政策トピックス「沖縄の「基地問題」を考える」という授業を設計し、三年間担当した経験は、沖縄をめぐる状況について、どう考え、それをどう伝えるのか、受講生と共に考える貴重な時間となった。

本研究の大部分は、トロント大学および松下幸之助記念志財団の研究助成を受けて、二〇一五年から一七年にかけて沖縄、東京、ハワイで行った調査が元になっている。名桜大学の小川寿美子先生は、占領期の公衆衛生に関する重要な史料を見せてくださっただけでなく、元公衆衛生看護婦の方々をご紹介いただき、お話を伺う貴重な機会を作ってくださった。二〇一七年の五月から一ヶ月かけて行ったハワイ調査では、本書第三章にも登場する東西センターが受け入れ先となり、大学院生用の寮に寝泊まりした。滞在中、ハワイ大学の小碇美玲先生には、いくつもの貴重なご助言をいただいた。ハワイ大学ハミルトン図書館、ハワイ日本文化センター、沖縄県公文書館、国立国会図書館、トロント大学東アジア図書館のアーキビストの方々は、貴重な史料を探す手助けをしてくださった。

同志社大学の冨山一郎先生は、二〇一九年から二二年まで日本学術振興会特別研究員ＰＤとして受け入れてくださり、沖縄の近現代の歴史を考える上で、いつも示唆に富むご助言をくださった。冨山先生が主催する研究会「火曜会」での刺激的な議論と、そこに集う、たくさんの方たちとの出会いがなければ、本書を完成させることはできなかった。とりわけ、沖縄や沖縄研究に関わる様々な問いを共有し、議論を重ねた森亜紀子さん、古波藏契さん、安里陽子さん、岡本直美さん、謝花直美さん、書物だけではなく、たくさんの「食」を共にした岩島史さん、西川和樹さんに心から感謝したい。新型コロナウィルス感染症蔓延に伴う「自粛」生活の中、こうした仲間たちと食卓を囲む時間にどれだけ救われたかわからない。岩島さんと西川さんは、本書の草稿を丹念に読み、校正の手助けもしてくれた。二木泉さんは、同じ留学生・研究者として、トロント留学時代から今に至るまで、苦しい時も楽しい時も、一番の理解者でいてくれた。舞台の上から、生きる力を与え続けてくださった楊琳さんにも、この場をお借りして感謝したい。

本書の出版にあたっては、日本学術振興会研究成果公開促進費（24HP5056）の助成を受けた。本書の刊行を快く引きうけてくださったインパクト出版会の川満昭広さんに心から感謝申し上げる。

＊＊＊

二〇〇三年に早稲田大学で開催された「カルチュラル・タイフーン」の学部生セッション「消費される沖縄」で発表することがなければ、私がその後、二〇年以上にわたって沖縄について／沖縄を通して考え続けることはなかったであろう。[1]「あなたは、何者として沖縄を研究するのか」――あの時、琉球大学の院生の方から突きつけられた問いは、常に私の中にあり続けている。未だに明確な答えが見つかったわけではないが、沖縄に行使され続けている暴力の構造を読み解き、そこに抗い続けた／続けている人びとの日々の営みの記録に触れる作業は、私にとっては、この世界で生き延びる希望を与えてくれるのだと思う。沖縄をきっかけにこれまで出会うことのできた無数の人たちとのつながりを通して、沖縄の過去を見つめ、あったかもしれない現在を想像し、その地点から未来を共に考えていけるような場を、作っていきたい。

最後に、ふらふらと回り道をしてばかりの私を辛抱強く見守り、長きにわたり支えてくれた父・稔、母・路子に心から感謝を伝えたい。

註

（1）同シンポジウムでの議論の模様は岩渕功一・多田治・田仲康博編著『沖縄に立ちすくむ――大学を超えて深化する知――』（せりか書房、二〇〇四年）に収録されている。

二〇二四年大晦日　増渕あさ子

参考文献リスト

アーカイブ資料

沖縄県公文書館
琉球政府文書
米国収集資料
国立国会図書館憲政資料室
琉球列島米国民政府（USCAR）資料
法政大学沖縄文化研究所：中野好夫記念文庫
University of Hawai'i Hamilton Library, Honolulu, Hawai'i.
University Archives and Manuscript Collections (UHUAMC).
Hawaiian and Pacific Collection (UHHPC).
University of Texas at Austin, Briscoe Center for American History
Josephine Hobbs Kaser Collection, 1942-1973.

新聞・雑誌

『朝日新聞』
『沖縄タイムス』
『結核予防会新聞』
『ハワイスター』
『福祉新聞』
『毎日新聞』
『琉球新報』
Japan Christian Quarterly
New York Times
The Christian Century
The Honolulu Advertiser

1

日本語文献

青木純一、2004、『結核の社会史──国民病対策の組織化と結核患者の実像を追って』御茶の水書房

青木正和、2003、『結核の歴史──日本社会との関わりとその過去、現在、未来』講談社。

アガンベン、ジョルジョ／高桑和巳訳、2003、『ホモ・サケル──主権権力と剥き出しの生』以文社。

朝野豊美・平良好利、2004、「アメリカ施政下沖縄への日本政府関与拡大に関する基本資料（2）──島ぐるみ闘争と那覇日本政府南方連絡事務所文書」『文化科学研究』16 (1): 7-22。

浅野豊美、2007、「南洋群島からの沖縄人引揚の再移住をめぐる戦前と戦後」浅野豊美編『南洋群島と帝国・国際秩序』慈学社出版。

安次嶺馨、2016、『良医の水脈──沖縄県中部病院の群像』ボーダーインク。

新崎盛暉、1976、『戦後沖縄史』日本評論社。

新崎盛暉、2005、『新版・沖縄現代史』岩波書店。

阿波根昌鴻、1973、『米軍と農民──沖縄県伊江島』岩波書店。

───、1982、『人間の住んでいる島──沖縄・伊江島土地闘争の記録』阿波根昌鴻。

井内智子、2010、「職場での新生活運動」大門正克編『新生活運動と日本の戦後──敗戦から1970年代』日本経済評論社。

石川友紀、2010、「戦後沖縄県における海外移民の歴史と実態」『移民研究』6: 45-70。

石原昌家、2007、「「援護法」によって捏造された「沖縄戦認識」──「靖国思想」が凝縮した「援護法用語の集団自決」」『沖縄国際大学社会文化研究』10 (1):31-54。

一色哲、2008、「軍事占領下における軍隊と宗教──沖縄地域社会とキリスト教を事例に」『甲子園大学紀要』36: 211-222。

伊波普猷、1976、『伊波普猷全集　第11巻』平凡社。

───、1998、『沖縄歴史物語』平凡社。

岩崎稔、大川正彦、中野敏男、李孝徳編、2005、『継続する植民地主義──ジェンダー／民族／人種／階級』青弓社。

岩本剛、2017、「ヴァルター・ベンヤミンとアナーキズム―暴力批判論と1920/1921

年頃の断章群をめぐって──」『人文研紀要』87: 225-253。

上地聡子、2020、「「沖縄人」という一体感の構築：敗戦直後における沖縄「在外同胞」情報共有過程の分析から」、日本国際政治学会2020年研究大会国際交流分科会報告ペーパー。

内海愛子、2002、『戦後補償から考える日本とアジア』山川出版社。

内海愛子、2020、「東アジア　歴史とその和解を考える」『東京外国語大学海外事情研究所講演記録集』東京外国語大学海外事情研究所。

大城貞俊、2008、「ヌジファ」『G米軍野戦病院跡辺り』人文書館。

大城立裕、1976、『白い季節』日本放送出版協会。

大嶺千枝子、2001、「占領期に行われた保健婦駐在の制度比較に関する史的考察」『沖縄県立看護大学紀要』2: 108-116。

───、2020、『沖縄の看護：琉球政府の看護制度を紐解く』新星出版。

大嶺千枝子ほか、2002、「保健婦駐在の実態から駐在制度の確立に影響した要因を探る」『沖縄県立看護大学紀要』3: 33-44。

岡野宣勝、2007、「占領者と被占領者のはざまを生きる移民──アメリカの沖縄統治政策とハワイのオキナワ人」『移民研究年報』13: 3-22。

───、2008、「戦後ハワイにおける「沖縄問題」の展開──米国の沖縄統治政策と沖縄移民の関係について」『移民研究』4: 1-30。

岡本直美、2018、「占領期沖縄における土地接収と生活保障をめぐる折衝過程──伊江島の陳情者の座り込みまで」『沖縄文化研究』45: 319-371。

小川寿美子、2018、「戦後沖縄の地域保健──人材確保と定着化をめざして」中村安秀編『地域保健の原点を探る：戦後日本の事例から学ぶプライマリヘルスケア』杏林書院。

小川真知子、2013、「太平洋戦争中のハワイにおける日系人強制収用──消された過去を追って」『立命館言語文化研究』25 (1): 105-118。

沖縄協会編、1973、『南方同胞援護会17年のあゆみ』沖縄協会
沖縄県医師会会史編纂委員会、2000、『沖縄県医師会史──終戦から祖国復帰まで』沖縄県医師会。

沖縄県環境保健部予防課、1981、『沖縄戦後の保健所のあゆみ──保健所三〇周年記念誌』沖縄県環境保健部予防課。

沖縄県立図書館史料編集室、1995、『沖縄県史　資料編一　民事ハンドブック　沖

縄戦一（和訳編）』那覇出版社。

沖縄県教育庁文化財課史料編集班、2016、『沖縄県史 各論編 第8巻』沖縄県教育委員会。

沖縄県立中部病院卒後臨床研修25周年記念実行委員会、1992、『沖縄県立中部病院卒後医学臨床研修25周年記念誌 1967-1992』沖縄県立中部病院卒後臨床研修25周年記念実行委員会。

沖縄国際大学文学部社会学科石原ゼミナール編、1994、『戦後コザにおける民衆生活と音楽文化』榕樹社。

沖縄市町村長会編、1955、『地方自治七周年記念誌』沖縄市町村会。

沖縄社会福祉協議会編、1971、『沖縄の社会福祉25年』沖縄社会福祉協議会。

沖縄療友会、1967、『沖縄の結核――沖縄療友会創立10周年記念誌』沖縄療友会。

沖本八重美、1975、「ルポルタージュ　県立中部病院」『沖縄思潮』6: 24-27。

我喜屋良一、1994、『沖縄における社会福祉の形成と展開――我喜屋良一論集』沖縄県社会福祉協議会。

兼本武、1964、「ギブ・ミー民族の主体性」『季刊・沖縄の福祉』創刊号。

鹿野政直、2008、『鹿野政直思想史論集 第三巻』岩波書店。

鹿野政直、2015、「阿波根昌鴻「命どぅ宝」への闘い」、テッサ・モーリス＝スズキ編『ひとびとの精神史第二巻』岩波書店。

川平朝申、1982、「私の戦後史」『私の戦後史 第六集』沖縄タイムス社。

神里弘武、1986、「米国統治下の沖縄の社会保障と社会福祉協議会活動」修士論文、日本福祉大学。

川上裕子、2013、『日本における保健婦事業の成立と展開――戦前・戦中期を中心に』風間書房。

川満信一、1987、「わが沖縄・悔恨二十四年――死亡者台帳からの異議申し立て」『沖縄・自立と共生の思想――「未来の縄文」へ架ける橋』海風社。

岸政彦、2013、『同化と他者化――戦後沖縄の本土就職者たち』ナカニシヤ出版。

北村毅、2007、「沖縄の「摩文仁の丘」にみる戦死者表彰のポリティクス――刻銘碑「平和の礎（いしじ）」を巡る言説と実践の分析」『沖縄大学地域研究』3: 49-66。

―――、2009、『死者たちの戦後誌――沖縄戦跡をめぐる人びとの記憶』御茶ノ水書房。

木村哲也、2012、『駐在保健婦の時代――1942-1997』医学書院。

金城勇、2005、「学術人類館事件と沖縄」演劇「人類館」上演を実現させたい会編『人

類館―封印された扉』アットワークス。

金城清松、1962、『沖縄に於ける結核の歴史的論究』金城清松。

金城妙子、2001、『原点をみつめて――沖縄の公衆衛生看護事業』金城妙子。

具志川市史編さん委員会、2002、『具志川市史 第四巻（移民・出稼ぎ） 論考編』具志川市教育委員会。

具志八重・小渡静子編、1986、『沖縄戦前保健婦の足あと』ニライ社。

結核予防会沖縄県支部、1978、『琉球結核予防会・結核予防会沖縄県支部 25 年のあゆみ』結核予防会沖縄県支部。

―――、1986、『結核予防会沖縄県支部創立 30 周年記念誌』結核予防会沖縄県支部。

公衆衛生看護婦記念誌編集委員編、1968、『沖縄の公衆衛生看護事業――15 周年記念誌』沖縄看護協会公衆衛生看護婦会。

公衆衛生看護事業記念誌編集委員編、1982、『沖縄県の公衆衛生看護婦事業三〇周年記念誌』日本看護協会保健婦沖縄県支部。

高誠晩、2017、『〈犠牲者〉のポリティクス――済州 4.3 ／沖縄／台湾 2.28 歴史精算をめぐる苦悩』京都大学学術出版会。

小林紀由、1997、「沖縄バプテスト連盟と『祖国復帰』」『精神科学』36: 31-43。

齋木喜美子・世良利和、2015、「川平朝申の文化活動に関する一考察（1）――日本統治下沖縄における映画との関わりを中心に」『福山市立大学・教育学部研究紀要』3: 29-38。

齋木喜美子・喜久山悟、2017、「戦後沖縄における美術の成立と展開過程――川平朝申との関わりを手がかりに」『福山市立大学教育学部研究紀要』5: 35-53。

崎原盛造・等々力英美、2004、「戦後沖縄における「医師助手」と医介補制度について」『沖縄国際大学人間福祉研究』2(1): 1-26。

桜澤誠、2014、「沖縄復帰前後の経済構造」同志社大学人文科学研究所『社会科学』44 (3): 33-46。

佐々木嬉代三、1994、「移住民問題を通して見た沖縄と日本」『立命館言語文化研究』5(3): 1-27。

サムス、クロフォード／竹前栄治訳、1986、『DDT 革命――占領期の医療福祉政策を回想する』岩波書店。

澤田佳世、2014、『戦後沖縄の生殖をめぐるポリティクス――米軍統治下の出生力転換と女たちの交渉』大月書店。

下嶋哲郎、1995、『海からぶたがやってきた！』くもん出版。

―――、2024、『比嘉トーマス太郎――沖縄の宝になった男』水曜社。

謝花直美、2021、『戦後沖縄と復興の「異音」――米軍占領下復興を求めた人々の生存と希望』有志舎。

新城正紀・有馬誠・等々力英美ほか、1997、「戦後沖縄の結核対策に関する調査研究」『民族衛生』63 (6): 362-373。

菅沼隆、2005、『被占領期社会福祉分析』ミネルヴァ書房。

杉田菜穂、2015、「日本における人口資質概念の展開と社会政策――戦前から戦後へ」大阪市立大学『経済学雑誌』116(2): 59-81。

杉山章子、1995、『占領期の医療改革』勁草書房。

―――、2018、「占領初期沖縄の保健医療システム――群島別の形成過程」『沖縄文化研究』45: 609-671。

ストーラ―、アン・ローラ／永渕康之他訳、2010、『肉体の知識と帝国の権力――人種と植民地支配における親密なもの』以文社。

泉水英計、2008、「第一部サイライ・プロジェクト――米軍統治下の琉球列島における地誌研究」神奈川大学国際経営研究所『プロジェクト・ペーパー』16: 3-121。

―――、2012、「在台湾沖縄人引揚に関する覚書」神奈川大学国際経営研究所『プロジェクト・ペーパー』25: 1-25。

平良修、1993、『沖縄にこだわりつづけて』新教出版社。

平良好利、2012、『戦後沖縄と米軍基地――「受容」と「拒絶」のはざまで 1945-1972 年』法政大学出版局。

田仲康博、2010、『風景の裂け目――沖縄、占領の今』せりか書房。

―――、2011、「解放区の夢」沖縄市役所『Koza Bunka Box』7: 44-45。

鄭敬娥、2004、「岸内閣の「東南アジア開発基金」構想とアジア諸国の反応」『大分大学教育福祉科学部研究紀要』27(1): 17-32。

常石敬一、2011、『結核と日本人――医療政策を検証する』岩波書店。

照屋富雄、与儀久子、1964、「被保護世帯の権利意識について」『季刊・沖縄の福祉』22-24。

戸井田一郎、2004「BCG の歴史：過去の研究から何を学ぶべきか」『呼吸器疾患結核資料と展望』48: 15-40。

冨江直子、2007、『救貧のなかの日本近代──生存の義務──』ミネルヴァ書房。

冨山一郎、1990、『近代日本社会と「沖縄人」──「日本人」になるということ』日本経済評論社。

───、2002、『暴力の予感 ──伊波普猷における危機の問題』岩波書店。

───、2012、『流着の思想──沖縄問題の系譜学』インパクト出版会。

───、2018、『始まりの知──ファノンの臨床』法政大学出版会。

豊見山和美、2015、「琉球列島米国民政府が実施した「国民指導員計画」について」『沖縄県公文書館研究』17: 19-27。

友利雅人、1971、「あまりに沖縄的な〈死〉」『現代の眼』12(8): 158-165。

鳥山淳、2013、『沖縄／基地社会の起源と相克 1945-1956』勁草書房。

仲地宗俊、1994、「沖縄における農地の所有と利用の構造に関する研究」『琉球大学農学部学術報告』41: 1-126。

中野育男、2005、『米国統治下沖縄の社会と法』専修大学出版局。

───、2011、「米国統治下沖縄の軍政から民政への移行」『専修商学論集』92: 69-87。

中野好夫編、1969、『戦後資料沖縄』日本評論社。

仲程昌徳、2010、『沖縄文学の諸相──戦後文学・方言詩・戯曲・琉歌・短歌』ボーダーインク。

波平勇夫、2010、「『軍作業』の原郷──旧コザ市を中心に」沖縄市役所『KOZA BUNKA BOX』6: 26-45。

南方同胞援護会編、1968、『沖縄問題基本資料集』南方同胞援護会。

日本基督教団沖縄教区編、1971、『27 度線の南から──沖縄キリスト者の証言』日本基督教団出版局。

日本基督教団宣教研究所教団史料編纂室、1998、『日本基督教団の再編：1945-1954 年、沖縄キリスト教団の形成：1945-1968 年（日本基督教団史資料集第三巻）』日本基督教団宣教研究所。

原貴美恵、2005、『サンフランシスコ平和条約の盲点──アジア太平洋地域の冷戦と「戦後未解決の諸問題」』渓水社。

原山浩介、2015、「労働者向け新聞『ハワイスター』の時代──太平洋戦争後のハワイにおける思想状況の断面」朝日祥之・原山浩介編『アメリカ・ハワイ日系社会の歴史と言語文化』東京堂出版。

比嘉武信編、1994、『新聞にみるハワイの沖縄人 90 年戦後編』比嘉武信。

比嘉太郎、1974、『移民は生きる』日米時報社。

―――、1982、『ある二世の轍――奇形児と称された帰米二世が太平洋戦を中心に辿った数奇の足取り』日賀出版社。

比屋根照夫、2008、「伊波普猷と日系ハワイ移民――ウチナーンチュ・ネットワークの源流――」金城宏幸他『沖縄社会の越境的ネットワーク化とダイナミズムに関する研究（第一部)』琉球大学。

ファノン、フランツ／鈴木道彦・浦野衣子訳、2015、『地に呪われたる者〈新装版〉』みすず書房。

フーコー、ミシェル／石田英敬、小野正嗣訳、2007、『社会は防衛しなければならない：コレージュ・ド・フランス講義 1975-1976 年度』筑摩書房。

フーコー、ミシェル／高桑和巳訳、2007、『安全・領土・人口：コレージュ・ド・フランス講義 1977-1978 年度』筑摩書房。

ベンヤミン、ウォルター／野村修編訳、1994、『暴力批判論――他十篇』岩波書店。

外間勝美、1980、「沖縄救援運動と忘れられた人！――戦後沖縄とのつながり」『新・沖縄文学』45 号。

細谷千博ほか編、1999、『日米関係資料集 1945-97』東京大学出版会。

真栄城優夫 . 1987.「沖縄県立中部病院における卒後臨床研修――その 20 年間」『医学教育』18(6): 471-473。

増渕あさ子、2022、「コラム医介補」沖縄県教育庁文化財課史料編集班編『沖縄県史 各論編 7 現代』沖縄県教育委員会。

又吉盛清、1990、『日本植民地下の台湾と沖縄』あき書房。

松田ヒロ子、2016、「植民地台湾から米軍統治下沖縄への「帰還」」『文化人類学』80(4): 549-568。

松田賀孝、1981、『戦後沖縄社会経済史研究』東京大学出版会。

マツムラ、ウェンディ／増渕あさ子・古波藏契・森亜紀子訳、2023、『生きた労働への闘い――沖縄共同体の限界を問う』法政大学出版局。

南川文里、2015、「ポスト占領期における日米間の移民とその管理――人の移動の 1952 年体制と在米日系人社会」『立命館国際研究』28 (1): 145-161。

宮城悦二郎、1982、『占領者の眼――アメリカ人は〈沖縄〉をどう見たか』那覇出版社。

宮里政玄、2000、『日米関係と沖縄――1945-1972』岩波書店。

目取真俊、1999、『魂込め』朝日新聞社。

森宣雄、2016、『沖縄戦後民衆史――ガマから辺野古まで』岩波書店。

森宣雄・鳥山淳、2013、『「島ぐるみ闘争」はどう準備されたか――沖縄が目指す〈あま世〉への道』不二出版。

屋嘉比収、2006、「重層する戦場と占領と復興」中野敏男他編『沖縄の占領と日本の復興』青弓社。

屋嘉比収、2009、『沖縄戦、米軍占領史を学びなおす――記憶をいかに継承するか』世織書房。

吉見俊哉、1992、『博覧会の政治学――まなざしの近代』中央公論社。

八尾祥平、2010、「戦後における台湾から「琉球」への技術者・労働者派遣事業について」『日本台湾学会報』12: 239-253。

山口覚、2004、「海外移住としての「本土」就職」『人文地理』56(1): 21-42。

山﨑孝史、2008、「USCAR 文書からみた A サイン制度とオフリミッツ」沖縄市役所『Koza Bunka Box』4: 33-57。

山里勝己、2010、『琉大物語――1947-1972』琉球新報社。

山里勇善編、1919、『布哇之沖繩縣人』実業之布哇社。

山城永盛、1986、『断層地帯――沖縄療友会小史（上）』沖縄県厚生事業協会。

山之内靖、2011、『システム社会の現代的位相』岩波書店。

山本真、1997、「中国農村復興連合委員会の設立とその大陸での活動（1948-1949）」『中国』21(2): 135-160
与那原節子、1983、『沖縄の保健婦――結核との闘いの軌跡』保健同人社。

米山リサ／小沢弘明・小田島勝浩・小澤祥子訳、2005、『広島　記憶のポリティクス』岩波書店。

ラッツァラート、マウリツィオ／杉村昌昭、2023、『耐え難き現在に革命を！――マイノリティと諸階級が世界を変える』法政大学出版局。

李鎮榮、2021、「沖縄の移民論再考――近代の主体性論と徴兵忌避」『環太平洋地域文化研究』2: 29-43。

琉球看護協会編、1961、『琉球看護婦協会創立 10 周年記念誌』琉球看護協会。

琉球新報社編、2012、『呪縛の行方――普天間移設と民主主義』琉球新報社。

琉球政府経済企画室、1957、『琉球の人口問題』琉球政府経済企画室。

琉球政府厚生局公衆衛生課編、1962、『保健所一〇年のあゆみ』琉球政府厚生局公

衆衛生課。

琉球政府厚生局、1964、『厚生白書 1963』琉球政府厚生局。

琉球政府社会局編、1961、『琉球政府厚生白書一九六〇年度』琉球政府社会局。

琉球政府立中部病院、1971、『琉球政府立中部病院創立 25 周年記念誌』琉球政府立中部病院
琉大保健学部設置研究委員会、『琉大保健学部設置保健委員会関係資料』(沖縄県立図書館所蔵)、発行年不明。

湧川清栄ほか、2000、『アメリカと日本の架け橋・湧川清栄――ハワイに生きた異色のウチナーンチュ』湧川清栄遺稿・追悼文集刊行委員会。

英語文献

Agamben, Giorgio. *Homo Sacer: Sovereign Power and Bare Life*. Trans. Daniel Heller-Roazan. Stanford, Calif: Stanford University Press, 1998.
Ahagon Shōkō. 1989. *The Island Where People Live: A Pictorial Record by Ahagon Shōkō*. Trans. Ed. C. Harold Rickard. Hong Kong: Christian Conference of Asia.
Aldous, Christopher and Akihito Suzuki. 2011. *Reforming Public Health in Occupied Japan, 1945-52: Alien prescriptions?* London and New York: Routledge, 2011.
Allen, Matthew. 2002. "Therapies of Resistance? Yuta, Help-seeking and Identity in Okinawa," *Critical Asian Studies* 34 (2): 221-242.
———. 2017. "The shaman hunts and the postwar revival and reinvention of Okinawan shamanism," *Japan Forum* 29 (2): 218-235.
Alvah, Donna. 2007. *Unofficial Ambassadors: American Military Families Overseas and the Cold War, 1946-1965*. New York: New York University Press.
Amemiya, Kozy. 2007. "Population Pressure as a Euphemism: The Rhetoric to Push Okinawan Emigration." *Social Process in Hawai'i* 42, Uchinaanchu Diaspora: Memories, Continuities, and Constructions, edited by Joice N. Chinen: 121-136.
Anderson, Robert J. and Carroll E. Palmer. 1950. 'BCG', *Journal of the American Medical Association* 143: 1048–51.
Anderson, Warwick. 2006. "Immunization and Hygiene in the Colonial Philippines."

Journal of History and Medicine and Allied Sciences 62(1): 1-20.

Arnold, David and Erich DeWald. 2011. "Cycles of Empowerment? The Bicycle and Everyday Technology in Colonial India and Vietnam," *Comparative Studies in Society and History* 53(4): 971-996.

Bellah, Robert. 1957.*Tokugawa Religion: The Values of Pre-Industrial Japan*. Glencoe: Free Press.

Bevacqua, Michael Lujan. 2010. "The Exceptional Life and Death of a Chamorro Soldier." In Shigematsu, Setsu and Keith Camacho, eds. *Militarized Currents: Toward a Decolonized Future in Asia and the Pacific*. Minnesota: University of Minnesota Press.

Bollinger, Edward E. 1978. *Reflections, East and West: Views from Okinawa* 1978-1983. Taipei: Dixon Press.

———. 1983. *The Cross and the Floating Dragon: The Gospel in Ryukyu*. Pasadena, Calif: William Cavey Libray.

Braibanti, Ralph. 1954. "The Ryukyu Islands: Pawn of the Pacific." *The American Political Science Review* 48 (4): 972-998.

Briggs, Laura. 2002. *Reproducing Empire: Race, Sex, Science, and U.S. Imperialism in Puerto Rico*. Berkeley: University of California Press, 2001.

Bullock, Mary Brown. 1980. *An American Transplant: The Rockefeller Foundation and Peking Union Medical College*. Berkeley: University of California Press.

Butler, Judith.1993. *Bodies that Matter: On the Discursive Limits of Sex*. New York: Routledge.

———. 2004. *Precarious Life: The Powers of Mourning and Violence*. London and New York: Verso.

Brandt, Kim. 2007. *Kingdom of Beauty: Mingei and the Politics of Folk Art in Imperial Japan*. Durham: Duke University Press.

Cacho, Lisa Marie. 2012. *Social Death: Racialized Rightlessness and the Criminalization of the Unprotected*. New York: New York University Press.

Choi, Hyaeweol. 2009.*Gender and Mission Encounters in Korea: New Women, Old Ways*. Berkeley: University of California Press.

Choy, Catherine Ceniza. 2003. *Empire of Care: Nursing and Migration in Filipino American History*. Durham: Duke University Press.

Cueto, Marcos. 2007. *Cold War, Deadly Fevers: Malaria Eradication in Mexico, 1955-1975*. Washington: Woodrow Wilson Center Press; Baltimore: Johns Hopkins University Press.

Cumings, Bruce. 1984. "The Origins and Development of the Northeast Asian Political Economy: Industrial Sectors, Product Cycles, and Political Consequences," *International Organization* 38(1): 1-40.

Cummings, Kristin J. 2007. "Tuberculosis Control: Challenges of and Ancient and Ongoing Epidemic", *Public Health Reports* 122: 683–92.

D' Agnes, Thomas. 2012. *Dr. V: An Extraordinary Journey*. Bloomington: iUniverse, Inc.

Davis, Wade. "Cornell's Field Seminar in Applied Anthropology: Social Scientists and American Indians in the Postwar Southwest." *Journal of the Southwest*, Vol.43, No. 3 (Autumn, 2001): 317-341.

De Certeau, Michel. 1995. *The Practice of Everyday Life*. Trans. Steven Rendall. Berkeley: University of California Press. ミシェル・ド・セルトー／山田登世子訳『日常的実践のポイエティーク』千曲書房、二〇二一年。

Devji, Faisal. 2012. *The Impossible Indian: Gandhi and the Temptation of Violence*. Cambridge: Harvard University Press.

East-West Center Alumni Okinawa Chapter, ed. 2014. *Bridge of Rainbow: Linking East & West Fifty Years History of East-West Center Grantees*. Okinawa: East-West Center Alumni Okinawa Chapter, 2014.

Espiritu, Yen. 2014. *Body Counts: The Vietnam War and Militarized Refuge(es)*. Berkeley: University of California Press.

Essex, Jamey. 2013. *Development, Security, and Aid: Geopolitics and Geoeconomics at the U.S. Agency for International Development*. Athens: University of Georgia Press.

Figal, Gerald. 2003. "Waging Peace on Okinawa." In Laura Hein and Mark Selden eds. *Islands of Discontent: Okinawan Responses to Japanese and American Power*, Oxford: Roman & Littlefield Publishers Inc.

Feldman, Ilana. 2012. "The Humanitarian Condition: Palestinian Refugees ant the Politics of Living," *Humanity: An International Journal of Human Rights, Humanitarianism, and Development* 3 (2): 155-172.

Fisch, Arnold G. 2005. *Military Government in the Ryukyu Islands, 1945-1950*. Honolulu:

University Press of the Pacific.

Fleece, Larry. 2015. *The John A. Burns School of Medicine: 50 Years of Healing in Hawai'i*. Honolulu: Legacy Isle Publishing.

Foucault, Michel. 1985. *The History of Sexuality, Volume 1: An Introduction*. Trans. Robert Hurley. New York: Vintage Books,1985.

———. 2003. *Society Must Be Defended: Lectures at the College de France, 1975-76*. Trans. David Macey, New York: Picador.

———. 2007. *Security, Territory, Population: Lectures at the College de France, 1977-78*. Ed. Michel Senellart. Trans. Graham Burchell. Basingstoke: Palgrave Macmillan.

Foucault, Michel. 1985. *The History of Sexuality, Volume 1: An Introduction*. Trans. Robert Hurley. New York: Vintage Books.

Francis, Carolyn Bowen. 1998. "Where is the Church to Stand? Christian Responses in Okinawa to the Issue of Military Bases," *The Japan Christian Review* 64 (1998): 5-19, 6.

Fujitani, Takashi. 2011. *Race for Empire: Koreans as Japanese and Japanese as Americans During World War II*. Berkeley: University of California Press, 2011. フジタニ、T.／板垣竜太・中村理香・米山リサ・李孝徳訳、2021、『共振する帝国：朝鮮人皇軍兵士と日系人米軍兵士』岩波書店。

Fukuchi, Yoko. 2011. *Okinawan Participants in the East-West Center Program: Impact on the Human Resource Development in Postwar Okinawa*. M.A. thesis, University of Oregon.

Garon, Sheldon M. 1997. *Molding Japanese Minds: The State in Everyday Life*. Princeton: Princeton University Press.

Gleich-Anthony, Jeanne M. 2007. *Democratizing Women: American Women and the U.S. Occupation of Japan 1945-1951*. Ph.D. Dissertation, Ohio University.

Gilman, Nils. *Mandarins of the Future: Modernization Theory in Cold War America*. Maryland: the Johns Hopkins University Press, 2003.

Goeman, Mishuana. 2008."From Place to Territories and Back Again: Centering Storied Land." *International Journal of Critical Indigenous Studies* 1 (1): 23-34.

Hall, Clarence W. 1960. "The Village That Lives by the Bible." *The Reader's Digest* 77: 205.

Hancock, Christen L. 2011. "Healthy Vocations: Field Nursing and the Religious Overtones

of Public Health", *Journal of Women's History* 23 (3): 113-137.

Hara, Kimie. 2007. *Cold War Frontiers in the Asia-Pacific: Divided Territories in the San Francisco System*. London and New York: Routledge.

Hartman, Sadiya V. 1997. *Scenes of Subjection: Terror, Slavery, and Self-Making in Nineteenth-Century America*. Oxford and New York: Oxford University Press.

Heffner, William C. "For Years on Okinawa: a short account of the Episcopal Church's mission in Okinawa 21 March 1951-21 March 1955." The Episcopal Church on Okinawa, unpublished report. May 1955.

Hewett, Peter A. 1949. *A Seed Falls on Okinawa* . Boston: The Christopher Publishing House, 1949.

High Commissioner of the Ryukyu Islands, ed. 1963. *Civil Administration of the Ryukyu Islands Vol. 11*, High Commissioner of the Ryukyu Islands.

High Commissioner of the Ryukyu Islands, ed. 1969. Civil Administration of the Ryukyu Islands Vol. 17, *High Commissioner Report, 1968-69*, High Commissioner of the Ryukyu Islands.

Hua, Julietta. 2010. *Trafficking Women's Human Rights*. Minneapolis: University of Minnesota Press.

Iacobelli, Pedro. 2017. *Postwar Emigration to South America from Japan and the Ryukyu Islands*. London: Bloomsbury Academic.

Jacobs, Seth. 2001. "'Our System Demands the Supreme Being': The U.S. Religious Revival and the 'Diem Experiment,' 1954-55." *Diplomatic History* 25: 589-624.

Jensen, Jana Clark. 1960. *Adventure for God on Okinawa*. Nampa: Pacific Press Publishing Association.

Johnson, William. 1995. *The Modern Epidemic: A History of Tuberculosis in Japan*. Cambridge: The Council of East Asian Studies at Harvard University.

Joint Commission on Rural Reconstruction, ed. 1977. *Chinese-American Joint Commission on Rural Reconstruction (JCRR): Its organization its organization, policies and objectives, and contributions to the agricultural development of Taiwan*. Taipei: JCRR, 1977.

Katada, Saori N. 2000. "Japan's Foreign Aid after the San Francisco Peace Treaty." *The Journal of American-East Asian Relations* 9 (3-4): 197-220.

Kim, Ock-Joo. 2000 "The Minnesota Project: The Influence of American Medicine on the Development of Medical Education and Medical Research", *Korean Journal of Medical History* 9: 112-123.

Klein, Christina. 2003. *Cold War Orientalism: Asia in the Middlebrow Imagination, 1945-1961*. Berkeley: University of California Press.

Koikari, Mire. 2015. *Cold War Encounters in US-Occupied Okinawa: Women, Militarized Domesticity and Transnationalism in East Asia*. Cambridge: Cambridge University Press.

Kramm-Masaoka, Robert. 2017. *Sanitized Sex: Regulating Prostitution, Venereal Disease, and Intimacy in Occupied Japan*, 1945-1952. Berkeley: University of California Press.

Kramer, Paul A. 2006. *The Blood of Government: Race, Empire, the United States, and the Philippines*. Chapel Hill: University of North Carolina Press.

Kroll, Gary. 2003. "The Pacific Science Board in Micronesia: Science, Government, and Conservation on the Post-War Pacific Frontier." *Minerva* 41(1): 25-46.

Lowe, Lisa. 1996. *Immigrant Acts: On Asian American Cultural Politics*. Durham: Duke University Press.

———. 2015. *The Intimacies of Four Continents*. Durham and London: Duke University Press.

Ma, L. Eve Armentrout Ma. 1992. "The Explosive Nature of Okinawa's 'Land Issue' or 'Base Issue," 1945-1977: A Dilemma of United States Military Policy." *The Journal of American-East Asian Relations* 1 (4): 435-463

Maeshiro, Masao, Satoru Izutsu, and Kathleen Kihmm Connolly. 2014. "Medical School Hotline: A History of the University of Hawai'i Postgraduate Medical Educaion Program at Okinawa Chubu Hospital, 1966-2012," *Hawai'i Journal of Medicine & Public Health* 73 (6): 191-194.

McAlister, Melani. 2001. *Epic Encounters: Culture, Media, and U.S. Interests in the Middle East* since 1945. Berkeley: University of California Press.

McClintock, Anne. 1995. *Imperial Leather: Race, Gender and Sexuality in the Colonial Conquest*. New York: Routledge.

Man, Simeon. 2018. *Soldiering through Empire: Race and the Making of the Decolonizing Pacific*. Oakland, California: University of California Press.

Mbembe, Achille. 2003. "Necropolitics." Trans. Libby Meintjes, *Public Culture* 15 (1): 11-40.

Michael, Jerrold M. 1990. "Delivering Health Cater to the Pacific," *Asia-Pacific Journal of Public Health*, 4 (1): 9-13.

Miyagi, Mikio. 2012. "The Life and Theology of Reverend Osamu Taira: A Christian Response during the U.S. Administration of Okinawa." *ICU Communicative Culture* No. 44: 31-82.

Moon, Katherine H.S. 1997. *Sex Among Allies: Military Prostitution in U.S.-Korea Relations*. New York: Columbia University Press.

Mullins, Mark R. and Richard Fox Young, eds. 1995. *Perspectives on Christianity in Korea and Japan: The Gospel and Culture in East Asia*. New York: The Edwin Mellen Press.

Nebolon, Juliet. 2017. "Life Given Straight from the Heart": Settler Militarism, Biopolitics, and Public Health in Hawai'i during World War II. *American Quarterly* 69 (1): 23-45.

Ngai, Mae M. 2004. *Impossible Subjects: Illegal Aliens and the Making of Modern America*. Princeton and Oxford: Princeton University Press.

Ogawa, Sumiko, dir. (2003), *Public Health Nurse in Okinawa*, produced by Okinawa International Center, Japan International Cooperation Agency (JICA) [映像史料], 沖縄県公文書館資料 Record No. 0000012416.

Okinawa Baptist Association, ed. 1960. *Go Ye…Mark 16:15*. Okinawa: Muramatsu Printing Company.

Onishi, Yuichiro. 2012. "Occupied Okinawa on the Edge: On Being Okinawan in Hawai'i and U.S. Colonialism toward Okinawa," *American Quarterly* 64(4): 741-765.

Owens, Donald. 1979. *Sing, Ye Islands: Nazarene Missions in the Pacific Islands*. Kansas City: Nazarene Publishing House.

Park, K-Sue. 2016. "Money, Mortgages, and the Conquest of America". *Law & Social Inquiry* 41 (4): 1006-1035.

Sawada, Kayo. 2016. "Cold War Geopolitics of Population and Reproduction in Okinawa under US Military Occupation, 1945-1972", *East Asian Science, Technology and Society: An International Journal* 10: 401-422.

Scholsser, Kolson. 2009. "Malthus at mid-century: neo-Malthusianism as bio-political governance in the post-WWII United States". *cultural geographies* 16 (4): 465-484.

Sen, Sudipta. 2012. "Unfinished Conquest: Residual Sovereignty and the Legal Foundations of the British Empire in India". *Law, Culture and the Humanities*, 9(2) : 227-242.

Shah, Nayan. 2001. *Contagious Divided: Epidemics and Race in San Francisco's Chinatown*. Berkeley, University of California Press.

Shaffer, Robert. 2017. "The Christian Century: Protestants Protesting Harry Truman's Cold War". *Peace & Change* 42 (1): 93-127.

Shimoji, Yoshio. 2010. "The Futenma Base and the U.S.-Japan Controversy: an Okinawan perspective". *The Asia-Pacific Journal: Japan Focus* 8(18)-5.

Shigematsu, Setsu and Keith Camacho, eds. 2010. *Militarized Currents: Toward a Decolonized Future in Asia and the Pacific*. Minnesota: University of Minnesota Press.

Shimabuku, Annmaria. 2010. "Petitioning Subject: miscegenation in Okinawa from 1945 to 1952 and the crisis of sovereignty." *Inter-Asia Cultural Studies* 11(3): 355-374.

———. 2019. *Alegal: Biopolitics and the Unintelligibility of Okinawan Life*. New York: Fordham University Press.

Smedley, Margaret Anne Smedley. 1970. "A History of the East-West Cultural and Technical Interchange Center between 1960 and 1966," Ph.D. Dissertation, The Catholic University of America.

Tadiar, Neferti. 2009. "Lifetimes in Becoming Human." Keynote panel address, presented at "Angela Davis: Legacies in the Making," Nov. 1. University of California, Santa Cruz.

Takahashi, Aya. 2004. *The Development of the Japanese Nursing Profession: Adopting and Adapting Western Influence*. London and New York: Routledge Curzon.

Temple, Helen. 1964. "You Must Die." In Helen Temple, ed. *Joy Cometh in the Morning: Missionary Stories from Japan and Okinawa*. Kansas City: Nazarene Publishing House, 1964.

Toriyama Atsushi. "Okinawa's 'postwar': some observations on the formation of American military bases in the aftermath of terrestrial warfare." Trans. David Buist. *Inter-Asia Cultural Studies*, Vol. 4, No. 3 (2003): 400-418.

Tyrrell, Ian. 2010. *Reforming the World: The Creation of America's Moral Empire*. Princeton: Princeton University Press.

Ueunten, Wesley Iwao. "Rising Up from a Sea of Discontent: The 1970 Koza Uprising in

U.S.-Occupied Okinawa." In Shigematsu, Setsu and Keith Camacho, eds. *Militarized Currents: Toward a Decolonized Future in Asia and the Pacific*. Minnesota: University of Minnesota Press, 2010.

U.S. Office of Strategic Services, ed. 1044. *The Okinawans of the Loo Choo Islands: A Japanese Minority Group*. Honolulu: Office of Strategic Services Research and Analysis Branch.

Watkins, James. 1945. "History of Military Government Operations on Okinawa (1 May to 31 May, 1945)"、ワトキンス文書刊行委員会編『沖縄戦後初期占領資料 Papers of James T. Watkins IV 第 10 巻』緑林堂書店、1994 年収録。

Williams, Randall. 2010. *The Divided World: Human Rights and Its Violence*. Minneapolis: University of Minnesota Press.

Wintermute, Bobby A. 2011. *Public Health and the U.S. Military: A History of the Army Medical Department 1818-1917*. New York, London: Routledge.

Wittner, Lawrence S. 1971. "MacArthur and the Missionaries: God and Man in Occupied Japan." *Pacific Historical Review*, Vol. 40, No. 1 (February 1971): 77-98.

Yoneyama, Lisa. 2003. "Traveling Memories, Contagious Justice: Americanization of Japanese War Crimes at the End of Post-Cold War." *Journal of Asian American Studies* 6 (1): 57-93.

———. 2005. "Liberation under Siege: U.S. Military Occupation and Japanese Women's Enfranchisement." *American Quarterly* 57(3): 885-910.

———. 2016. *Cold War Ruins: Transpacific Critique of American Justice and Japanese War Crimes*. Durham: Duke University.

Yoshida, Kensei. 2001. *Democracy Betrayed: Okinawa Under U.S. Occupation*. Bellingham, Washington: Center for East Asian Studies Western Washington University.

著者紹介

増渕あさ子（ますぶち　あさこ）

1981年東京生まれ。

トロント大学東アジア研究学部博士課程修了（Ph.D.）。

現在、同志社大学政策学部助教。同志社大学〈奄美 - 沖縄 - 琉球〉研究センター研究員。専門は沖縄占領史、医療史、エスニシティ研究。

主要論文

“Nursing the U.S. Occupation: Okinawan Public Health Nurses in U.S.-Occupied Okinawa”, Pedro Iacobelli and Hiroko Matsuda, eds. *Rethinking Postwar Okinawa: Beyond American Occupation* (Rowman and Littlefield: Lexington Books, 2017).

“Stamping Out the ‘Nation-Ruining Disease’: Anti-Tuberculosis Campaign in US-Occupied Okinawa”, *Social History of Medicine* 34 (4), 2021.

「公衆衛生看護婦の経験から考える沖縄の戦争と占領」『社会事業史研究』61号、2022年。

「医療衛生から再考する沖縄米軍占領」歴史学研究会編『日本復帰50年琉球沖縄史の現在地』（東京大学出版会、2024年）。

軍事化される福祉（ウェルフェア）

―米軍統治下沖縄をめぐる「救済」の系譜―

2025年2月26日　第1版1刷発行

著　者　増渕あさ子

装　幀　宗利淳一

発行人　川満昭広

発　行　株式会社インパクト出版会

東京都文京区本郷2-5-11 服部ビル2階

Tel 03-3818-7576　Fax 03-3818-8676

impact@jca.apc.org　http://impact-shuppankai.com

郵便振替　0010-9-83148

印刷・製本　モリモト印刷